■ 教师教育核心课系列教材 ■

第2版

班主任与班级管理

刘 岩/主编

BANZHUREN
YU
BANJI
GUANLI

北京师范大学出版集团
BEIJING NORMAL UNIVERSITY PUBLISHING GROUP
北京师范大学出版社

图书在版编目（CIP）数据

班主任与班级管理 / 刘岩主编. — 2 版. — 北京：
北京师范大学出版社，2025.2（2025.8 重印）. —（教师
教育核心课系列教材）. — ISBN 978-7-303-30310-6

Ⅰ. G451.6；G424.21

中国国家版本馆 CIP 数据核字第 2024FW3933 号

出版发行：北京师范大学出版社 https://www.bnupg.com
　　　　　北京市西城区新街口外大街 12-3 号
　　　　　邮政编码：100088
印　　刷：保定市中画美凯印刷有限公司
经　　销：全国新华书店
开　　本：730 mm×980 mm　1/16
印　　张：18.75
字　　数：334 千字
版　　次：2025 年 2 月第 2 版
印　　次：2025 年 8 月第 2 次印刷
定　　价：59.00 元

策划编辑：何　琳　　　　　责任编辑：申立莹
美术编辑：焦　丽　　　　　装帧设计：焦　丽
责任校对：陈　荟　　　　　责任印制：马　洁

前　言

　　教育是国之大计。党的二十大报告提出，坚持以人民为中心发展教育，加快建设高质量教育体系，发展素质教育，促进教育公平。在信息化、多元化和开放化的时代，中国教育面临着前所未有的多重挑战。新时代下学生学习的空间、时间、内容、方式等均发生了根本性的变化，新形势迫切要求班主任树立全新的育人和管理理念，进一步加强和改进班级管理工作。

　　立德树人是教育的根本任务，是学校的立身之本，也是班主任工作的核心内容，在培养时代新人和学校各项工作中居于统领性和根本性的地位。班级是学校教育教学的基本单位，是学校立德树人的主阵地，班主任是学校德育工作的中坚力量，班主任的角色定位和工作任务决定了其肩负着落实立德树人育人目标的重任。班主任作为班级的首席领导者、组织者和管理者，其素养对学生发展影响深远。因此，班主任责任重大，班级管理工作必须与时俱进，不断创新。

　　科学的班级管理必须贯彻立德树人的根本理念，以学生为本，遵循班级管理内在规律，不断丰富班级管理方法，充分利用班级建设中的各种资源，激发学生以主人翁的姿态参与班级管理，最终实现学生自主管理班级的目标。

　　本书是"教师教育系列规划教材"之一，主要面向师范类本科生，基础教育阶段的教师也可以将本书作为参考资料。全书共有11章，第一章班级与班级管理由赵杰编写，第二章班主任和学生由孙秀鸿编写，第三章班集体建设由刘岩和黄玉荣编写，第四章班级日常工作管理、第八章班级活动由周萌编写，第五章个别教育、第六章非正式群体教育、第七章偶发事件的处理由盖晓红编写，第九章班级心理健康教育、第十章班级管理中的公共关系、第十一章班级管理工作的未来展望由李宏编写。每章后均附有班级管理案例和分析。本书的主要特点是具有实用性、可读性和操作性，对提高班主任的班级管理水平具有指导意义。

编　者

目　录

第一章
_____

班级与班级管理

【本章学习提示】

在学校教育组织中，班级是学校实施教育教学的基本单位，是新时代学校立德树人的基层组织，学校教育主要是以班级教学的形式展开的。整个学校教育功能的发挥也是依托班级组织实现的。为了更好地发挥班级教育教学和立德树人的功能，实现班级管理工作的科学化无疑是非常重要的一项工作。本章主要围绕班级的内涵、班级的基本特征及班级制度的历史沿革，班级管理的概念、任务等方面展开介绍。

【本章学习目标】

1. 理解班级的内涵、班级的基本特征、班级制度的历史沿革。

2. 明确班级管理的概念、班级管理的任务。

3. 自觉提升班级管理素养，具备进行班级管理的能力，能创造性地开展班级管理工作。

4. 热爱教师职业，乐于从事班级管理工作，并能深刻体悟班级管理立德树人的意义。

第一节　班级概述

一、班级的内涵

班级即学校教育组织里的年级和班的总称。"班"意指工作或学习的组织，表示的是有一群人。"级"意指年级，表示的是学生的发展程度。一般来说，"班"和"级"是联系在一起的。

班级在其产生之初主要是指开展教学活动的组织和集体。从内涵角度可以把班级定义为：班级是学校为实现一定的教育目的，将年龄和知识程度相近的学生组织起来的具有管理和教育职能的群体性组织。班级是学校的基本教育单位。

═════ 对班级性质的不同认识① ═════

近年来，对班级的研究已经呈现出多元视角的态势。自 20 世纪 50 年代以来，班级性质一直是教育社会学研究的经典选题。在已有研究中，班级性质被界定为四种：班级作为社会体系、班级作为初级群体、班级作为社会组织、班级作为"学习集体"。

最早也最具有代表性的从社会体系角度来分析班级性质的是美国社会学家帕森斯。他对班级之所以是一种社会体系进行了全面深刻的阐发。班级作为一种特殊的社会体系与儿童参与其中的社会结构——家庭不同。帕森斯指出，这种区别主要表现在：尽管家庭和班级都具有一个共同的价值，都肩负着社会化的任务，但是班级结构尤为重视成就主义和普遍等同性，而家庭则强调归属主义和个别等同性。

持"班级是一种特殊的初级群体"论者主要是谢维和教授。他认为，关于学校班级的讨论实际上主要集中在三个问题上：规模问题、规范问题和制度问题。由此，从"班级应是什么"的价值观出发，谢维和教授认为班级理应是一种特殊的初级群体，尽管它也具有社会组织的属性。

吴康宁教授在《教育社会学视野中的班级：事实分析及其价值选择——兼与谢维和教授商榷》一文中，在依循"逻辑地形图"的基础上，科学地考查学校班级的社会属性，并明示考查结果的教育指导意义。由此，作者依序论述了班级是一种特殊的社会集群——社会群体；班级是一种特殊的社会群体——社会组织；班级是一种社会组织——"自功能性组织"与"半自治性组织"。

除了上述班级定位外，日本学者片冈德雄将班级依次界定为"集体"(group，中文往往译为"群体"），"学习集体"，"班集体"。这主要是在"初级群体"的上位概念"社会群体"层次展开讨论的。

上述研究丰富了我们对班级性质的认识。

二、班级的基本特征

班级作为儿童进入学校后学习与生活的基本组织，一般来说，具有以下特征。

(一)学习性

学习是学生进入班级后的基本任务。学生阶段的学习是为将来进入社会做

---

① 檀传宝：《德育与班级管理》，233 页，北京，高等教育出版社，2007。收入本书时有改动。

准备的。在现代社会中，学生的学习，尤其是社会文化的学习几乎都是在学校组织等集体生活环境中进行的。班级组织为青少年学生提供和营造了集体生活的环境。学生既可以学习不同学科的知识，也可以在班级组织生活中学习各种社会生活规范及人际交往技能。

(二)不成熟性

班级不同于其他社会组织，它是由青少年学生组成的，是非成人组织。青少年时期的学生正处于身心发展的阶段，相较于成人而言，他们是未成年人，属于未成熟者。因此，班级的建设与管理不可能完全由学生自己完成，他们需要来自教师的辅助和引导。

(三)教育性

班级的教育性特征既表现在促进学生社会化方面，也表现在促进学生个性化方面。学生在班级生活中，学习社会的文化，掌握社会的价值观念和道德行为规范。同时，班级与个人的学习兴趣、需要是相关的。在班级生活中，学生丰富自己的兴趣和爱好，不断促进个性充分自由地发展。

(四)社会性

马克思在论述人的本质时曾提出：人的本质，不是单个人所固有的抽象物，在其现实性上，它是一切社会关系的总和。社会性是人的本质，人的活动是社会关系中的活动，社会性也是人的活动行为的首要特征。在班级生活中，学生的社会关系主要体现为与教师、同学的关系和交往，可见，社会性是班级的重要特征。

═══班级的构成要素[①]═══

班级是学校实施教育教学的基本单位。根据现代社会学理论，只要社会群体具有以下三个组织特征，便成为社会组织：①具有明确的组织目标；②具有严密的组织机构；③具有严格的组织规范。在通常情况下，班级具有上述三个特征。因此，班级也是一种社会组织。有的研究者常把学校当作一种社会组织，把班级当作一种社会体系。从社会体系与社会组织的关系看，两者有共同的基本要素，即必须有两个以上的人，必须有固定的关系与交互作用；其差别主要是社会组织强调要实现某些特殊目标或宗旨，而社会体系则泛指一般具有固定形式的角色关系，以此为探讨社会行

---

① 郭毅：《班级管理学》，1～3页，北京，人民教育出版社，2002。收入本书时有改动。

为的基础。

　　班级是作为一个正式群体而存在的。与其他社会组织一样，班级有其特定的成员、特定的目标、特定的文化、特定的人际交往及特定的功能。从功能的角度来看，班级可以被看作一个社会化的机构，也包含个性化的功能。为了实现这种功能，班级中存在多种目标，如由课程与教学大纲规范的教学目标等，班级是实现这种目标的机构和主要场所。因此，班级既是一个微观的社会体系，也是一种社会组织。

　　日本学者片冈德雄认为，班级必须具备五个条件：①起码有个学习成长的目标；②有两个以上的人为了实现这个目标聚集在一起；③为了实现既定目标，有指导者和学习者这两种角色；④这种集体起码要保证有持续、一定的目标；⑤一般来说应有一定的物质场所。我国学者陈桂生认为："构成教育活动的要素中，其中有些要素是必要的，缺少这种成分就不能称其为教育；另一些要素属于教育活动的充分条件，条件越充分，教育活动越有效。作为教育活动必要成分的要素，被称为教育的简单要素。"上述构成班级的五个条件既有构成教育活动的必要条件，也包括充分条件，从这些条件中可以看出，这些条件包含了构成教育简单要素的教育者和受教育者，但缺少了教育资料这一简单要素。

　　班级是学校的基本单位，"学校的社会因素及社会功能与社会的教育因素及教育功能都最直接、最集中地反映在班级这一社会系统之中"。因此，教育活动的简单要素也势必是构成班级的必要成分。"教育资料"即相当于班级中的课程，缺少了课程的因素，班级的成员无疑与社会其他群体的成员一样。

三、班级制度的历史沿革

(一)国外班级制度的发展历程

　　班级制度的形成与发展经历了漫长的发展过程，归纳来看，大致经历了：原始社会和奴隶社会以个别教学的组织形式为主，没有年级、班级和班主任的萌芽期；14—17世纪以班级授课制为主、班级制度正式形成的产生期；17世纪至20世纪中叶以校—年级—班级的结构为主，有明确人员分工的发展期；20世纪以后以班级授课制为主，多种教学组织形式并存的变化期。

=====国外班级制度的历史发展①=====

学校教育中的班级制度是以大工业生产为其产生、发展的社会背景的，它的形成与发展经历了漫长的过程。

1. 班级制度的萌芽期

原始社会时期，教育的形式和内容都极为简单，教育的方法手段只是口耳相传。到了原始社会末期和奴隶社会初期，出现了专门的教育机构——学校。但是，这些学校大都采用个别教学的组织形式。学校教育系统内部并没有形成年级和班级，更没有班主任，班级只是处于萌芽状态。

2. 班级制度的产生期

班级产生于14—17世纪。这期间，乌克兰、白俄罗斯兄弟会学校出现了班级授课制的雏形。法国居耶纳中学、德国斯特拉斯堡的文科中学等是最初设立班级的学校。拉萨尔的"基督教学校兄弟会"也曾以班级教学制代替了当时盛行的个别教学制。最早使用"class"（班级）一词的是文艺复兴时期的教育家埃拉斯穆斯，在这一时期，是否把学生分成班级被看作优秀学校的标志之一。在此基础上，捷克教育家夸美纽斯于1632年发表了教育著作《大教学论》，第一次对班级授课制做了系统全面的论述，并明确提出在全国范围内建立统一学校制度和在学校实行班级授课制。这标志着班级制度的正式形成，班主任这一班级组织角色也相应产生。

3. 班级制度的发展期

班级制度的发展期主要在17世纪至20世纪中叶。自英国工业革命以后，普及教育成为时代的重要教育课题。要培养大量的社会急需人才，要建立国家化的学校系统，就必须推行班级授课制。这时，学校教育系统形成了校—年级—班级三层结构，校长—中层领导—班主任和科任教师也成为相应分工明确的人员。班级、班主任作为独立的要素，不可忽视地存在于学校教育系统之中。这一时期之后，班级制度的发展逐渐走向巅峰。

4. 班级制度的变化期

20世纪以后，班级制度的发展进入了变化期。在这一时期，班级制度一方面被弱化，另一方面又不断走向法制化。一方面，19世纪末20世纪初，随着自然科学的发展，欧美等地出现了否定班级授课制的倾向，一些资产阶级教育家提出了"道尔顿制""开放课堂""无墙大学"等教学形式，

---

① 檀传宝：《德育与班级管理》，237～239页，北京，高等教育出版社，2007。收入本书时有改动。

他们认为班级授课制有着育人单一、忽视个性发展的弊端，所以，对夸美纽斯和赫尔巴特的班级制理论加以否定，使得班级有弱化的趋势。另一方面，如苏联、日本等国在 20 世纪 40 年代颁布了一些法规，充分肯定了班级和班主任的地位和作用，使班级制度法制化。

(二)我国班级制度的发展历程

19 世纪中叶以前，我国教育以个别教学为主，没有设置班级。我国采用的分年课程和班级授课制教学最早出现在清政府 1862 年设立的京师同文馆。20 世纪初，全国逐步开始采用班级教学形式。新中国成立后，我国在中小学实行班级授课制，设立专职班主任，并沿用至今。

═══════我国班级制度的历史发展① ═══════

我国是世界教育史上较早出现学校的国家之一。我国古代的教育大都采用个别教学的组织形式，如私人讲学和书院都不设班级，这种形式一直持续到 19 世纪中叶。

我国最早采用班级教学的是 1862 年清政府在北京设立的京师同文馆。它的教学组织形式是采用西方的教学制度，实行分年课程和班级授课制。

20 世纪初，清政府废科举、兴学堂以后，才在全国逐步采用班级教学形式。清政府于 1904 年颁布并试行《奏定学堂章程》，其中规定各学堂要按学生程度分学级并编班上课。

由学堂一律改为学校，实行分班教学，并设有级任教师是在民国时期。1912 年，南京临时政府颁布了《普通教育暂行办法通令》，将清末的各种学堂一律改为学校。当时由于学校规模小，一个年级只有一个班，因而采用由一位教师担任一个年级的全部学科或主要学科的教学制度。这种制度称为学级担任制。

在根据地和解放区，由于当时处于战争环境下，学校制度不尽一致，各根据地根据具体情况办学。为了教育和管理好学生，一些学校也安排专门的教师负责班级工作。

1949 年，新中国的成立标志着半封建半殖民地教育的结束。新中国的教育事业在党的领导下得到迅速改造和发展。依照当时苏联的教育经验和根据地及解放区的教育传统，我国在中小学实行分班教学，并设立专职

---

① 檀传宝：《德育与班级管理》，237～239 页，北京，高等教育出版社，2007。收入本书时有改动。

班主任以取代级任导师。1951 年，《政务院关于改革学制的决定》使班级授课制有了社会主义教育的特点；1978 年，教育部颁布的《全日制中学暂行工作条例(试行草案)》强调了班主任要对学生进行思想政治教育；1988 年，教育委员会正式颁布全国中小学班主任工作暂行规定，明确了班主任的地位、作用、任务和职责，规定了班主任工作的原则、方法以及任免条件等。2006 年，为深入贯彻落实《中共中央 国务院关于进一步加强和改进未成年人思想道德建设的若干意见》，充分发挥中小学班主任教师在学校教育工作中的骨干作用，促进学生德智体美全面发展，《教育部关于进一步加强中小学班主任工作的意见》进一步明确了中小学班主任的工作职责、选聘和培训工作、保障等问题。2009 年，为了进一步加强中小学班主任工作，发挥班主任在中小学教育中的重要作用，保障班主任的合法权益，全面推进素质教育，教育部印发了《中小学班主任工作规定》。这样我国的班级制度便逐步走向正规化道路。

班级授课制自创立以来，已有三百多年的历史。事实证明它的出现和发展符合社会的需要，对于普及教育、提高教育效率、大面积培养人才，发挥了巨大的作用。班级授课制是教育、教学的一种传统方式。直至今天，世界上许多国家，包括我国在内，仍把班级授课制作为教学的基本组织形式。

但是，班级授课制也存在一定的局限性，它强调标准、同步、整齐划一，不利于照顾学生的个别差异和因材施教，也不利于学生的个性和内在潜力的充分发展等。随着以电脑为标志的信息社会的形成，一些工业发达的国家，利用现代科学技术实施多媒体教学，通过声、光、电来完成课堂教学任务。这种教学方式打破了学习时间、空间和学习人数的限制，提倡多种教学形式的合理结合，把班级、小组、个别教学综合运用起来，获得了更好的教学效果。

从我国目前的经济发展和教育现状来看，班级授课制较为适应我国的国情。21 世纪是知识经济高速发展的时期，无论是构建学习化的和谐社会还是迅速提高社会生产力，都必须有大批优秀人才。班级是培养人才的基本组织形式，是学生健康成长、全面发展、成为合格人才的摇篮，是一种特殊的教育环境。因此，我们要使之健康发展，不断完善。

第二节 班级管理

班级管理工作是学校管理工作的重要组成部分，是学校教育中的关键因素。学校各项工作计划的实施、管理活动的开展，乃至国家教育方针的贯彻，都要依靠班级管理活动来实现。因此，加强班级管理工作，充分发挥班级管理的作用，是实现学校管理目标的关键。同时，班级管理工作也直接关系到每一个班级成员的未来发展。

一、班级管理的概念

班级管理是指班主任依据班级组织建设和管理的原则及要求，组织和协调各方面因素，构建班集体并实现教育目标的活动，其目标是促使学生得到和谐发展。班级管理是班主任的一项重要工作。有效的班级管理能够提升学校工作的整体效能和发展质量。

========**班级管理的产生与发展**[①]========

1. 班级管理的产生

班级管理是随着班级授课而产生和发展的。中世纪学校的教学组织工作十分松散，坐在同一间教室里的学生，学习内容和进度都不同，教师只对学生进行个别教学指导，不对全班授课，教学秩序乱，效率很低。为了改变这种状态，夸美纽斯提出并全面系统地论述了班级授课制度。夸美纽斯选定了一套比较完整且严密的考试制度，将学校的考试分为以下六种。①学时考查；②学习考查；③学周考查；④学月考查；⑤学季考试；⑥学年考试。从夸美纽斯所论述的这套考试制度来看，它并不完全是现代意义上的考试制度，只是一种非书面的检查学习的方法，缺乏考试的规范化性质，但是，它对教学质量和教学效果的提高来说无疑是一种好的管理方法。对于教师的职责规定方面，他要求每位教师给自己提出本班的目标和任务，并且根据它来安排一切活动。小组长是十人集体的管理者。在校内，小组长在智慧、德行、虔信三个方面对学生进行管理，检查每一个组员的学习情况，主持每天的学习考查。在校外，小组长要注意学生是否有

---

① 郭毅：《班级管理学》，5～9页，北京，人民教育出版社，2002。收入本书时有改动。

礼貌，保证每个学生认真地祷告。对学生行为提出家教、德行、智慧方面的准则。夸美纽斯非常重视纪律在班级管理中的作用，他认为班级没有纪律教师就无法正常有序地工作。维护纪律的办法有不断地监视、谴责、惩罚。班级内无论谁都不得有任何破坏规章制度的行为。一旦发生了过失，就要根据过失的轻重程度给予惩罚。

2. 班级管理的发展

18世纪法国启蒙思想家卢梭不但对传统教育提出有力的挑战，而且提出了关于教育对象的新构想。他认为教育的三要素(称之为"三种教育")中，"人的教育"(教育者的有目的的活动)、"事物的教育"(教育资料)都应配合所谓"自然的教育"(受教育者才能和器官的发展)，这叫作"遵循自然"。卢梭实际上把教育对象置于教育过程的中心地位，把教育过程变成自我教育的过程。卢梭认为，应该使一个人的教育适应这个人，而不是要去适应他本身的东西。这样，就相应地改变了传统教育中教师的职能，他说，我宁愿将具备这种知识的老师称为导师而不称为教师。因为，问题不在于要他拿些什么东西去教导孩子，而是要他指导孩子怎样做人，他的责任不是教给孩子们以行为为准绳，而是促使孩子们去发现这些准绳。卢梭认识到的教育对象在教育过程中的主体地位，堪称关于教育对象的又一发现。这一发现对后世产生了深刻影响。教师的作用从原来的直接传递知识与价值观改变成从"旁"协助，使受教育者学习知识与形成价值观。在这个转变过程中，教师对学生的管理方式由"纪律"的管理变成了"自律"的管理。到了近代，管理只是作为教育活动顺利进行的条件而成为教育者的派生职能。即使从经验上承认"管理也是教育"，也只是从把它作为教育活动条件的意义上承认这种经验，或者说，在不严格的"教育"意义上承认这种经验。

二、班级管理的任务

班级管理的最终目的是培养人。其具体任务包括以下方面。

(一)建设良好的班集体

班级是学生在学校学习和生活的主要场所。班级管理主要依托班集体开展，同时，班集体也是班级管理的对象。良好的班集体不仅能够促进学生的身心健康发展，而且会影响学生的学习兴趣、学习态度和学习结果。营造一个温馨、快乐、和谐、向上的优秀班集体，既是班主任的中心工作，也是班级管理的主要任务。

不同类型的班主任的
领导风格和行为方式①

1. 专制型班主任的领导风格和行为方式

这种类型的班主任喜欢学生听命于自己,他们的话就是指示、命令,对不服从者动辄发怒、批评等。无论在生活还是在学习方面,这种类型的班主任都尽量限制学生的自由,让他们跟着自己的思路走,管理与支配学生的一切行为,而且会不由自主地限制学生的独立思考和创造性的发挥。他们视自己为权威,要求学生服从自己,对不服从者给予处罚。学生在这样的班级中总是怀着恐惧的心情,战战兢兢地学习和生活着。整个班级表面看来是统一的,班主任也坚信自己的做法是正确的,然而学生失去的是学习的喜悦。比如,在专制型班主任管理的班级中,竞争替代了合作。班级成员为了获得班主任的器重而展开竞争,由此导致班级管理的一些负面结果。所谓"好学生",不再是为了获得喜悦而学习,而是一心为了博得班主任的器重和在班级中的地位,生怕自己被人瞧不起。

2. 放任型班主任的领导风格和行为方式

这种类型的班主任主张无为而治,而真正的动机是不愿意负责任。他们会不分青红皂白地宽容学生的一切言行,使学生错误地以为自己可以为所欲为,而且学生也不会对自己的行为负责。在这样的班级中,班主任与学生、学生与学生之间不过是物理空间上的聚集,在精神上则是疏远的、离散的。这种班级有群体但无组织,不存在有意义的关系。这类班主任管理的班级很快会丧失有机统一体的生命力,变得既无生机,又无秩序。因此,班主任无法掌握班级里究竟发生了什么,学生形形色色的奇怪要求、意见也会让他们感到无暇顾及,而他们又苦于无力把班级整顿好,只好听之任之,放弃自己所应履行的职责。

3. 民主型班主任的领导风格和行为方式

这种类型的班主任认为自己与学生是完全平等的。他们善于倾听学生的批评,并且积极地面对学生。在班级管理中,他们主要不是以直接的方式领导学生,而是以间接的方式引导班级组织。他们管理的班级有规则,规则是在班主任的提议下由学生自己制定的。学生通过讨论知道应当如何遵守规则,而且知道制定这些规则不是为了监督和处罚,而是为了让班级充分形成一种自觉维护规则的氛围,使每一个学生都能把自己身上最美好

---

① 全国十二所重点师范大学:《教育学基础》,250~251 页,北京,教育科学出版社,2002。收入本书时有改动。

的品质展示出来，体验成功和快乐。民主型班主任既非专制，也非放任，他们深知没有爱的规则是危险的，而没有规则的爱是无力的。他们在尊重和爱学生的同时，知道作为班主任所应担负的责任。

上述三种类型的班主任对学生发展的影响有很大差异：专制型的属于支配性指导，无视学生的个别差异，以僵硬的对策为基础，只给予统一、强制的指导，或一味地斥责。在强制性、指令性的指导下，学生的积极性显著降低，消极性、依从性行为增多。放任型的属于不干预性指导，容忍班级生活的种种问题，更无意组织班级活动，回避学生的主动精神。学生在无指导的班级中生活，有目的的活动水平低下，违背团体原则的自发行为增多。民主型的属于综合性指导，能够灵活地适应学生的个别差异，以此为基础引出学生的自发行为，促进班级学生在合作中进行交流。学生在其指导下，行为较稳定，自主积极的行为较多。值得注意的是，学生的身心发展一直处于变化之中，随着这种变化，学生的活动范围扩大了，人际关系也发生了质的变化。因此班主任的指导内容、指导重点也应视学生发展水平的不同而有所改变。有研究表明，学生理想的教师形象，从初中至高中会发生很大变化。高中生倾向于把允许自己决定自己的行为、采取独自的方式行事、具有明确的信念并果断地做出决策的教师视为理想的教师形象；而初中生则认为严守纪律、照章办事的教师是他们心目中向往的理想教师形象。

(二)组织好教师集体和家长集体

对于班级组织而言，班主任是完成班级管理工作的主要实施者和责任人。但班级管理中涉及的日常工作很多，仅靠班主任一个人的力量无法实现，因此，班主任需要与科任教师和学生家长协同合作，以促进学生发展和班级发展为目标，共同管理班集体。

论文：《德国中小学家校合作的成功经验及启示》

(三)落实学校管理目标，制订班级工作计划

班级管理工作是一项有目的、有计划的工作。无论从学校组织还是从班主任工作角度而言，班主任要在教育目的指引和要求下，根据本班的实际情况，与全班同学讨论，共同制定班集体的发展目标、发展计划和规章制度，引导班集体和班集体中的每一个学生发展。

论文：《逐步走向"育人为本"的班级管理——基于俄罗斯、美国、日本、韩国、中国中小学班级管理的分析》

(四)做好班级常规管理工作

班级常规管理工作也是班主任工作的重要内容之一。它既是班级计划得以落实的关键，也是班集体日常运行的基本条件。班主任如果不重视或者忽视班级的常规管理，极易造成班集体的散漫，班集体也会因缺乏凝聚力而无法实现班级教育目标和管理目标。

======现代管理理论与班级管理[①]======

一、国外主要管理理论

(一)泰勒的管理理论

美国的泰勒总结出一套科学管理理论，其核心是提高工人的劳动效率和管理人员的工作效率。他提出用建立科学管理制度的办法解决提高劳动生产率的问题。科学管理有两个绝对需要具备的要素：劳资双方合作尽到生产最大盈利的责任，必须用科学知识代替个人的经验。为此，他提出了劳资双方都把注意力从盈余的分配转到盈余的增加上来，挑选合适工人、训练工人、以有差别的计件工资刺激工人；管理者与工人合作并且各尽其责。其研究目标在于改进生产技术过程的管理，对工人生产环节严加控制，使工人的操作变成机器人似的操作。

(二)法约尔的古典管理学派

法国的法约尔认为，管理就是实施计划、组织、指挥、协调和控制。他提出了管理的原则，提出了组织领导人应有的素质、企业人员的培养问题等。他侧重于生产技术过程分析和组织控制问题。

(三)行为管理学派

行为管理学派侧重于人群关系及个体心理因素分析，提出激发人的积极性、创造性的理论和方法，代表性学派有以下几个。

1. 梅奥的人际关系学派

梅奥在美国提出了新的管理思想：人是"社会人"，金钱不是刺激人的积极性的唯一动力；生产效率取决于人的积极性、人际关系，而满足人的需要是调动积极性的有效方法；注意非正式组织的情感和倾向对人的行为的影响；人际关系融洽是提高生产效率的重要因素，良好的人际交往给个体带来满足，给组织增添活力。

2. 需要、动机——激励学派

美国的马斯洛提出人生需要五层次说，即生理需要、安全需要、社交

---

① 檀传宝：《德育与班级管理》，241～243页，北京，高等教育出版社，2007。收入本书时有改动。

需要、自尊需要、自我实现需要。需要能引起动机，推动行为。

美国的赫茨伯格又提出了激励因素与保健因素的双因素理论。他对马斯洛的理论兼容并蓄，认为保健因素不能调动人的积极性，仅是预防人不满的因素，只有激励因素才有调动人的积极性的作用。

3. 斯金纳的强化学派

美国的斯金纳认为人的行为只是对外部刺激所做的反应，只要创造、改变外部操作条件，人的行为就会随之改变。操作性条件反射理论的核心是强化理论。所谓强化，就是增强某种刺激与有机体某种反应间的联系；在管理上，就是对某种行为的肯定或否定的结果，在一定程度上激励或阻止该行为的再现。在管理上，运用强化理论，有着肯定积极因素，形成规范行为，否定消极因素，克服越轨行为的作用。

4. 关于人性的学派

美国的麦格雷戈对人性提出不同假设，创立管理中的 X 理论、Y 理论，而美籍日裔学者威廉·大内以日本管理经验提出 Z 理论。三种理论内容要点如表 1-1 所示。

表 1-1 X、Y、Z 三种理论内容要点

X 理论	Y 理论	Z 理论
1. 多数人本性不喜欢工作 2. 多数人无雄心，无责任心，无欲求 3. 多数人必须被严格控制和强迫才能实现目标 4. 激励只发生在生理、安全水平上 5. 愿意接受指挥、监督	1. 工作是如同娱乐的自然活动 2. 自我控制实现组织目标 3. 多数人有解决问题的创造力 4. 激励发生在各种需要水平上 5. 可以自我领导	1. 长期雇佣，职业有保障 2. 多方面培训职工 3. 分工负责，注意长期、全面评价 4. 决策要将控制机制与统一思想相结合 5. 全面关心职工，上下级关系融洽

5. 关于领导行为的学派

美国的布莱克、蒙顿提出了管理方格理论，如果将这种理论应用于班级管理，则如图 1-1 所示：横向表示班主任对班级工作的关心程度，纵向表示班主任对班级学生的关心程度，其交叉点，即表示班主任管理班级的类型。9.9 型是最佳型班级管理，5.5 型是均衡型班级管理，1.1型是最劣型班级管理，1.9 型是人际型班级管理，9.1 型是工作型班级管理。

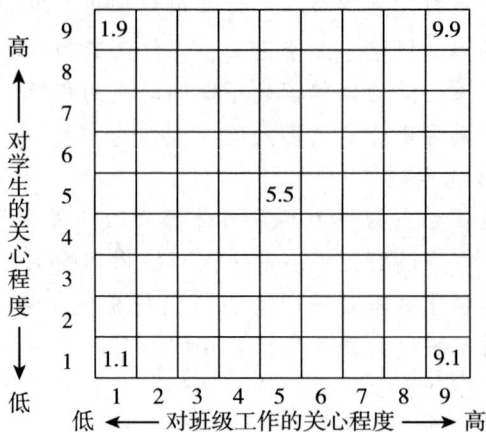

图 1-1　管理方格图

二、现代管理理论对班级管理的启示

(一)管理因素包括理性和经济因素及人性和感情因素

管理因素包括理性和经济因素及人性和感情因素。在班级管理过程中，班主任既要重视正式组织的建设，又要重视非正式组织的建设。

(二)管理目标在于提高效率和效益

工业管理目标在于提高生产效率，增强经济效益。同理，班级管理目标也在于提高班主任工作效率，增强培养人才的社会效益。要提高效率就要善于对班级可用资源(人、财、物、信息、思想、文化、时间、精力等)进行充分的挖掘，特别要重视对人力资源(班委、课代表、小组长等)的培训，增强他们的管理能力，关注投入资源与产出效益的比例关系，追求以最少的投入产出最大的效益。

(三)管理内容包括人的积极性及班级工作

不能见人不见物，也不能见物不见人。我国班级管理既要管学生，关心、引导学生，也要管班级工作，目的是培养学生。

(四)管理方式采用强化理论

采用强化理论的管理方式，可以更好地改变人的行为。我国班级管理也可以采用强化理论，强化乃至巩固积极行为，弱化乃至消除消极行为。

(五)管理对人的激励方式在于满足，提升需要层次

学生有不同的需要，我们可以考虑以满足学生合理需要、提升需要层次来调动学生的积极性，为实现培养目标而努力奋进。

【本章小结】

班级是一个有一定人数规模的，具有学习性、不成熟性、教育性和社会性的学生集体，是学校组织的基本细胞，是学校开展教育教学活动的基本组织单位，是学生生活及开展日常活动的集体，也是学校教育管理工作的基本单位。班级管理工作是每一位班主任必须面对的一项重要工作，而班级管理工作的质量和管理程度直接影响着学校教育目的、教学质量和立德树人的成效。班主任不仅要做学生锤炼品格的引路人、做学生学习知识的引路人、做学生创新思维的引路人、做学生奉献祖国的引路人，而且要在班级管理的过程中充分发挥自身的管理才能，提供一种科学、高效的班级管理方法，保持班级秩序的稳定，激发学生的发展潜能，使其成为具有实践能力、创新精神、适应时代发展的人。因此，班主任必须掌握新时代班级和班级管理的科学知识，明确班级管理的任务，增强从事班级管理的信心与自豪感，树立从事班主任工作的坚定信念，切实提高自己管理班级的理论和实践素养。

【思考与练习】

1. 如何理解班级和班级管理的内涵？
2. 班级的基本特征有哪些？
3. 班级管理的任务是什么？
4. 如何让班级管理工作更好地发挥立德树人的作用？

【综合案例分析】

一分钟内全班调动完座位①

"上课！"同学们全体起立。"同学们好！""老师好！"

我正要讲课，下面呼啦啦动了起来，几名同学搬着桌椅，把我挤靠在一边。刚开始还不知怎么回事，见同学们搬桌椅出教室到走廊了，我才恍然大悟：今天是星期一，按班规班法，每周一语文课第一个"节目"就是换座。我们班是以法治班，到这段时间就做这件事，老师忘了，大家忘不了。同学们依法办事，用不着老师说换座还是不换座。

换座完毕，值日班长宣布："今天换座用了55秒，正常。"

原来换座位可没这么快。

13年前，我们班同学的座位便每个星期换一次。

16名靠南边两行的同学串到北面去，其余八组同学依次往南串动两行。刚开始，只是人和书包、作业本等用品串动，换一次时间不长，三五分钟就完成了。

① 魏书生：《教学工作漫谈》，167～169页，桂林，漓江出版社，2021。收入本书时有改动。

后来，按班级规定，每人承包自己的桌椅，负责保管、搞卫生等，这样换座时，每个人必须连同自己的桌椅一起换。从南到北大调动，搬着桌椅，教室人又多，你挤我，我又塞住了他，显得秩序混乱，又很耽误时间。那时每星期换一次座，拖拖拉拉要二十来分钟，同学们都觉得太浪费时间了。

大家觉得这件事也该计划一下，制定一个程序，以提高效率。经过讨论，制定了如下的程序：

第二节语文课，上课后即开始换座，由值日班长宣布换座开始。

双人桌由一人搬桌，另一人搬两把椅子；单人桌则把椅子放在桌子上都由自己搬。

南面两行同学最先行动。第一桌两人通过前面讲台搬桌椅出教室，到走廊外面走 5 米停下（倘走 4 米，后出来的同学挤不下，走 6 米则多走两步，浪费时间），第二座至第八座的同学一个紧跟着一个依次而出，最后出来的第八座两名同学的桌椅恰好摆在北面两行第一座的前面。

这时南面两行已成为空地，北面的同学趁空而入，集体迅速向南平移两行，平移的结果是北面两行又成为空地。

原南面两行现正在走廊的同学，又由第八座开始趁北行的"空"而入。

当原南面两行第一座的同学在北行第一座落座的时候，全班换座完毕。从开始到结束，正常情况下，55 秒便可以了。我 1984 年下半年教过一个有 92 名学生的班级，那时班级内还生炉子，"交通"不便，即使如此，我们全班换一次座也才用了 58 秒。当然，学生们需要一个从熟悉到熟练掌握换座程序的过程。

也有时，换完座，值日班长宣布，换座用了 1 分 10 秒，这就要查找原因。班法规定，换座在 1 分钟内完成，超过 10 秒，便是事故。

事故原因也容易找到，有同学立即起来承担责任："是我搬桌不慎，将文具盒掉在了地上，弯腰捡散乱的文具，便阻碍了整个集体的活动，使全班同学每人为我浪费了 10 秒。"

解析：

上述案例是我国著名教育家魏书生在班级管理过程中的片段。从这个案例中，我们可以体会到魏书生老师的管理智慧。在魏老师的班里，类似换座这样既有序又高效的事情还有很多，如 15 分钟大扫除、2 分半收好书费等。可见，高效、稳定的班级秩序得益于高质量的班级管理。

【本章参考文献】

1. 檀传宝. 德育与班级管理[M]. 北京：高等教育出版社，2007.

2. 郭毅. 班级管理学[M]. 北京：人民教育出版社，2002.

3. 全国十二所重点师范大学. 教育学基础［M］. 北京：教育科学出版社，2002.

【阅读链接】

1. 谌启标，王晞，等. 班级管理与班主任工作［M］. 福州：福建教育出版社，2007.

2. 魏书生. 班主任工作漫谈［M］. 桂林：漓江出版社，2021.

3. 曹长德. 当代班级管理引论［M］. 2 版. 合肥：中国科学技术大学出版社，2010.

4. 张作岭，宋立华. 班级管理［M］. 3 版. 北京：清华大学出版社，2019.

5. 齐学红. 班级管理［M］. 北京：北京师范大学出版社，2015.

6. 徐金海. 班级管理新思维［M］. 北京：知识产权出版社，2017.

7. 李伟胜. 班级管理［M］. 2 版. 上海：华东师范大学出版社，2021.

第二章

班主任和学生

【本章学习提示】

班主任是班级工作的组织者、班集体建设的指导者、学生健康成长的引领者，是学校思想道德教育的骨干，是沟通家庭与社区的桥梁。学生正处于生长发育期，既是班级管理的对象，也是班级管理的主体，有其自身发展的特点和本质属性。班主任能否胜任班级管理工作，与班主任自身素养的高低、工作方式方法的得当与否和对学生关注度的高低密切相关。本章主要围绕班主任在班级管理中的职业角色、班主任的地位和作用、班主任的工作方法以及学生的本质特点、学生身心发展特点等方面展开介绍。

【本章学习目标】

1. 熟悉班主任的职业角色和作用，热爱班主任工作。
2. 掌握班主任的职业素质，为做好班主任工作做准备。
3. 知晓班主任了解班级和学生的方法。
4. 理解学生的本质特点与身心发展特点。
5. 领会学生的双重角色与对班级管理的适应。
6. 明确学生在班级管理中的自理作用。

第一节　班主任

一、班主任在班级管理中的职业角色

学校、班级是班主任工作活动的舞台。在舞台上，班主任总要扮演特定的社会角色，具有相应的角色心理。学生及其家长，以及社会上的人也会从不同角度观察班主任的适当行为，产生一定的角色期待。对于班主任而言，不断强化角色意识可以帮助他们对班主任工作的地位、作用和价值有清晰的认识，让他们更具体地了解自己承担了哪些任务，该以何种方式行事，该如何去影响全体学生。"社会心理学家根据情感因素把班主任的角色作用分为三类八种。第

一类班主任扮演的是权威者，包括是家长的代理人、知识的传授者、集体的领导者和模范的公民四种角色；第二类是心理上的支持者，包括是心理的治疗者、朋友和知己两种角色；第三类是消极作用的承受者，包括替罪羊和纪律的监督、执行者。"①总体看来，班主任在日常教学活动和班务活动中多是集多种角色于一身，并会在某些场合或某个时间凸显某种角色。教育生活的完整性和丰富性决定了班主任角色具有多侧面、多色彩的特点，下面是对班主任的几种典型角色的详细阐述。

（一）管理者的角色

班主任作为班级的首要管理者，负责制定班级规则，维护课堂纪律，确保教学活动的顺利进行。要完成这些工作，班主任需要具备良好的组织管理能力，能够合理规划时间，处理班级日常事务，包括出勤、卫生、课间活动等。此外，班主任还要监控学生的学业进展，与科任教师合作，确保学生达到学习目标。

（二）教育者的角色

班主任不仅是班级的管理者，而且是教育者。班主任通过课堂教学和课外指导，传授知识、技能和价值观，关注每个学生的学习需求，采用多样化的教学方法，激发学生的学习兴趣。同时，班主任还要重视学生的品德教育和社会责任感的培养，引导学生形成正确的世界观和价值观。

此外，需要特别指出的是，班主任既不能仅凭学生在自己课上的表现去衡量学生的其他方面，也不能给学习有困难的学生和行为不良的学生贴上"笨学生"和"坏学生"的标签，而应做好学生的思想教育工作，帮助学生查找落后的原因，寻求解决问题的办法，使学生正视自己的不足或错误，重拾信心，树立新的目标，继续努力。

=====鹏鹏的变化②=====

"叮铃铃"，下课铃响了，我暗暗舒了一口气，走向讲台的第一课还算比较顺利。我清了清嗓子："下课。""起立。"这时我环视了一下学生，怎么回事，那个上课一直将头垂得低低的同学还没有抬起头来，我有些不满。一下课，我就走到那个同学的身边，他正坐在座位上低头不知在干什么。我敲敲他的桌子："抬起头来，老师跟你说话。"在我的威慑下，他惊慌地站了起来，两只手揪着衣角，不知所措，眼神闪躲，不敢看我，看得出他

---

① 张炎山：《班主任角色的认同与调适》，2页，北京，人民日报出版社，1993。
② 陈震：《班主任新思维》，14～15页，南京，南京师范大学出版社，2000。收入本书时有改动。

的性格很内向。我态度温和了些，问："你叫什么名字?"他嗫嗫嚅嚅了半天才说："叫……韩鹏鹏。"旁边有的同学笑着说："我们叫他韩笨笨。"听同学这么一说，韩鹏鹏又低下了头，我瞪了这个说话的同学一眼。看来，这个韩鹏鹏同学经常被同学讥笑，心理上有些自卑。那么我刚才可能真吓着他了。我有些内疚，对韩鹏鹏说："你先坐下。"他只是惶恐地点点低着的头。

后来，我通过班上的学生知道了韩鹏鹏学习一向不好，他的父母也不关心他，经常打骂他。在学校里，他总是低着头，很少与同学交往。我判断这个学生的自卑感还挺重。我不由得想起了上次的事件。上次我不是在一个幼小的心灵上雪上加霜吗？我这不是跟教书育人的宗旨相背离吗？我决心用时间、耐心、爱心来改变他。

第一次改日记，我在他本子上写下10个字："因为你，我才喜欢当老师。"当本子发下去后，我观察他的反应，他有些惊讶，迅速抬起头看了我一眼，又低下头去。这一眼让我大受鼓舞，这说明我已经在韩鹏鹏的心灵深处打开了一扇小小的门，不是吗？

第二次改日记，我意外地发现韩鹏鹏在日记里写了一句话："老师，为什么因为我，你才喜欢当老师?"这孩子，他对自己真的缺乏信心。我在本子上写道："韩鹏鹏，你身上优点其实很多，你有一颗诚实、善良的心，听同学说，每次劳动，你总是捡最脏、最累的活干，这是一种多么好的精神啊！这一切让老师打心眼里喜欢你。有你这样的学生，老师真是太高兴了!"打那天起，我发现上课时他抬头的次数明显多了。后来我经常在韩鹏鹏的本子上写一些表扬的话："你的字比以前进步多了！上课时，老师真想听到你的声音!"……每次书面交流后韩鹏鹏都有些进步，我很欣慰。

在这期间，我还到韩鹏鹏家家访，做他父母的思想工作，让他们注意对孩子的教育方式。在班上，我发动同学跟韩鹏鹏交往，去尊重他、关心他。渐渐地，下课时我能看到他在教室里活动的身影，上课时他也开始发言了。有一次下课，我看见他居然在跟同学掰手腕，胜利后他笑得非常开心。那是我第一次看见他笑，我有些感动，因为这是一颗童心最真实的流露。之后他的学习不断进步，与同学相处得更加融洽了!

(三)服务者的角色

作为服务者，班主任要为学生提供学习和生活上的支持和帮助。这意味着他们要及时满足学生的需求，协助学生解决在学习或生活中遇到的问题。对于学习有困难的学生，班主任可以提供额外的辅导；对于家庭背景复杂的学生，班主任可以提供心理支持和建议。如何有效地定位和扮演班主任服务者的角色？一方面，班主任要在自己的各种角色中取得平衡；另一方面，班主任要尽可能对自己班级的服务性工作多做反思和总结，抓大放小，学生能做到的班主任不必再做，引导学生自主管理。

(四)朋友的角色

班主任还应该是学生的朋友，与学生建立起信任和尊重的师生关系。作为朋友，班主任会倾听学生的心声，体会学生的感受，理解学生的困惑和挑战。这种亲密的关系有助于创建一个温馨、开放的班级氛围，使学生感到被接纳和支持。教师让学生通过语言把所有的感情——积极的、消极的，都表现出来，是对学生最大的保护，也是教师和学生交朋友的基本要求。为此，扮演好朋友的角色需要班主任呵护好两颗"心"。一是真心。班主任在与学生相处时，不能高高在上、空洞说教，应以朋友的身份出现，站在一个朋友的立场上，考虑学生在想什么、需要什么。二是交心。学生需要知心朋友，班主任应主动走近学生，和学生一起谈学习、谈人生，谈一切可以交谈的内容。

(五)协调者的角色

班主任作为协调者的工作就是要弱化矛盾，减少摩擦，实现班级目标效益的最大化。一个出色的班级协调者应从三个方面做起。第一，协调本班学生与平行班学生的关系。本班与平行班级的关系，是班级工作中不容回避、比较棘手的问题，如教学问题、学生活动问题、不同班级的学生之间的摩擦问题等。班主任要善于将"一碗水端平"，有意识、有原则地处理这些关系，不分亲疏，不偏不倚。第二，协调学生与科任教师的关系。首先，班主任要学会在学生面前或其他场合赞扬科任教师，使学生看到科任教师在教学之外的优势，树立科任教师的威信。其次，科任教师在班级管理方面有着班主任所不及的优势，班主任要善于借科任教师之力调动学生的积极性。第三，协调学校管理者与班级的关系。这方面的协调工作可以着重关注以下几个方面：一是引导学生正确对待全校性活动的过程与结果，树立参与意识；二是在班级利益和学校利益发生冲突时，班主任更应有广阔的胸襟，以大局为重，维护学校管理者的权威；三是与学校的管理者交流，主动听取他们对本班工作的意见并争取其建议。[①]

(六)研究者的角色

班主任需要不断地研究教育理论和方法，探索更有效的教学和管理策略。通过对班级管理和教学实践的反思和研究，持续提升自己的专业素养，更好地

---

① 荀金海：《班主任的协调者角色》，载《教学与管理》，2003(29)。

服务学生。同时，班主任作为研究者的另外一项突出工作是要尽快缩小与学生之间的信息差。网络数字化时代的来临，虽丰富了学生的生活，但让学生和班主任之间的共同语言越来越少。如此一来，班主任与学生之间便不可避免地形成了信息差。现实表明，班级管理的效果会随着信息差的增大而减弱。这一现状迫切促使班主任不仅要研究学生，而且要研究学生的成长环境，尤其是环境中已介入学生生活的新因素，诸如大量存在的媒体信息等。班主任应扬长避短，缩小与学生间的信息差，利用自己的一切优势资源来提高学生对新事物的鉴别、筛选、分析和运用能力，培养学生的信息处理能力。

总体而言，班主任在班级管理中扮演着多重角色。作为管理者、教育者、服务者、朋友、协调者和研究者，班主任对学生全面发展负有重大责任。有效地平衡这些角色既要求班主任具备专业知识和技能，也需要班主任具备同理心、耐心和创新精神。通过扮演这些角色，班主任能创造一个积极、健康、高效的学习环境，为学生的长远发展奠定坚实的基础。

班主任的 12 条量规

二、班主任的地位和作用

班主任面对的工作对象是青少年，他们正处于长身体、长知识的关键时期，具有典型的独立性与依赖性、自觉性与求成性等相互交错的特点，处于不断成熟的过程，变化性和可塑性很大。班主任工作不仅影响学生个人的成长，而且对整个班集体建设与发展产生重大的影响。因此，班主任工作在教育教学活动中具有非常重要的地位和作用。

（一）班主任是学生健康成长的引领者

班主任是学生健康成长的引领者与人生指导者，要尊重每一个学生做人的尊严和价值，关注并帮助每一个学生获得身心协调、有个性的全面发展。班主任要关注学生的身体发育状况，着力使学生养成健康的心理及良好的生活、卫生、锻炼习惯，科学安排一日作息时间，确保学生的活动时间与休息时间，组织学生锻炼身体，正常参加体育课、课外活动，做好课间操、眼保健操，特别是对日趋严重的近视问题要采取综合性措施着力缓解。班主任要通过各种途径，做好青春期教育工作，针对学生的身心发展差异，把握学生成长突发期的特点，有效地帮助每一个学生进入、度过青春期。此外，班主任还要重视心理辅导、心理咨询，重视社会实践活动，动员并组织全体科任教师参与到对学生的健康引领上来。

(二)班主任是学生思想道德教育的骨干力量

班主任是学生思想道德教育的骨干力量,要依据学校教育的整体要求,整合教育力量,明确思想道德教育的内容和方法,针对班级实际,对班级学生有目的地施加影响,使其养成良好的思想品德。由于特殊的角色地位,跟其他教师相比,班主任成为学生思想道德教育的骨干力量,其主要工作表现在以下方面。①了解、研究学生。把握每一个学生的思想、学习、生活等方面的情况与问题。②指导、组织、培养班集体。在班集体建设的过程中做好学生的思想道德教育工作。③结合学习任务进行思想道德教育,做好引导、指导、辅导与教导的工作。

(三)班主任是推进课程改革、实施素质教育的重要力量

班主任是推进课程改革、实施素质教育的重要力量,在班级这一阵地上,通过课堂教学主渠道、课外活动、环境熏陶、与社区教育和家庭教育相沟通、与生产生活相结合等途径,与科任教师协调一致地推动课程改革与素质教育的实施。在教育教学活动中,班主任要和科任教师以正确的教育观、教学观、教师观、学生观指导自己的言行,积极发掘和利用教材本身蕴藏的素质教育因素,彰显其传递人类文化遗产、科研成果与促进学生全面发展的功能,为学生个体素质的发展奠定基础;班主任要利用自己与学生接触的优势,建立民主、平等的师生关系,创设主动探究的良好氛围;班主任要切实改革教学方法,引导学生学会学习,尊重学生的主体地位,注重发挥启发式教学方法在发展学生身心素质方面的作用,从实际出发,努力做到最优化,不断更新教学技术,促进学生全面发展。

(四)班主任是沟通家长和社区的桥梁

2023年1月,中共中央、国务院对健全学校家庭社会协同育人机制做出了重要决策部署,提出指导思想、工作原则和主要目标。政府对学校、家庭、社会协同育人工作的统筹领导更加有力,制度体系基本建立健全。学校积极主导、家庭主动尽责、社会有效支持的协同育人机制更加完善,促进学生全面发展的良好氛围更加浓厚。学校教育主阵地作用进一步强化,家庭教育指导服务更加专业;家长科学育儿观念基本树立,履行家庭教育主体责任更加到位;城乡社区家庭教育指导服务站点普遍建立,社会育人资源利用更加充分。

《教育部等十三部门关于健全学校家庭社会协同育人机制的意见》

三、班主任的素质结构

教师作为传授人类文明，开发人类智慧，塑造人类灵魂，影响人类未来的巨匠，承担着维护人类生存和推动社会前进的重任，是人类社会得以延续和发展必不可少的重要因素，是连接过去与未来的纽带和桥梁。毫无疑问，无论是教育观念的更新，还是教育内容、教学方法的改革，都取决于教师的综合素质。

(一)班主任的思想道德素质

1. 热爱教育事业

教师是履行教育职责的专业人员，承担教书育人、培养社会主义事业的建设者和接班人的使命。热爱教育事业是做好教育工作的前提。班主任应贯彻党和国家教育方针政策，遵守教育法律法规，忠诚于人民教育事业；具有职业理想和敬业精神，认同教师的专业性和独特性。

2. 热爱学生，尊重学生

班主任应关爱学生，重视学生身心健康发展，保护学生生命安全；尊重学生的独立人格，维护学生合法权益，平等对待每一个学生，只有这样才能架起师生情感之间的桥梁，才能真正成为学生依赖和尊敬的知心朋友；不讽刺、不挖苦、不歧视学生，不体罚或变相体罚学生；尊重个体差异，主动了解和满足学生的不同需要；信任学生，积极创造条件，促进学生的自主发展。

3. 育人为本，德育为先

班主任应树立育人为本、德育为先的理念，将学生的知识学习、能力发展与品德养成相结合，重视学生的全面发展；尊重教育规律和学生身心发展规律，为每一个学生提供适合的教育；激发学生的求知欲和好奇心，培养学生的学习兴趣和爱好，营造自由探索、勇于创新的氛围；引导学生自主学习、自强自立，培养其良好的思维习惯和适应社会的能力；尊重和发挥好共青团、少先队组织的教育引导作用。

4. 为人师表，团队合作

班主任应注重个人修养，乐观开朗，勤思善学，不断进取，拥有正确的世界观、人生观、价值观；与同事相互尊重、团结协作、互勉共进。

(二)班主任的知识素质

一位优秀班主任就是一名教育家。因为班级的管理、学业的教育有很深的学问，需要广博的知识、丰富的经验和管理艺术。2012 年颁布的《中学教师专业标准(试行)》明确规定教师的专业知识包括四个方面的内容：教育知识、学科知识、学科教学知识和通识性知识。

1. 教育知识

教育知识是指班主任成功做好教育工作的专业性知识。包括教育科学、心理科学和公共关系学等方面的知识。

（1）教育科学知识

教育科学知识包括教育学、教育社会学、教育哲学和班主任工作方面的知识。

教育学是一门研究教育现象、揭示教育规律的社会科学。它通过对各种教育现象的研究，进一步揭示教育的规律，并在揭示教育规律的基础上，阐明教育工作的途径、方法和组织形式等问题，为教育工作者提供理论和方法上的依据。班主任具有了教育理论知识，就能用教育的专业观点去看待和分析各种教育事实和教育问题，并能提出符合教育规律的工作主张和解决教育问题的方法。

教育社会学是从社会学角度研究各种教育现象、教育问题及与社会之间相互制约关系的学科。它运用社会学的原理和方法，研究社会结构与教育的关系、教育与学生社会化过程的关系等，在加强教育与社会的联系方面起了重要的作用。班主任在青少年社会化过程中起着重要作用，班主任应认真学习这门学科。

教育哲学是一门用哲学的观点和方法研究教育基本问题的学科。它综合教育学、教育史、心理学及其他教育学科的知识，对教育中的基本内容，用哲学观点给予理论上的阐明。班主任学习这方面的知识有助于从哲学的高度进行德育工作。

对于班主任提高教育工作水平有直接帮助的是有关班主任工作方面的书籍，目前有两大类：一类是操作性比较强的班主任工作方面的书籍，如《班主任工作漫谈》《班主任工作艺术》等；另一类是理论性较强的班级管理理论方面的书籍，如《班级管理论》等。

（2）心理科学知识

心理科学知识包括教育心理学、社会心理学、学校管理心理学和学校卫生学等方面的知识。

教育心理学主要研究学校教育过程中的心理现象。班主任只有掌握这些知识，才能为学生良好品德的形成和学习创造各种条件，并在学校群体心理理论指导下科学地创建班集体。

社会心理学中关于班集体形成和发展的心理机制、集体的目标、组织机构、集体的规范和人际关系及集体舆论、风气等因素对集体建设的影响理论，对班主任有效地组织和创建良好的班集体有直接帮助。

学校管理心理学是研究学校管理活动中的心理现象及其规律的科学。班主任掌握了学生的心理规律，如学生的个性差异、中学生的心理特点与有效管理的心理依据、中学生班集体形成与管理的心理规律、中学生的自我意识特点与自我管理的心理规律、学生素质培养、心理健康教育与心理发展规律，可以大大提高管理效能，从而促进学生健康成长与发展。

学校卫生学是研究如何保护和增强儿童健康、促进青少年身体健康发育的一门学科。学习学校卫生学的根本目的是创造一个良好的教育环境，以保护青少年的健康，增强他们的体质，促进他们的发育，确保教育和教学任务的顺利实施和完成。

（3）公共关系学知识

当今社会是一个开放的社会，现代学校也应是开放的学校，和家庭、社会建立广泛的联系，形成学校、家庭、社会立体化的教育网络。班主任正是联系家庭、社会的桥梁。掌握一些必备的公共关系学知识，班主任才能更好地协调各种教育力量。

2. 学科知识

学科知识是指班主任所具有的特定的学科知识，也就是自己所教的学科的知识。一个人最佳的知识结构，主要以自己所从事的职业与专业为基础。班主任要理解所教学科的知识体系、基本思想与方法，掌握所教学科内容的基本知识、基本原理与技能，了解所教学科与其他学科的联系，了解所教学科与社会实践及共青团、少先队活动的联系。苏联教育家苏霍姆林斯基说："一个好教师应精通他所教的科目据以建立的那门科学，热爱那门科学，并了解它的发展情况——最新的发现，正在进行的研究以及最近取得的成果。此外，本人若能热心于本门科学正在探讨的问题，并具备进行独立研究的能力，这样的教师则可成为学校的骄傲。"[1]对于学科知识的掌握有如下四个要求：一是对所教学科知识的掌握要精深和广博；二是既懂得本学科的历史，又掌握该学科的新进展；三是掌握与本学科相关的知识，如有关学科的知识背景、实验知识以及科学方法论方面的知识等；四是能把本学科知识变成自己的一种学术造诣，并能清楚地表达出来。所以，班主任应该把与自己所教学科有关的知识、学校里的资料、演示材料、学生的兴趣、学生的知识基础等结合起来。

3. 学科教学知识

学科教学知识这一概念是 1986 年由美国的舒尔曼教授提出来的。舒尔曼

---

① ［苏联］B. A. 苏霍姆林斯基：《帕夫雷什中学》，赵玮、王义高、蔡兴文等译，21 页，北京，教育科学出版社，1983。

将其定义为教师个人教学经验、教师学科内容知识和教育学的特殊整合，是教师对自己专业理解的特定形式。班主任的学科教学知识主要是指所教学科课程标准与学科课程资源开发及校本课程开发的主要方法与策略。班主任应了解学生在学习具体学科内容时的认知特点，掌握针对具体学科内容进行教学和研究性学习的方法与策略。学科教学课程目标是教学活动的灵魂，对教学过程具有导向、调控、激励和评价功效。有效教学在很大程度上取决于教师对课程目标的理解与把握，应该说教师对课程目标理解与把握得好，课堂教学就能紧紧围绕课程目标进行，就能最大限度地减少随意性、盲目性、模糊性，提高教学的方向性、针对性、有效性。

4. 通识性知识

班主任还应具备广博的自然科学和人文社会科学知识，一定的艺术欣赏与表现知识，适应教育内容、教学手段和方法的现代化信息技术知识。无论是在课堂上，还是在指导课外活动中，班主任渊博的知识、开阔的视野、广泛的兴趣、敏捷的思维等，能唤起学生强烈的求知欲，并能赢得学生的信赖和爱戴。渊博的知识是班主任在学生心目中树立威信的重要因素。所以，班主任要像蜜蜂酿蜜，博采众长。苏霍姆林斯基说："学校及学校所从事的一切活动赖以确立的基础，就是每个教师的多样化的知识、丰富的智力生活、宽阔的眼界和在学识上的不断提高。"①

(三)班主任的能力素质

能力是顺利完成活动的必要条件。为了卓有成效地进行教育教学活动，班主任必须具有较高的能力。"非学无以广才"，无才岂能有识，而在新水平"识""才"基础上的"学"，则又必然获得更高层次的效益。班主任的能力直接影响班级活动的效率和学生身心发展的速度与水平。

1. 获取信息、更新知识、开拓创造的能力

班主任是学生心目中的知识巨匠、智慧的化身，应具有强烈的求知欲望，明确的学习方向，周密的学习计划，坚韧的学习意志和独立思考、透彻理解、及时快速获取知识和信息的能力。班主任不仅要肯于学习，而且必须善于学习，具有较强的汲取知识的能力。汲取知识的能力不仅影响着班主任自身的发展，而且影响着学生多元智力发展的深度和广度。班主任工作是项创造性的工作，要把班主任工作做好，既不能重复别人的工作，也不能重复自己的工作，必须不断更新，有新思维、新内容、新举措，这就要求班主任有创造性和创造

① ［苏联］B. A. 苏霍姆林斯基：《帕夫雷什中学》，赵玮、王义高、蔡兴文等译，25 页，北京，教育科学出版社，1983。

力，使学生总是处于新鲜感和新的追求之中，焕发出蓬勃向上的活力。

2. 了解、研究学生的能力

班主任要科学地进行班级教育管理，必须获得正确的信息材料，并进行认真分析，从而做出正确的决策。这就要求班主任有敏锐的观察力和高超的分析研究能力。班主任既要善于观察和研究影响大、外部特征明显、经常出现的问题，又要善于把握表现于细微处、偶尔出现、具有潜在影响的事件。学生身上闪光的品质，学生心中隐秘的活动，学生脸上流露出的异样神情，学生生活中的异常行为，这一切即使刚刚露出端倪，并不会引起常人注意，班主任也应该尽早发现，或是因势利导，或是防微杜渐。这样，可以避免学生走歧路，减轻或避免对学生身心健康的损害。所以说，班主任应具有进入学生心灵世界的本领，不是站在这个世界的外面观望，更不是站在这个世界的对面发牢骚、叹息、愤慨，而应该在学生心灵世界中耕耘、播种、培育、采摘，流连忘返。能发现学生还没有明显表现出来的问题和闪光点，能发掘学生的潜在能力和积极因素，班主任就能掌握教育学生的主动权。

3. 组织管理能力

班主任担负着全面组织管理、教育班级学生的任务。这就要求班主任必须具备良好的组织管理能力。如果不坚强而温和地抓住管理的"缰绳"，任何功课的教学都是不可能的。因此，班主任应善于开展班级组织管理工作，善于确定班级发展方向和前进目标，拟订具体计划和措施，坚决贯彻和实施，严格监督和检查，及时反馈和调控。只有这样，班主任才能把管理和教育有机结合起来，促使班级工作沿着科学的轨道顺利前进。实践证明，一定的组织能力是班主任所不可缺少的，它能保证教育活动有条理、有系统地开展，对班主任工作起着重要作用。班主任的组织管理能力决定着这个班的面貌，也进一步影响着学生的成长。

4. 明晰、准确的表达能力

表达能力直接影响教育和教学的效果，是从事教育、教学、科研工作的重要手段和必备条件，是班主任的基本能力素质之一。一个干练的班主任教育学生，如同琴师操琴一样，触动着人类灵魂的心弦，刺激之，兴奋之，鼓励之，安慰之。表达分为语言表达和非语言表达两类。语言表达又分为书面语言表达和口头语言表达两种形式。由于班主任多数是直接面对学生进行教育的，因此口头语言表达能力显得特别重要。正如夸美纽斯所说："一个能够动听地、明晰地教学的教师，他的声音便该像油一样浸入学生的心里，把知识一道带进去。"①这就要求班主任言之有物，语言真实可信、富有针对性；言之有理，语言充满哲理情趣、富有教育性；情理交融、声情并茂，语言富有启发性；用语恰当、观点正确，语言富有引导性。

5. 教育应变能力

灵活、机智的教育应变能力和冷静、沉着、积极主动的自控能力，是一个合格班主任不可缺少的能力素质，是其在教育教学上取得成效的重要因素。这种能力集中通过两个方面反映出来。一是班主任通过自己的语言、声调、动作、姿态、形象和心灵乃至教育环境的气氛去影响学生、感染学生、同化学生。二是班主任在教育中临场应变的技巧，亦即"教育机智"——一种面临新的意外的情况，能够迅速且正确地做出判断，并随机应变地采取恰当而有效的教育措施以解决问题的能力。教育应变能力反映了班主任的机敏性的心理品质，是班主任平时深思熟虑和积累丰富教育经验的结果，是建立在周密地观察、了解学生的心理活动的基础之上的，突出地表现出因势利导的教育艺术。面对纷繁、复杂，甚至瞬息万变的教育环境，班主任必须依据教育对象的变化和条件的变化，抓住最佳教育时机，运用最有效的教育方法，巧妙点拨，以取得最优教育效果。

6. 交往协调能力

这是现代班主任不可缺少的重要能力素质之一。它是时代的要求，是班主任出色完成教书育人任务所必需的。当今社会已进入信息时代，信息的迅速传递需要人们有广泛的社会交往，因此，为了使班级内外与学校内外教育影响的方向、步调趋于一致，班主任要具有交往协调能力。班主任的交往协调能力不是搞庸俗的关系学，而应当是一种良好的心理素养。它要求班主任善于和社会、学校、家长、学生协同工作，善于调动他们的积极性，增加教育力量的强度，调控学生发展方向。所以说，现代社会的班主任不仅在校内应是教育教学的行家，在校外也应当是出色的宣传工作者和社会活动家。

乡村娃的"筑梦人"——2021 年 "全国教书育人楷模"张万波②

张万波，辽宁省本溪市本溪满族自治县第五中学教师。他曾说："上好一两堂课容易，上好每一堂课不容易；当一两天乡村中学的老师不难，当一辈子乡村中学的老师很难。"他扎根乡村教育 20 多年，在艰苦的条件

① ［捷克］夸美纽斯：《大教学论》，傅任敢译，244 页，北京，人民教育出版社，1957。
② 刘玉：《娃儿们走出大山的筑梦人——记辽宁省本溪县第五中学教师张万波》，载《中国教育报》，2021-09-13。收入本书时有改动。

下，坚持教书育人，用耐心和爱心教农村孩子学习知识、学会做人。他曾获得本溪县师德标兵、本溪市优秀教师、辽宁省农村初中数学骨干教师、全国优秀教师等殊荣。

1997年，24岁的张万波作为辽宁省优秀毕业生从本溪师范高等专科学校毕业。当时，本溪县南部山区的祁家堡中学急需数学教师，政治专业的张万波"临危受命"。这所坐落在村里的初中，当时只有一排土坯房。学生在土操场上上完体育课一身土，教室冬天取暖用大铁炉子。没有图书室，也没地方找教学参考资料。文科生转教数学的张万波心里没底，就开始绞尽脑汁琢磨，怎么办？下"笨"功夫！只要有空，张万波就去听数学组其他4位教师的课。听懂，记住，自己上手做。自费买来五大本练习册，没日没夜地做，不会的，向老教师请教，做会了，再找出最佳解题方法。然后，对题型进行归纳整理，亲自动手刻字，用油印机印成练习册，发给学生。很快，张万波的教学成绩崭露头角。工作3年后，他便开始教初三数学，同时执教当时老教材的"代数"和"几何"两科。7年后，他成为辽宁省农村中学骨干教师。

在乡村中学执教的日子里，张万波时刻践行着"两个假如"，待学生似朋友，胜亲人。刚工作那会儿，张万波就大量阅读有关班主任工作的书籍。他在一本杂志上看到，"每个班主任要想做好工作，必须对自己提出两个假如。第一，假如我是孩子。第二，假如是我的孩子"。做到第一个"假如"，你和学生的冲突一定会减少，因为你们是朋友。做到第二个"假如"，你一定受学生喜爱，因为你们是亲人。

2000年，张万波首次担任毕业班班主任，同时第一次执教初三数学课。当时，他的妻子怀孕，需要照顾，但张万波克服困难，还是第一个到校，最后一个离校，单程骑车11公里，风雨无阻。2002年9月，张万波又接了一个初三班级。栾忠慧等3名学生每天上下学都要翻山越岭，往返要3小时。张万波心疼学生，就带着他们住在学校附近，一边辅导他们学习，一边照顾他们饮食起居，为他们洗衣、做饭。此时，张万波的孩子刚满周岁，每当听到儿子在电话里喊"爸爸"时，他内心对妻儿都很愧疚。但看到栾忠慧考上重点高中又考入西安交通大学时，他心里又很满足。2005年，张万波的班里有一个患孤独症的男生，这个学生总是远远地躲着老师和同学。张万波安排他坐前排，方便观察和照顾他。有一次张万波发现，每当其他同学在课间活动时，这个男生就把黑板擦得干干净净。再上课时，张万波在多媒体上展示了他擦黑板的照片，号召全班同学鼓掌感谢。此后，这个男生总会默默地走到老师身边，虽然依旧不说话，但是张万波能感觉到，他想跟老师亲近。后来，这个男生上了技校；再后来，他开始了自食其力的人生。张万波做了 16 年班主任。他用无私的爱温暖了每一名学生，改写了这些乡村学子的命运。2010 年 3 月，学校安排张万波做教务工作。同时，他还担任七年级(2)班班主任，教两个班的数学课，兼任九年级级部主任，工作量陡然增加数倍。此时，张万波已经是中学高级教师。在有的人看来，高级职称到手，就没有必要拼命工作了。但张万波认为，做一天教师，就要对得起学生，对得起肩上的责任。张万波班里曾有个身材瘦小的男孩，上课时精神恍惚，还总是迟到。张万波了解到，男孩因为父母离婚而产生了辍学的念头，于是决定去他家里看看。男孩一个人住在路边的两间泥土房里。张万波给男孩做了一顿香喷喷的饭菜。男孩说，父亲外出打工后再没回过家，自己好久没吃过像样的饭菜了。那晚，张万波留下来陪着男孩，告诉他，以后一切都有老师呢！此后，他每月都从工资里给男孩挤出生活费。男孩重返学校，不仅顺利完成学业，而且考入县重点高中。张万波带的第一个毕业班，当年有 3 人考入县重点高中，在当地引起轰动。因为，在此之前，这所农村初中几乎没有学生考上过县重点高中。此后，张万波每带毕业班，必给学生和家长带来惊喜。特别是 2007 年那届，40 名学生中，有 22 人考上县重点高中。

2017 年，张万波的孩子到县城读高中，年迈的母亲和父亲先后做了心脏手术。即使这样，他也没有耽误学校工作。全校教务大小事都落在他一个人身上，他努力处理着教务、教学和班主任管理之间的关系和时间分配问题，见缝插针地谋划安排。

做张万波的学生是幸运的。每一届学生，都能在张万波的课堂上享受到数学的美好；每一届学生，都能给张万波带来快乐和幸福。2020 年担任教学副校长后，张万波依然教一个班的数学课，依然每天第一个到校，最后一个离校。尽管有条件更优越、待遇更好的县城学校抛来橄榄枝，但他选择留下，他爱乡村学生，离不开他们。

四、班主任了解班级和学生的方法

(一)资料分析法

这是了解班级和学生基本情况的最简易的方法。接受一个新班时，班主任要查阅学生的有关资料，如学籍、班级日志等，以便尽快地初步了解学生或班级情况。查阅资料时，班主任必须注意以下几点。第一，坚持发展的观点。资料记录的是学生或班级的过去，只能说明过去。事物是发展变化的，不能把资料作为了解、研究学生或班级以及制订工作计划的唯一依据,尤其不能用先入为主的观点去看待学生,特别是对那些受过挫折或犯过错误的学生。第二,坚持全面的观点。资料所记录的常常有其局限性,有的情况不一定都有记录,有的内容还有待核实,或做必要的更正和补充。第三,坚持更新的观点。班主任应注意收集和记载新情况,不断积累丰富的、有价值的、较全面的材料。

(二)观察法

观察法是班主任直接了解和研究学生的常用的重要方法。观察分随意不定向观察和定向跟踪观察。后者需要的时间比较长。自然常态观察法是班主任在自然情况下,用自己的感官或借助辅助工具去直接了解学生的言论和行为的一种方法。班主任多采用自然常态观察法来了解学生。

1. 察言观色

近代心理学研究表明,面部表情能够暴露一个人的情绪、情感,反映人的内心世界。所谓喜形于色、眉开眼笑、怒发冲冠等都是内心的反映,与这一过程相伴的生理变化,如额角出汗、面红耳赤、青筋暴起等也是内心的反映。马卡连柯说:"要善于研究成人的面容,善于研究儿童的面容……要根据面容来了解精神活动方面的某些特征,这里并没有任何奇妙和神秘的东西。"[①]班主任察言观色,既可从学生面部察端倪、循踪迹,也可以透过学生的眼神来了解学生的心理活动。例一,低头看物,眼睛不敢正视班主任。这初步表明学生已认识到自己的错误,由于惧怕班主任的批评而不敢道出真情。例二,呼吸急促,睁大眼睛望着班主任。一般来说,学生对班主任的询问或批评内心不服,表现出的是一种不满的心态。例三,摇头晃脑,眼睛左顾右盼。这是学生对班主任产生抵触情绪,故意表现出的一种无所谓神态,用沉默和班主任作对,以达到气班主任的目的。例四,惊恐不安,目光飘忽不定。这是学生受到一定程度的刺激和惊吓,而性格又较懦弱,害怕讲真相会受到其他同样犯错误的学生的打击报复而表现出的一种心态。

2. 辨声析音

学生的内心活动有其隐蔽的一面,正如美国文学家马克·吐温所说,每个人像是一轮明月,呈现着光辉的一面,但另有黑暗的一面从不给别人看到。学生喜欢掩饰自己,但学生的心理机制毕竟不成熟,知识、经验、能力还不足。尽管其有意识地调节和控制自己、压抑自己,但是当其内心郁闷情绪积累到一定程度时,必会以某种方式释愤抒怀,如向好友或用日记进行情感倾诉。班主任要经常深入学生中去,有目的、有计划地找学生或学生干部谈话。谈话时班

---

① 《马卡连柯教育文集》上卷,146～147页,北京,人民教育出版社,2005。

主任要注意辨声析音，既要关注学生说话时的语调、节奏，又要注意分析学生言语的内容，言为心声，然而这言是真言还是假语，须细心辨别。班主任要启发学生讲真心话，及时捕捉其言谈中的有效信息，以期提高班主任工作的针对性。

3. 洞悉举止行为

学生的外部表情、语音声调只是学生内心活动的浅显外露，且有很强的隐蔽性和不确定性。但由于学生的情绪情感极不稳定，其内心活动又易在外界的诱惑下见之于行，常会出现一些幅度过大或过激的动作，那些自制力较弱的学生尤甚。因此，班主任要密切关注那些行踪诡谲、举止粗暴者，要从他们的举手投足间看出其动作的意义，以增强班主任工作的预见性，对那些公然横冲直撞的违纪者，一定要绳之以"法"。当然，人非完人，生理和心理还未成熟的学生更易出现"是非"。因此，班主任既要追踪言行以察心迹，也要科学评价学生的行为。

(三)问卷调查法

问卷调查法是为了了解、研究班级和学生某些方面的问题，即按一定的调查目的和任务，向学生提出若干问题，通过学生对问题的书面回答，了解班级和学生的思想状况、要求、愿望、情绪、兴趣、追求等而采取的调查方法。问卷调查法一般适合于比较简单的或具体的事实性的问题，可以在较短的时间里收集到范围较广的材料。由于允许学生用无记名方式回答，因此获得的材料可能比谈话法更全面、更真实，但也不可避免地存在局限性。

问卷大致可分为开放型问卷和封闭型问卷两种。开放型问卷是在问卷上只提问题，不列出答案，要求学生写自己的想法，回答不受任何限制。例如，"你最喜欢看的电视节目是什么？为什么?"这种问题不便于统计，只适合在少数人中进行。封闭型问卷不仅要提出问题，而且要提供可选择的答案，限定回答的顺序和数量，要求学生只需在自己认为合适的答案中画出选择性符号。这种问卷形式，学生回答简便，资料统计也比较方便。封闭型问卷又可分为正误式(是否式)、选择式、编序式等。

(四)陶冶教育法

陶冶教育是利用教师的爱和各种情境中的教育因素对学生进行潜移默化的熏陶，使其耳濡目染，心灵受到感化的一种教育方法。陶冶教育法的方式很多，其中对学生影响较大的主要有以下几点：①班主任的感化。它包括班主任给予学生满腔爱的情感感化和班主任的人格感化。②环境陶冶。所谓"近朱者赤，近墨者黑"，"蓬生麻中，不扶而直"就是这个道理。"居必择乡，游必就士"，孟母三迁更是历代相传的佳话。③艺术的熏陶。艺术包括音乐、美术、舞蹈、雕塑、诗歌、文学、影视等，这些都是人类智慧的结晶，它来源于生活，但又高于生活，形象概括，寓意深厚。学生能从中获得美感，受到启迪，从而明辨事理，感悟人生。

(五)奖惩激励法

在班主任工作中，表扬、奖励、批评和惩罚，是有力的教育手段。正确使用它们，可以起到扶持正气、打击歪风、鼓励先进、鞭策后进的作用，可以创造人人争相进取的氛围。

1. 表扬、奖励

(1)要恰如其分

表扬与奖励的人和事应当是具体的，要同学生的实际表现相称，力求做到恰如其分，不随意夸大，不随意拔高，收到夸而有信、夸而不浮、夸而得体的效果。表扬的语言也应该是容易被学生接受、理解和使学生受到感染的。

(2)要着眼于发展变化

表扬时注意两种情况：一是"横"比，即考虑受表扬学生的实际表现要比班里其他学生突出一些，付出的努力多一些，或带有某些肯定的特点；二是"纵"比，即注意每个学生本身前后的变化，如他在原有的基础上有了进步，就要及时予以肯定。

(3)要及时

在学生表现出良好行为，取得一些进步时，班主任要马上给予表扬，及时强化，一方面坚定学生做出正确行动的信念，另一方面推动学生再次去做被人赞许的事。表扬要尽可能在公众场合进行。

2. 批评、惩罚

(1)要有明确的教育目的

批评的目的是"惩前毖后，治病救人"，帮助犯错误的学生改正错误，也能使全体学生特别是有类似错误的学生受到教育。班主任要根据不同的教育对象，注意选择一定的时间、地点、场合、措辞及方式，应该使学生感到班主任对学生的过失也是感到痛心、惋惜的，批评是不得已而为之。

(2)要具有客观性、公正性

批评要以尊重事实为前提，做到对事不对人，切忌感情用事，千万不要说过火的话，不要用粗话和失态的行动来代替教育语言。有经验的班主任说，在犯错误的学生面前，困难的不是批评指责，更不是数落他的一系列错误，而是找出他的错误的对立面——长处，只有找到了长处，才算找到了错误的克星，才能帮助他找到改正错误的信心。

（3）要选准恰当时机

有经验的班主任在对犯错误的学生进行批评时，总是给予"冷处理"，即先给学生一段认真反思的时间，再有针对性地进行教育。批评要抓住学生转化的关键节点。

（六）心理疏导法

所谓心理疏导法就是根据心理学原理，运用科学的方法对心理异常或具有心理障碍的人进行疏通和引导的一种教育方法。班主任要学会运用心理测试、心理调整、心理会谈等方法，在民主、和谐的气氛中，使学生了解自己与环境，增进身心健康，获得良好的适应。

感动中国人物张桂梅

——大山里的擎灯人[①]

张桂梅，现任云南丽江华坪女子高级中学党支部书记、校长，华坪县儿童福利院院长（义务兼任），丽江华坪桂梅助学会会长。她的感人事迹家喻户晓，她被评为 2020 年度感动中国十大人物之一。

一、创办免费女子高中

2002 年，在云南儿童之家工作的张桂梅看到了很多农村贫困家庭的不幸，她希望创办一所免费女子高中，彻底解决山区贫困问题。她四处奔波，筹集资金，五年筹集到 1 万元。2007 年，张桂梅作为党的十七大代表到北京开会，她把办免费女子高中的想法告诉了一位记者。第二天，一篇名为《我有一个梦想》的文章见报并引起轰动。之后云南省丽江市和华坪县各拿出 100 万元，帮助张桂梅办校。经多方努力，2008 年，华坪女子高级中学成立，这是全国唯一一所免费女高，专门供贫困家庭的女孩读书。建校 12 年来，已有 1800 多名大山里的女孩从这里走进大学并完成学业，在各行各业作贡献。

二、步履艰难的家访路

办学头几年，张桂梅自己走山路家访，曾因过度劳累昏睡在路旁。她尝试过自己租车，也骑过马和摩托车，肋骨被摔断过两次。后来县里派车帮助她家访，可几乎去每一个学生家里都还有一段要步行的小路。张桂梅在 6 天里走遍华坪县荣将镇、石龙坝镇、兴泉镇、船房傈僳族傣族乡的37 个村小组，走访了 39 个农村学生家庭，平均每天走访六七个学生家

---

① 杨云慧、欧媚：《为大山女孩打开广阔人生——记 2020 年全国教书育人楷模、云南省华坪县女子高中教师张桂梅》，载《中国教育报》，2020-09-07。收入本书时有改动。

庭。最远的家访路是去高三学生罗青青（化名）家的路。乘车 40 多公里到达船房傈僳族傣族乡华荣村后，张桂梅还要走半个多小时的上山小路到罗青青家。在同事和罗青青的搀扶下，张桂梅一步一步地爬山坡，走几分钟就停下来大口大口地喘气。路过一条浅浅的小溪时，她已无法抬腿跨过，只能拖曳着双脚划过水面。12 年来，对每届高三、每个农村学生，张桂梅都要利用假期尽量家访一遍。她不是丽江人，却已走遍丽江的山山水水。她的足迹覆盖 1552 名学生的家庭，行程 11 万余公里。

三、无私奉献，忘我工作

1996 年，张桂梅的丈夫因胃癌去世，不久后张桂梅放弃了大理优越的工作环境，申请调到深度贫困山区华坪县。她放弃进入全县条件最好的华坪一中的机会，选择在全县师资最弱、条件最差的民族中学任教，并承担起 4 个毕业班的语文和政治课教学任务。

1997 年 4 月，张桂梅被查出患有子宫肌瘤，需立即住院治疗。但为了不耽误初三毕业班的教学进度，她偷偷把检验结果藏起来，直到 7 月份把学生送进中考考场后，才住院接受手术。之后，张桂梅的身体每况愈下，她患上了肺气肿、肾囊肿、颅骨骨瘤等 23 种疾病。张桂梅每天靠吃止痛药坚持工作，拒绝住院治疗，她要把时间留给女孩们。她把别人捐给她个人的钱和大部分工资（累计 100 万元），全部捐给了山区的女孩们。她说："每个女孩后面都有一个家庭，每个女孩未来都将成为一名妈妈。"张桂梅拿命在践行，让女孩受高等教育，就能改变三代人的命运。

2001 年，她一边在民族中学当老师，一边兼任儿童之家院长，成了众多孤儿的"妈妈"。2003 年，维持儿童之家的资金面临短缺。为缓解窘境，张桂梅到华坪各部门筹措资金，"求人很丢人，但如果孩子们生活得不好，我这个义务院长更丢人"。2003—2007 年的寒暑假，张桂梅在昆明为孩子们筹措到两万多元。对此她说，一切辛苦都值了。

第二节 学生

学生既是班级管理的对象，又是班级管理的主体，在班级管理中具有主客体双重地位和管理者、被管理者双重角色，学生的本质及其自身发展特点对班级管理的不同适应性是班主任需要了解和关注的问题。

一、学生的本质特点

怎么看待学生，把学生看成什么样的人，对学生采取什么样的态度，是每一位班主任在工作中必须首先思考的问题。在传统观念中，班主任通常把学生视为不成熟的人，看成"半成人"，认为在教育过程中的学生是单纯的受教育者，具有被动性和消极性。随着教育理念的不断更新与发展，包括班主任在内的教育者越来越多地提高了对学生本质的认识。

(一)学生是独立的人

每个学生都具有自己独特的意愿、言行、思想和性格。每个学生都是一个独立的个体，这种独立意味着学生独立于教师的头脑之外，不以教师的意志为转移。教师不能把自己的观点、意志强加给学生，也不能代替学生去分析思考，更不能按照自己的意愿改造学生。每个学生都是一个独立的个体，这种独立意味着学生具有主观能动性。他们在学习和活动中能积极地参与、不断地创新。这种主观能动性正是学生发展的重要动力。

班主任要把学生当作具有独立性的人来看待，就要使自己的教育适应学生的情况、条件、要求和思想认识的发展规律，根据学生身心发展特点和学生的个性进行适时、适当的教育。

(二)学生是独特的人

学生不是统一生产的"产品"，不同年龄阶段、不同家庭背景的学生群体及学生个体都具有差异。

学生的群体差异很多。不同年龄阶段的学生具有不同的身心发展特点；来自不同家庭背景，如家庭经济、家庭结构、家庭教育理念不同的学生在小到言行举止，大到世界观、人生观、价值观上都不尽相同；具有不同兴趣爱好的学生组成的正式群体和非正式群体，在群体性质、群体发展趋势、成员构成、成员间作用等方面都有着各自的特点。

学生个体之间更是存在差异。由于遗传因素、社会环境、家庭条件和生活经历的不同，每个学生在兴趣、爱好、气质、性格和特长等方面各不相同。

班主任需要正视学生的独特性，尊重学生之间存在的差异。

首先，班主任要树立培养具有独特个性的人的理念，这是班主任对待学生的基本态度。学生的独特性、差异性既是实施教育的基础，又是促进自身发展的前提，每一位班主任都需要把学生的独特性视作一种财富去珍惜，去开发，使每个学生都在原有基础上得到全面、自由的发展。

其次，学生的独特性要求班主任不能用同一个标准或要求衡量学生。班主任需要因人而异地、适当地评价来自不同群体、具有不同特点的学生。

最后，学生的独特性要求班主任因材施教。对于具有不同优势的学生，班主任要善于寻找他们身上的闪光点，挖掘他们的特长。对于不同性格的学生，班主任要注意运用不同的教育方法，赏识学生的任何一点进步，真诚地感谢学生在任何一个方面为班级赢得的荣誉。

(三)学生是发展中的人

学生是一个正在成长中的人，身心都处在由不成熟向成熟发展的过程中。这意味着学生具有可塑性，具有不断完善和发展的潜能。这要求班主任不能放弃任何一个学生，要对每一个学生充满希望，给予鼓励。班主任要认识到学生是可以积极成长的，是有培养前途的，是追求进步的，是可以获得成功的。班主任在教育教学和生活中都要用发展的眼光来看待学生，不断挖掘和培养学生潜能，将正面教育与纪律约束相结合，把严格要求与尊重理解相协调，使批评缺点与表扬优点并用，令严肃的批评与热忱的帮助共融。

═════举手的秘密[①]═════

小学三年级时，我转学到了另一所学校。因为课程进度不同，老师讲的很多内容，我都听不懂。课堂提问时，别的同学全都高高举起右手，争先恐后地抢着回答。而我却往往不知道怎么回答，不敢举手。后来，出于虚荣心，有的问题我明知自己不会答，也违心地举起了手。刚开始还几次蒙混过关，可后来还是露馅儿了。

那是在一节数学课上，一位刚调来的姓高的女老师给我们上课。高老师提问时，我习惯性地举起了手，可高老师偏偏就叫到了我。我脑袋嗡地一下蒙了。我低着头从座位上站起来，脸红得发烫。我隐约听到旁边同学的窃笑，眼泪很快流下来了。

那一节课我什么也没听懂。放学了，我仍一个人呆呆地坐在教室里伤心。就在我泪流满面的时候，一双温暖的手搭在我的肩膀上。我吃惊地回头，看见了高老师亲切的笑容。

高老师耐心地问清了我的情况，微笑着对我说："这样吧，当你真的能回答问题的时候，你就和大家一样举起右手。如果你不会，你就举左手。这样我就知道你到底会还是不会了。"

---

① 课程教材研究所、小学语文课程教材研究开发中心：《草叶上的歌》，104～105 页，北京，人民教育出版社，2003。

从此，每次提问我都可以从容举手了。随着时间的推移，我举起右手的次数越来越多。每每与高老师目光相遇时，我俩都心照不宣地相互一笑。那浅浅一笑，照亮了我快乐的童年。直到今天，我的心里仍然保存着一份感激。

二、学生身心发展特点

(一)小学生身心发展特点

1. 小学低年级学生的生理、心理特点

小学低年级学生一般指处于小学一、二年级的学生。这个阶段学生的身体平稳、持续地发育，主要体现在身高平均每年增长4～5厘米，体重增加2～3千克，心率、血压、肺活量及其他生理指标都处于发展期，骨骼易弯曲，肌肉力量较小，大肌肉动作的协调性比幼儿期有较大发展，但小肌肉动作的协调性还较差。

小学低年级学生的脑功能发育速度快，大脑神经活动的兴奋性水平提高，但注意力不持久，注意力一般只能持续20～30分钟。他们的逻辑思维不发达，形象思维仍占主导地位，很难理解抽象概念。在个性品质上，他们的独立性和自觉性较差，在生活、学习、活动等各个方面仍需要成人的监护和指导。

2. 小学中年级学生的生理、心理特点

小学三、四年级的学生处于小学的中年级。这个阶段学生的各项生理指标只在量上比低年级学生有所提高。值得一提的是，他们的大脑处于迅速发展时期。这个时期学生的大脑神经机能进一步加强，特别是大脑神经的抑制功能进一步发展，使他们的心理活动更趋稳定，中年级学生表现为比低年级学生更容易集中注意力听课。

中年级学生最明显的心理特点是自我意识突然萌发并逐渐增强，其主要表现是对外界事物有了自己的认识、判断和态度，他们不再无条件地信任权威，如教师，而是特别关注教师是否"公平"。同时，他们的逻辑思维开始迅速发展，对"好与坏""正确与错误""主要与次要"等概念已有初步认识。

3. 小学高年级学生的生理、心理特点

五、六年级的学生已经进入小学高年级。此时，学生的身体又高速发展，身高、体重、肌肉、骨骼的力量都迅速增强。

在心理方面，他们的智力有很大发展，逻辑思维开始在思维中占优势，创造性思维也有很大的发展；好奇心驱使他们对新奇的事物表现出极大的兴趣，但这种兴趣不能持久；他们常常把某些脱离实际的幻想当作将来的人生目标，易出现盲目崇拜的现象；他们的独立意识进一步发展，常常认为自己已经长大成人，甚至比大人们还高明，因此爱自作主张，故而出现顶撞教师和家长的言行。

(二)初中生身心发展特点

初中生年龄大体上在11～15岁，进入由儿童发育到成年人的过渡时期中最重要的青春期。这一年龄阶段的学生经历着身高和体重的突增以及性发育和性心理成熟的过程。

1. 初中生的生理发育特点

首先是身高增长的速度。在青春发育期，初中生每年身高增长少则6～8厘米，多则10～11厘米。此外，初中生的四肢、肌肉、皮下脂肪、骨骼结构、毛发、内部脏器、脉搏及基础代谢率(处于休息状态的身体耗氧的速度)等都在发生着变化。

其次是性器官的发育与成熟。与人的生殖机能相关的器官，如精巢、卵巢等，以及有性别差异的生殖系统，在这一阶段的发育趋于成熟。此外，由性激素差异引起的间接男女差异，即第二性征的发育现象也开始出现，如性器官的发育、遗精和月经现象、变声、男性体态和女性体态的形成等。

2. 初中生的心理特点

初中生在心理上的明显变化主要包括自我意识的逐渐产生、渴望与异性交往、"闭锁心理"明显、具有逆反心理等。

第一，自我意识逐渐产生，独立性和成人感增强，表现出半幼稚、半成熟的"小大人"状态。他们不愿受父母过多的照顾或干预，不愿意听从父母的意见，有强烈的表现欲，渴望别人把他们看作大人，渴望被尊重和理解。

第二，渴望与异性交往。随着生理的发育和成熟，初中生出现了与异性交往的需求。例如，他们喜欢接近异性，想了解性知识，喜欢在异性面前表现自己，甚至出现朦胧的爱情念头等。在情感和性的认识上出现既非常渴求又不好意思表现出来的矛盾状态。

第三，"闭锁心理"明显。既渴望交往又退缩、封闭内心是初中生的主要心理特点之一。他们需要与同龄人，特别是与异性平等交往，他们渴望他人和自己敞开心扉，同时却又害怕被他人了解。

第四，具有逆反心理。这一时期的少年，其生理激素的变化使得他们对待事物总是持一种逆反心理，表现为对抗、不服从或者有意违抗父母或教师的说教与命令，有时还会对一些事熟视无睹，漠不关心。

(三)高中生身心发展特点

1. 生理上趋于成熟

这一时期的学生身体已趋成熟，进入缓慢增长阶段，各项形态指标先后呈现年增长速度减慢的趋势，身体发育已基本完成，各项生理指标接近成人标准。由于性激素对脑垂体的抑制作用，他们的身高、体重增长速度减慢，但骨骼已全部骨化，肌肉力量明显增长，比少年期具有更大的强度和耐久性；神经系统发育特别是脑皮层的结构与机能的发育已基本完成，兴奋进程和抑制进程趋于平衡和稳定，动作更加协调，第二信号系统的调节进一步完善。

2. 心理上逐渐"断乳"

美国心理学家霍林沃思把高中生的心理发育时期称为心理上的"断乳期"。在这个时期，孩子开始摆脱与父母在心理上的联系，正是这种急于独立的思想，使他们陷入矛盾的冲突之中。一方面他们急于自主、独立，总觉得对父母的依从是一种压力和束缚，因此常表现出反抗情绪；另一方面，他们仍有很大的依从性，不论在经济上，还是在精神上或情绪上，都不能摆脱对父母的依赖，当遇到困难时，又非常期待父母的帮助和安慰。上述矛盾在当前的高中生中是十分普遍的现象。

高中生不再像初中生那样情绪易激动，他们的情感体验已趋于丰富、深刻、细腻，有时他们甚至会出现与外表不一致的现象，情感表现较曲折、含蓄、内隐。例如，即使喜欢某位异性同学，但在相处时表面上也很冷漠；又如，他们不再毫无保留地向外人诉说心事，多数人采取写日记等自我倾诉的方式。高中生情感内容的社会性增加，形成了许多具有明确道德意识的社会性情感，如集体荣誉感、社会责任感、民族自豪感等。高中生不仅能根据外在的情感表现识别他人的情感状态，而且懂得透过他人的情绪伪装识别他人真正的情感。大多数高中学生已能较好地控制自己的情感，但也有少数学生会因暂时的挫折而垂头丧气，因一时激动而不能自已。

高中生的意志品质已有较好的发展，能够做到为实现自己的理想而坚持不懈、克服困难。其意志行为的自制力有明显提高，注重自我教育，但抗诱惑能力尚欠缺。高中生意志的独立性还不够稳定，有时他们也会盲目、固执、任性，会简单模仿。

随着个体发展的逐渐成熟和自我意识水平的提高，高中生逐渐确立理想中的自我形象，自我观察、自我评价、自我体验、自我监督能力提高，自我教育、自我管理的愿望日益迫切。他们具有很强的自信心和自尊心，热衷于显示自己的力量和才能。无论是在个人生活的安排上，还是在对人生与社会的看法上，他们开始有了自己的见解和主张。他们已经不再满足于父母、教师的讲解，或书本上的现成结论，对成年人的意见不轻信，不盲从。

三、班级管理中学生的角色

班级学生的性别、学业表现和在群体中的人际地位等构成了影响学生在班级中角色形成的因素。其中，性别角色作为自然属性，是先天的、不变的；学业表现是学生学业成绩的一种标志，主要反映学生的认知水平；在群体中的人际地位是指学生在同辈群体中的实际位置，地位高者被群体成员广泛接纳，他们的社会性较强，拥有班级的主导文化，地位低者在群体中受到的拒绝较多，他们或处于班级主导文化的边缘，或形成与班级主导文化性质相异的小群体文化。在班级管理中，学生的上述各种角色因素，即性别、学业表现和在群体中的人际地位，不论其关系如何，最终都要以学生自身的双重角色表现出来。所谓双重角色，是指学生一方面既是班级管理的客体，要履行作为学生的角色权利和义务，遵守班集体约定俗成的行为规范；另一方面，他们同时又是班级管理的主体，要发挥作为管理者的主观能动性，为实现班级管理的目标而献计献策。

学生作为班级管理的客体，对班主任的管理应该通过积极的思想内化，并付诸行动，主动接受、主动配合、主动适应，表现出行为的主动性，而不是消极应付、变相抵触。而学生作为管理的主体，其角色行为表现在态度上应该发扬主人翁精神，关心班集体的发展，关注班集体的变化，不但要积极支持班主任和班干部的管理工作，而且要主动把个人的管理建议变成有效的管理行为。

在班级管理工作中，主体与客体是相对的，这主要取决于具体过程与环节中学生所充当的角色和其主动性与积极性发挥的程度。因此，在整个班级管理中，班主任与学生的主客体关系既是统一的，又是动态的。所谓统一性，是指管理与被管理过程是统一的，班主任与学生既可以是主体，也可以是客体；所谓动态性，是指主客体关系总是来自某一过程或某一环节，过程与环节不同，这种主客体关系又将互相转化。所以在班级管理工作中，学生的管理者角色和被管理者角色作为两个不同的角色，具有双重性。双重的角色在班级管理活动的不同时间、不同阶段、不同行为或事件中存在着角色转换和角色互动，学生既是被管理的客体，又是进行班级管理工作的主体。

四、学生对班级的适应

学生在客观的班级教育与管理的环境中往往表现出两种不同性质的适应，即主动适应和被动适应。

(一)学生主动适应班级管理

首先，学生是主动接受影响与获取知识的主体，面对教学内容、教育管理活动，学生成为教学内容这一客体的主体，教学内容是其进行学习和认知活动的对象，学生始终处于一种积极主动探索和获取知识的状态。作为学习活动的主体，学生能自然而然地发挥学习的积极性和主动性，这是学生主动适应班级教育与管理过程的集中体现。对于学生主动适应班级管理的行为，班主任要充分发挥引导作用，引导和激励学生自我学习、自我探究、自我进步，达到"教为不教"的目的。

其次，在教育教学管理活动过程中，教师成为学生直接认识的对象，学生可以直接从教师这一客体的言传身教中获取书本上没有的知识和精神力量。这也是作为主体的学生主动适应客体教师的体现。学生表现出自觉自愿地了解教师的教学风格、教学方法和管理方式的行为，以便尽快地与教师进行互动。

最后，学生也成为学生自我这一客体的主体，表现为自觉或不自觉地对自己的学习、生活过程进行监督、评价、回顾、总结和反思，"自我"变为"客观对象"，从客观上去审视自己，提高自我意识的水平。

(二)学生被动适应班级管理

和学生主动适应班级管理的行为相比，班级管理中也存在学生对班级管理的被动适应现象。这种被动适应性体现在对前述教育教学内容、班级中的教师的被动接受和对学生自我缺乏监督和反馈上。采用被动方式适应班级管理的学生表现为仅仅作为学习、活动过程的客体存在，学习的积极性不高，对认识活动过程的兴趣不高，对班级活动(包括课堂教学活动和课外的一切活动)自觉参与程度低。被动适应班级管理的学生仅仅处于一种服从和被支配的地位，对班级管理活动处于消极适应的状态。

(三)促进学生主动适应班级管理的因素

被动适应班级管理的学生只坚持了自己作为班级管理客体的角色，忽视了自己同样作为班级管理主体的角色。这不利于学生成长，更不利于班级管理目标及教育目标的达成。因此，我们需要探讨那些能促进学生主动适应班级管理的因素，来助力学生的主动适应行为。学生自身的因素、师生交流模式、班集体规范及班主任自身的行为等方面都可以促进学生主动适应班级管理。

1. 学生自身的因素

学生自身的因素包括学生的学习动机、个人需要与目标、参与班级管理的积极性。内在的学习动机、积极的个人需要、崇高的个人目标和参与班级管理的热忱都有助于学生对班级管理的主动适应。班主任首先要注意激发学生个体积极的学习动机和学习需要，激发学生的求知欲，调动学生自发参与班级管理的积极性；其次要用集体目标体现学生的个体目标，努力将学生的个体目标放在班集体大目标之下。

2. 师生交流模式

传统教育理念下的班级教育教学过程，把教师作为专家和权威，教师成了知识和技能的拥有者，教师教、学生学成为师生交流的主要模式，这种师生交流模式在无形中将学生视为受动者，忽视了师生之间平等交流的共同基础。因此，班主任应摒弃真理代言人的身份，与学生平等相待，向学生敞开自己的心扉，通过自然的、有较少阻隔的师生交流来挖掘学生的主动适应能力和主动适应的心向。

3. 班集体规范

班集体规范会极大影响学生的服从性和参与度。在班集体规范制定中，班主任要突出规范的精神激励作用或监督手段功能，避免把规范变成威逼学生的手段。一个全班学生都能认同且内化的班集体规范足以对学生的服从和参与起无形的支配作用，这既有利于班级管理，又促进了学生的主动适应。对于一个尚未成形的集体，班主任往往会自觉或不自觉地采取一些强迫手段，这些手段要适宜，不宜过度，以免压制学生的积极性、主动性。

4. 班主任自身的行为

在班级管理过程中，班主任自身的态度及行为是影响学生对班级适应的一个重要因素。在日常的班级管理工作中，班主任要为人师表，以言传身教的方式给学生主动适应班级管理做示范。例如，当教师有过失时，或有笔误、口误时，要向学生表示歉意；吩咐学生做某事时，用恳请的语调或用"请"字。班主任尊重学生的言行，会促进学生主动性的发展，促进学生班级管理自主性的发展。

五、发挥学生在班级管理中的自主管理作用

学生是班级管理工作的最终对象。工厂的产品是物，班级管理的"产品"是人，班级管理不能像工厂管理产品那样去对待自己的"产品"——学生。学生在班级中是受教育者，是被管理者，但他们不是班级教育措施和管理措施的被动承受者。班级工作只有在学生的积极配合之下才能取得最佳效果。也就是说，要使学生主动地接受班主任和其他教师的管理，并在被管理的同时自己管理自己，发挥班级管理中学生的自主管理作用。

第一，引导学生树立自己管理自己、自己教育自己的观念。苏霍姆林斯基曾指出："教育这个概念在广义上就是对集体的教育和对个人的教育的统一，

而在对个人的教育中，自我教育则是起主导作用的方法之一。教育人，就是要培养他对自己有严格的要求。要做到这一点，就不能总是牵着他的手走路，而是还要让他独立行走，使他对自己负责，形成自己的生活态度。"[①]上海市育才中学积极提倡学生自治自理，并进行了不少有益的实践。其成功的教学实践向我们展示了班级管理者要在管理活动中激发学生的自尊心和上进心，启发他们在思想品德、文化科学知识学习、体育、劳动等方面的活动中进行自我教育。正如该校的段力佩校长所说的，实行学生自治自理不仅是可能的，而且是符合青少年心理发展的客观要求的。

第二，尊重学生的民主权利。学生是班集体的主人，是自我教育的主体。尊重他们的权利，会促进他们对班级工作的认同，提高自我教育的积极性。学生的主体权利主要包括在教师指导和帮助下，自主地组织活动的权利；参与班级一些学习和生活管理的权利；对班级教学、图书资料、卫生、劳动管理提出意见和建议的权利等。

第三，适度引导，放权放手。班级中有关学生的事，班主任要在与学生商量后去办，学生自己能够办的事，要放手让他们自己去干；学生一时难以独立完成的事，要帮助他们并让他们学着去做。班主任要使学生懂得所做事情的意义和性质，把耳提面命的任务转化为学生的自我要求。班主任要经常深入学生中去，关心和指导学生的团队工作，热情支持和参加学生自己组织的各项有益的活动。

第四，倾听来自学生的呼声和心声。班主任要倾听学生对班级工作的意见和建议。班主任及其他教师，要真心地听取学生反映的意见，认真地解决学生提出的问题，满足他们的合理要求。对学生来说，这是一种极大的鼓励，可以使学生感到自己是班级大家庭中的一员，而不是班级里受管束的"看客"，从而提高他们学习的自觉性、积极性。另外，班主任可以通过教育来增强学生的荣誉感，提高他们维护班集体声誉的自觉性。

＝＝＝＝强化自主管理　唤醒学生成长内驱力[②]＝＝＝＝

新学期开始了，各地中小学校全面恢复正常教学。从线上网课回归线下教学，校园生活重新启动，不仅有利于提高教育教学效果，而且为学生的全方位成长创造了契机，如自我管理能力的提升。

----

① ［苏联］B. A. 苏霍姆林斯基：《给教师的一百条建议》，周蕖、王义高、刘启娴等译，207 页，天津，天津人民出版社，1981。

② 贾欣娟：《强化自主管理　唤醒学生成长内驱力》，载《中国教育报》，2023-02-21。收入本书时有改动。

自我管理能力是人追求发展和生存的基本能力，是学生对自我生活、学习乃至思想言行等进行计划、安排、协调、控制、激发的过程。"记住你管教的目的应该是养成一个能够自治的人，而不是一个要别人来管理的人。"从自主参与、自我发现到自我觉醒、自我释放，引导学生自主管理一直是一线教师探究不完的论题。

实施学生自主管理责任制，变教师管理为学生自主管理，为学生领导力和创造力的养成奠基。如果说从"要我学"到"我要学"是学习意识的转变，那么，从"要我做"到"我要做"是学生主人翁意识的觉醒。学生自主管理责任制是在明确具体要求下，学生在班级管理中"行与做"的约定，学生自主管理要做到"人人有事做，事事有人做，人人都当家做主"。评价是撬动自主管理动力的杠杆，让每个学生对班级管理情况进行小结，把每个学生的自主管理评价结果在班内公示，每月进行阶段性总结，将评价结果进行讨论和探究，最后记入学生的综合素质评价。教师则根据工作进行定时与不定时的指导、检查、反馈，并奖励能及时完成任务、责任心强、表现突出的学生。

构建学生的自主管理制度，使学生成为校园的主人。通过逐步减少教师的管理权限，不断增加学生的自主管理权限，逐步发展为以学生自主管理为主、教师管理为辅的管理模式。学生在教师带领下每周开展自主管理周活动，改变过去的从属地位，真正成为校园的主人。让每个学生都有机会参与校园管理，通过校园管理，让每个学生在管理中增长管理知识和经验，从而实现教育的管理主体真正面向全体。把传统的管理变为学生的自主管理，形成你追我赶的竞争氛围，让学生在自我管理中成长，体验幸福感。

变他人服务为学生自我服务，全方位丰富和发展服务技能，增强学生的社会责任感。学生自主管理可以节省学校管理中的人力和物力，提升学生的自律意识，全方位发展其服务技能。比如，一些班级为班里所有学生设置相应的岗位，除常规班干部、课代表外，还有投影仪管理员、出操秩序管理员和食堂管理员等，每个学期各个职位还会根据学生的具体情况进行轮换。让每个学生都有事做，所有学生都是班级的管理者、组织者，就是实现学生自我服务的重要手段。

育人先育己，我们育的是未来的人，为未来育人。教育要从管理走向治理，教师的管是为了不管，教是为了不教，而自治是学生成长的最高境界。我们应为每一个孩子提供适合的教育，让他们真正地达成自知，做到自制，走向自治，唤醒学生实现自我的内驱力，为生命成长赋能。

【本章小结】

班主任集多种角色于一身。班主任是班级工作的组织者、班集体建设的指导者、学生健康成长的引领人，是学校思想道德教育的骨干，是沟通学校、家庭与社会的桥梁。新时代的班主任既要有多元的教师素养，也要有多元的、独具魅力的工作能力和工作方法。学生是成长中的个体，既是班级管理的对象，也是班级管理的主体。学生是独立的人、独特的人、发展的人，具有自身独特的身心发展特点，针对逆反心理现象，班主任更应加强关注。学生在班级管理中具有主体和客体的双重角色，通过被动和主动两种方式适应班级管理。班主任要遵循学生身心发展规律，采取各种措施促进学生自主管理。

【思考与练习】

1. 班主任在班级管理中担当了哪些角色？
2. 班主任工作的重要意义是什么？
3. 在班级管理中，班主任应具备哪些素质？
4. 在班级管理中，班主任应运用哪些工作方法？
5. 班主任如何看待学生才是科学的？
6. 如何发挥学生在班级管理中的主体作用？

【综合案例分析】

再见吧，零分①

七年级(2)班学生李小刚对学习毫无兴趣，学业表现较差。一次数学阶段性测试时，他根本没作答，而是在试卷上写下了这样一段话："零分我的好朋友你在漫漫地向我靠近零分你是如此多青难道你也把我当着一个无用的人我不是一个无用的人我是人我也有一颗自尊心再见吧零分"。

数学老师阅卷时，看到这份无标点、错别字连篇、字迹潦草的"答卷"后，非常生气地把李小刚叫到办公室，交给了新任班主任梁老师，梁老师问明情况后，并没有直接训斥李小刚，而是耐心地帮助李小刚在他的"杰作"上加上了标点，改了错别字，重新组织了那段话。"零分，我的好朋友，你在慢慢地向我靠近。零分，你如此多情，难道你也把我当作一个无用的人？不，我不是一个无用的人！我是人，我也有一颗自尊心。再见吧，零分！"然后，梁老师让李小刚读了这段话，赞叹道："这是诗，一首很好的诗啊！"听到这句话，李小刚感到很诧异，梁老师接着说："诗贵在形象，你的这首诗很形象，诗言情，诗言

---

① 傅建明、胡志奎：《班级管理案例》，10页，广州，广东教育出版社，2009。收入本书时有改动。

意，从这首诗中可以看出你是一个不甘与零分为伍的人。""这是诗？我也能写诗？"没想到梁老师不但没有批评他，反而会如此评价他，李小刚非常感动。

从此，在梁老师的不断鼓励下，李小刚驱散了心中的阴霾，坚定了学习的信心，端正了学习的态度。两年后，李小刚顺利地考上了高中。

解析：

面对李某这样的学生，科任教师认为他是个"不可救药"的学生，对其失去希望和信心。看到无标点，又错别字很多的答卷，气愤至极，便把这个学生叫到办公室交给了班主任梁老师。这对学生而言，无疑是一种伤害。幸而班主任没有沿袭科任老师的做法，而是运用表扬和肯定的策略，指出这段话加上标点符号，就是一首诗，并真诚地和李某一起修改了这首诗，在李某心里播下了希望的种子，使他获得了成功的喜悦。同时，班主任梁老师又实事求是地指出李某的缺点和不足，指明了他努力发展的方向，使他感到自己并不是无用的人。正是这种以表扬和肯定为主、批评和导向为辅的管理策略，使李某逐渐发生改变，并最终成功地考上了高中。

【本章参考文献】

1. 陈瑞瑞. 德育与班主任[M]. 北京：高等教育出版社，2004.

2. 檀传宝. 德育与班级管理[M]. 北京：高等教育出版社，2007.

3. 魏书生. 班主任工作漫谈[M]. 桂林：漓江出版社，2021.

4. 王桂艳. 德育与班级管理[M]. 北京：北京师范大学出版社，2015.

5. 李伟胜. 班级管理[M]. 2版. 上海：华东师范大学出版社，2021.

6. 张作岭，宋立华. 班级管理[M]. 3版. 北京：清华大学出版社，2019.

【阅读链接】

1. 教育部师范教育司，教育部基础教育司. 班主任工作基本规范[M]. 北京：北京师范大学出版社，2008.

2. 麦志强，潘海燕. 新课程背景下的班主任工作创新[M]. 北京：中国传媒大学出版社，2006.

3. 张民杰. 班主任工作理论与实务[M]. 上海：华东师范大学出版社，2008.

4. 齐学红. 班级管理[M]. 北京：北京师范大学出版社，2015.

5. 熊华生. 做一个老练的新班主任[M]. 北京：中国人民大学出版社，2015.

6. 徐金海. 班级管理新思维[M]. 北京：知识产权出版社，2017.

7. 陈宇. 班级管理课——班主任专业技能提升教程[M]. 上海：华东师范大学出版社，2021.

第三章

班集体建设

【本章学习提示】

班集体是班级群体的高级形式，建设一个健康向上的班集体是班主任工作的一项重要内容。班集体建设与班主任自身的素质关系密切。能否建设一个优秀的班集体，是衡量一个班主任工作能力高低的重要标志，也是其教育素质高低的综合反映。本章主要围绕班集体建设所涉及的基本内容展开介绍。

【本章学习目标】

1. 理解班集体的内涵、特征，班集体与班级的关系。
2. 明确班集体形成与发展的阶段，班集体的教育功能。
3. 能够运用班集体建设的具体策略，落实立德树人根本任务。

第一节　班集体

一、班集体的内涵

说到班集体，我们不能不谈一谈班级。班级和班集体是两个经常使用但又极易混淆的概念，区别班级和班集体有助于我们深刻把握班集体的内涵及功能，做好班集体的工作。

班级是学校的基层组织，是学校开展教育教学活动的基本单位，是学生实现社会化和个性化发展的重要场所。班级是在教育目的规范下由年龄与知识程度相同或相似的学生所组成的学生组织，以学生正式群体的形式出现。作为一个班级，它不仅要完成一定的教学任务，而且肩负着培养学生身心全面健康发展的任务。

集体是一种正式群体，但它是一种特殊的正式群体，是为了实现一定的社会目标而严密组织起来的有纪律、有心理凝聚力的群体。与群体比较，集体的目标更明确，组织结构更严密，纪律性更强。在教育史上，关于什么是集体，不少人都发表了自己的看法。日本的片冈德雄认为，集体"是指为了一个或几个共同的目标，进行角色分配和交互作用的两个人以上的集合（群体）"①。

苏联社会心理学家彼得罗夫斯基认为："集体是群体的高级形式，并非任何群体都能称之为集体，也不能把任何共同行动或工作的社会成员共同体称之为集体，共同价值、共同的活动目的与任务且具有凝聚力的高度组织起来的群体才是集体。"②马卡连柯则认为：集体不是一群个别人的偶然集合，而是社会的结合，它是社会主义社会的细胞，集体是以社会主义的结合原则为基础的人与人互相接触的总体。③

可见，班级不等于班集体，它只是一个有组织的学生正式群体，而班集体则是班级群体的高级形式。

班级与班集体在社会性质上有着根本的区别。这一点我们从苏联班集体理论的研究成果中就可窥见。他们把班集体的社会本质特征概括为高度的社会倾向性、高度的组织性、高度的社会主体性。④ 社会倾向性是班集体的第一社会特征。马卡连柯强调集体不是一个封闭的体系，而是包含在整个社会关系的体系中，班集体作为社会的组成部分，必然要反映社会的政治、道德、美学等思想。班集体的目标只有和社会目标相统一，其活动才能取得具有社会价值的成功。高度的组织性是鉴别群体和集体的重要参数。任何组织都是群体，但群体只有在被赋予特定的结构形态时，才成为组织。教育实践中的大量事实证明，只有在高度组织起来的班集体中，在正确的班级目标的引导下，每个儿童才能在团结、协调、互助、竞争的背景下，有效地接受班级社会内容的影响，展现和发展个性，学习知识技能，践履行为规范，练习如何在不同场合变换角色和履行职责，为今后走向社会打下基础。高度的社会主体性体现在人人都是班级的管理者、个个都是班级的主人翁，学生可以在班级中展示个性、发挥才能、行使权利，并在这过程中将集体目标、集体意识、集体荣誉、集体信念渗透在各种活动和学习中，完成自己的社会化发展和个性成长。

在我国，关于班集体的界定，存在多种观点。例如，有人认为，班集体是班级群体发展的高级形式，是由整个班级所组成，以完成学校教育任务为共同目标，有一定组织机构、规章制度的学生共同体。⑤ 有人认为，班集体是"按照班级授课制的培养目标和教育规范组织起来的，以共同学习活动和直接性人

① ［日］片冈德雄：《班级社会学》，贺晓星译，6页，北京，北京教育出版社，1993。
② 鲁洁：《教育社会学》，404～405页，北京，人民教育出版社，1990。
③ 《马卡连柯教育文集》上卷，15～19页，北京，人民教育出版社，2005。
④ 鲁洁：《教育社会学》，405～406页，北京，人民教育出版社，1990。
⑤ 教育大辞典编纂委员会：《教育大辞典》第1卷，139页，上海，上海教育出版社，1990。

际交往为特征的社会心理共同体"①。还有人认为，班集体是"通过成员间彼此的交往和以班主任为主的各种教育力量的教育、培养和引导而形成的具有正确的奋斗方向，具有较强的核心与骨干力量，具有良好的纪律、舆论、班风，具有良好的人际关系的团结、友爱、积极向上的高层次的班级群体"②。这些界定，虽然内容不尽相同，但是都或多或少地涉及了班集体的本质特征，对我们来说，具有一定的参照价值。我们认为，班集体是以学习为主要活动特征的学生群体，学习是群体成员的主要任务，通过学习，群体中的成员向一定的价值方向转变。班级是班集体形成的组织基础，班集体只有在班级的基础上才能逐步建设起来。但并不是每一个班级都称得上是班集体，拥有明确的奋斗目标、健全的组织机构、严格的制度规范、良好的纪律和舆论的学生正式群体才是班集体。

由此，我们可以把班集体定义为：班集体是指在教育目的规范下的，由具有明确的奋斗目标、坚强的领导核心及良好纪律和舆论的班级学生所组成的活动共同体。

让班级成为一棵树

二、班集体的特征

班集体是班级群体发展的高级阶段，除了具有一般集体的特征之外，还有着与其他班级群体不同的特征，具体表现在以下四个方面。

(一)目标特征：定向统一

凡是班集体，都有明确的共同目标，而且这种目标不仅仅是字面上的。在班集体里，学生能够把社会和学校明文规定的教育目标内化为自己的目标，达到群体成员之间目标定向统一。因此，目标定向统一包括个人目标与班级目标的统一。由于目标定向统一，因此班集体具有明确的发展方向。

(二)价值特征：集体主义取向

班集体并没有取消个人的行动自由和否定个人兴趣爱好，但班集体崇尚集体主义精神。在班集体内，每个成员都关心集体、爱护集体、遵守集体的规范，通力合作，为集体争荣誉。个人以自己是班集体的一员为荣，必要时愿意为班集体改掉自己的缺点，放弃自己的利益。

---

① 王宝祥、牛志强、陈燕慈：《实用班主任辞典》，112 页，北京，中国工人出版社，1992。
② 赵治修、兰保民、何向阳：《班主任工作与技能训练》，29 页，北京，中国建材工业出版社，1997。

(三)行动特征：令行禁止

在一般的班级里，由于存在目标定向分歧等，有些想办的事常会议而不决，不了了之。而班集体则不同，它已经形成了集体决策的方式，班集体认为该做的事一经决定就立即去做。同样，班集体不认可的事，一经决定不做就立刻停止，即使个人有不同看法，也会服从。

(四)情感特征：彼此相悦相容

在班集体中，成员之间在人格上处于平等地位，在思想感情和观点信念上比较一致，成员个体对集体有着依恋感、自豪感、荣誉感等肯定的情感体验。这些情感体验能够帮助班级成员形成彼此相悦相容的情感特征。班级中每个学生的个性虽是不同的，但已经形成的班集体能包容各种个性的学生，不同的人都可能从中得到关心、照顾和帮助，而不会遭排斥、受歧视，它给学生提供了许多积极的体验，因而，学生生活在这种集体里感到十分愉快。

三、班集体的形成与发展

开学伊始，几十个来源不同、情况各异的学生走在一起，一个新的班级就此产生。这个时候，班级是一个松散的群体，没有组织结构，没有约束机制，也没有共同的行为目标。同学之间很陌生，尚未建立稳固的情感纽带。如何在极短的时间内，把一个松散的群体建设成一个具有一定归属感和凝聚力的班集体，就成为班主任的首要任务。班集体的形成与发展不是自发的过程，而是在班主任的指导下，根据一定的教育目的和管理目标建立起来的。一个班级由最初组建时的班级群体发展成为班集体，其间经历了哪些发展阶段？不同的人提出了不同的看法。苏联学者根据班级群体活动的目的、任务、原则和意义，提出班集体的发展水平大致经历了松散群体、联合群体、合作群体、集体等几个发展阶段。日本学者广田君美以结构化程度为尺度，将班级组织的发展分为水平递进的五个时期，即孤立探索期、横向分化期、纵向分化期、小群体形成期和群体统合期。还有的学者认为，班集体的形成一般经历四个阶段，即初建时松散群体阶段、转化中的散聚群体阶段、形成时内聚集体阶段、发展成熟的集体阶段。[①]

我们认为，对班集体形成与发展阶段的划分既要遵循集体的性质及其形成与发展的一般规律，又要参照学生集体独特的发展特点和发展的特殊性。一般而言，班集体的形成大致经历了以下三个发展阶段。

---

① 王瑞清：《中学班主任教程》，86～87 页，南京，南京出版社，1994。

(一)松散的班级群体

这是班级组成的初始阶段。开学之初，几十个来自不同地方的学生坐进了同一间教室，大家互不认识。班主任由学校指派，班干部由班主任任命，临时负责班级的有关工作，班级成员按课表上课并进行学校安排的一些活动。此时的班级成员多数互不熟识，大家处在新奇并互相观察的状态，同学之间试探着进行交往，以孤立的个体而存在，彼此之间缺乏联系和沟通；班级对学生的吸引力不大；没有奋斗方向，没有形成共同的目标和行为规范，师生对班级的目标和活动还没有明确一致的认识和相应的主动行为；骨干核心还没有出现，大多数活动由班主任直接参与决策和指挥；虽有学校的纪律、规范要求，但学生自身无自律性要求，基本处在他律阶段，班级的组织、活动、计划等工作基本上依靠的是行政手段。这个阶段的班级是松散的。在这个阶段，由于班级的管理机构没有建立，班级活动和管理时时处处依赖班主任的决策指挥，班主任的一言一行直接影响着班级的发展。此时，班主任要根据学校及有关部门的要求，结合本班实际，提出明确、具体、可行的班级管理要求和目标，指导学生交往，校正学生的个人行为习惯，建立集体的规范，完善班集体的组织机构(即建立班委会)，发展班级同周围环境的关系。这一时期既是班主任工作最繁忙的时期，也是班主任展现个人教育能力的关键时期。

(二)合作的班级群体

经过前一阶段的共同学习和生活，学生之间开始熟悉，并产生了一定的人际关系，学生在彼此熟悉和了解的基础上形成了一些小团体或交往的小圈子；班级中涌现出一批热心为大家服务、主动承担责任的积极分子；由班主任指定的班干部开始发挥核心作用，班级管理由班主任全面主持具体工作转变为班主任指导建议下的班干部的具体管理；班级大多数学生对班级的发展形成了比较一致的认识和意见，班级发展目标、班级的规范和班级的规章制度开始建立；班级的凝聚力增强，大多数学生初步形成了集体的归属感。此时，班集体的雏形已开始形成。但班级的正确舆论还未形成，由于多数学生遵守纪律的自觉性不强，班级的自我教育功能还不充分。在这一阶段，班主任的主要任务是培养班级的组织领导核心，把一批品学兼优、具有一定领导才能、热心班级事业的学生纳入班级的领导机构，根据其实际情况和班级需要安排班务工作；指导班干部独立主持一些班级活动，通过班级活动有目的地逐步把这些班干部培养为班级管理的骨干力量；引导班干部着手制定较为细致的班级管理行为规范，初步建立班级的约束机制和压力机制。同时，班主任还要注意帮助和教育班级中的潜能生，做好潜能生的工作，以不断增强班级的凝聚力并形成良好的班级氛围。

(三)班集体

在班集体的形成阶段,班级不仅有了自身的奋斗目标,而且这种目标已经被班级全体成员所接受并内化为个人的目标;班级形成了坚强的核心及健全的组织机构,班干部具有了独立主持班务工作的能力,他们各司其职,有组织、有计划地开展班级各项工作;绝大多数班级成员关心班级并主动承担班级的工作,有较强的集体荣誉感;健康向上的班级舆论已经形成,班级风气变得民主、团结、融洽,良好的班级文化氛围陶冶和影响着班集体中的每一个成员,学生的自律性不断增强。此时的班集体已初步具备自我教育功能,学生不再是被纪律和规则约束的个体,而是具有一定自我管理、自我完善能力的班集体中的一员。在这一阶段,班主任的角色也发生了变化,由一个面面俱到的"保姆",变成了一个高屋建瓴的主导者。此时,班主任要注意结合学校发展规划,指导班干部全面完成班级管理工作并不断调动其工作的积极性。同时,班主任要有全局观念,细心观察,特别要关注被班集体忽略或被班级管理束缚的学生个体,促进全体学生的身心健康发展,在班级严格管理的基础上,注重学生个性的发展。

班集体形成的三个阶段说明了班集体形成发展过程中构成班集体的基本要素(班级目标、班级组织核心、班级规章制度、班级风气及舆论)在不同阶段的发展程度和水平,揭示了班集体形成与发展的规律。班主任要把握班集体运动的内在规律,针对不同阶段的班级和学生的实际情况不断地、适时地提出合理可行的教育要求和行为目标;要不断地抓好组织建设,对班干部进行精心指导和培养,以形成坚强的班集体的领导核心;要帮助班级建立特有的规章制度和学生行为规范;还要注意使班级形成良好的风气和舆论。只有这样,才能建设一个健康、向上的班集体,才能发挥班集体在促进学生身心发展方面的教育功能。

四、班集体形成的标志

良好班集体既是教育活动的对象,也是教育活动的载体和学生自我教育的力量。学校教育的实施,很大程度上依赖于一个个良好的班集体。实践证明,良好的班集体能对学生的身心发展产生极大的推动作用。一个良好的班集体应该具有以下六个标志。

(一)共同的奋斗目标

班集体必须具有一个明确的、共同的奋斗目标。它对班集体的行为和活动具有定向和激励作用,是班集体发展的方向和动力,能调动班集体成员的积极性，使他们为实现这一共同的目标在认识上、行为上保持一致，在活动中相互配合，共同努力。因此，共同的奋斗目标是班集体形成的基础。

（二）团结有力的领导集体

班集体要在各种活动中更加高效地运行，就应该具备一个合理的组织核心——班委会，通过这个核心将班级内部的每一个成员组织起来。班主任虽是班级工作的主导者，但班主任如果包办一切班级工作，则不利于培养学生的主人翁意识，会抑制学生能力的发展。同时，班主任如果应付大量的日常管理工作，也难以有时间提高自己的教育教学水平和管理素质。因此，班集体建设需要班主任发现并培养一批品学兼优的积极分子，挑选出一批具有领导才能的学生担任班干部。班干部是班集体建设的支柱，是班级工作和班级目标的实践者，是班主任必要的、得力的助手。有了团结有力的班干部队伍，班主任才能更好地组织班级活动，从而树立良好的班级舆论和班风。

（三）严格的规章制度与纪律

没有规章制度与纪律约束的集体是松散的、涣散的，健全的集体应制定相应的规章制度和纪律。集体的规章制度和纪律能对集体成员的行为加以规范和约束，使大家在行动上达成一致，有利于集体目标的实现。班集体的规章制度与纪律一旦被集体成员所认同并成为大家自觉遵守的准则时，将最终内化到每一个成员的思想中，从而使他们的行为由外在的约束变为内在的自觉行为。

（四）健康的舆论导向和优良的班风

班集体舆论是在班级中形成、为大多数学生所赞同的意见和思维取向。运用规章制度来管理班级固然重要，但健康的舆论导向具有更强大的感召力和影响力。班级有了正确的舆论导向，才能使班上大多数学生明辨是非、善恶、美丑，分清好坏，健康的舆论导向就会变成学生发展的巨大精神力量，使学生在潜移默化中受到感染和熏陶，促进学生发展。同时，积极向上的班集体舆论能对班级成员产生极大的约束力，有利于培养健康进取的良好班风。班风是一种班级文化，是班级中的所有成员或绝大多数成员所表现出来的共同思想和行为上的倾向，包含情绪、言论、行为、道德面貌和作风等，往往以言行、风格、习惯、态度表现出来。它是经过长期、细致的教育和严格的训练，在班级内逐步形成的一种行为风气。良好的班风是班集体不断发展的结果，是班集体形成的集中体现，是班级成员成长的重要心理环境，是一种强大的教育力量。它能使班级成员之间具有亲切、和睦、互助的关系，有利于班级形成勤奋进取、文明礼貌的氛围。良好的班风能对全班学生思想、情感、意志、行为产生潜移默化的影响，能使优秀的学生更奋发、更进步，激励中等学生不再安心居于中游，使潜能生逐步被同化并追求进步。

(五)良好的活动效果

青年学生活泼好动，单纯的课堂学习会使他们觉得单调乏味。适当的班级活动，一方面能锻炼学生的活动能力，开阔他们的眼界，增长他们的知识；另一方面能增进学生的友谊，有利于建立蓬勃向上的班集体氛围。积极健康的班级活动是加强学生思想品德教育、培养学生集体主义精神的重要环节。班级活动的水平和质量能反映出班级成员的素质、能力和精神面貌。班级活动的形式是多种多样的，如开班会、办黑板报、举行文体活动、开展社会调查、举行知识竞赛等。班级活动的开展要以充分调动广大学生的积极性为首要目标，如果班级活动总是少数积极分子热心参与，其效果将会大打折扣。此外，班级活动不能平淡随意，要有创新精神。只有这样的班级活动才能有号召力，才能提高班集体的凝聚力，才能真正反映出良好班集体的面貌。

(六)学生个性的充分发展

班集体的建立需要共同意志来约束。但在机械的管理约束下，班级中学生的个性发展可能受到阻碍，这不利于学生创造性的培养和能力的提高，容易使学生在内心产生对班级建设的抵触情绪，甚至形成压抑个性的班级氛围。强调班级统一管理的必要性，并不否认在班集体建设中重视学生个性的发展。一个班级几十个学生可以有不同的兴趣爱好，可以有不同的学习方法，可以有不同的发展方向。班集体建设的成功在很大程度上取决于学生积极性得到最大限度的发挥，取决于学生个性的充分发展。教育对象绝不是被动的客体，而是一个个有血有肉的具有一定独立性的教育主体。只有充分尊重学生的个性并促进其充分发展，才能充分调动学生的积极性，使每个学生都投身到班集体建设的活动中。

第二节 班集体的教育功能

班集体的教育功能很早就为一些教育家所认识。马卡连柯认为集体有一种很大的教育力量，在班集体中不用任何专门的办法，就可以发展关于集体的价值、集体尊严的概念。苏霍姆林斯基指出集体是培养全面发展个性的重要手段。在实践中，我们能经常感觉到集体影响力的存在，有时它甚至可以产生教育者无法想象的教育影响。但是只有当科学地分析和认识班集体的教育功能时，我们才可能有意识地、有效地发挥班集体的巨大的教育力量。班集体的教育功能是指班集体对其成员发展所产生的教育作用，具体来说，班集体的教育功能主要体现在以下四个方面。

一、促进学生社会化发展

所谓社会化是指个体从自然人成长为社会人的过程。影响个体社会化的因素有很多，如家庭、学校、社区、同辈群体、工作单位、大众传播媒介、社会文化等。学校中的班级无疑是促进学生实现个体社会化的重要场所，班集体是促进学生社会化发展的重要资源和途径。在班集体的建设中，教育者按照一定社会的要求，通过有目的、有计划、有组织的影响活动，把一定社会的思想价值观念、科学文化知识、社会规范和行为准则传递给学生，使学生获得应有的知识技能、价值观念、态度、动机、行为习惯等，并形成与社会一致的价值倾向，以便恰当地扮演自己的角色，履行一定的社会职责，保证社会的稳定和发展。美国学者帕森斯在《作为一种社会系统的学校班级》一文中，对班级的社会化功能是这样阐述的："所谓社会化功能意指学校班级具有培养儿童个体人格，使其在动机和技能方面都胜任成人角色的作用，具体来说，包括义务感与能力的培养两部分。义务感本身含有两个层面，即履行广泛的社会价值的义务感与在社会结构中承担特定角色的义务感。能力也含有两个层面，即承担个人角色所需技能或能力及同他人交往和相处的能力。"[①]鲁洁教授在《教育社会学》一书中，对班级的社会化功能进行了分析，结合其观点，我们认为班集体在促进学生社会化发展方面发挥了如下功能。

（一）传递社会价值观，指导生活目标

班集体按照社会需要和教育目标，在组织学生开展学习、交往、劳动和社会实践活动中，向学生进行世界观、人生观、价值观、审美观、理想、道德等方面的教育，引导学生正确处理个人目标、集体目标与社会目标的关系，确立科学的知识观，确立符合社会期望的生活理想、职业理想和社会理想，教育年青一代成为顺应历史潮流、推动社会变革的社会成员。党的十八大以来，中共中央高度重视培育和践行社会主义核心价值观。习近平总书记多次做出重要论述，提出明确要求。班主任在班集体建设过程中，要以培养担当民族复兴大任的时代新人为着眼点，把社会主义核心价值观融入班集体建设发展的各个方面，并将其转化为学生的情感认同和行为习惯。

---

① 吴康宁：《教育社会学》，428 页，北京，人民教育出版社，2019。

(二)传授系统的科学文化知识，使学生获得社会生活的基本技能

班集体作为学生学习和成长的重要场所，具有独特的优势来实现知识传授和技能培养的目标。在知识传授方面，班集体提供了一个有序的学习环境。教师能够按照教学大纲和课程计划，有组织、有系统地向学生传授各学科的知识。在社会生活基本技能的培养上，班集体的作用同样不可小觑。首先，课堂上的小组合作、项目式学习等活动，使学生学了团队协作、分工合作，培养了学生的沟通交流和协调能力。其次，班级组织的各种文体活动、竞赛等，锻炼了学生的组织能力、应变能力和竞争意识。此外，班集体还可以模拟社会情境，让学生在班级这个小社会中，初步体验和掌握应对各种情况的基本技能，如处理人际关系、解决矛盾冲突等，为他们日后更好地适应社会生活打下基础。

(三)教导社会规范，训练社会行为

班级的教学活动是在师生交往中展开的，而群体中的人际交往和关系必然形成相应的组织、制度和规范，如学生守则、班级公约、学习秩序、纪律、学风、班级气氛，班级的传统、舆论、仪式，乃至学生之间使用的特别的语言、行为方式，教师的举止、言谈、衣着、仪表等，都在传递着社会规范，对学生具有同化力和约束力。使生活在其中的学生潜移默化地受到影响和熏陶，这对于培养学生的社会态度和社会行为，具有重要作用。

(四)培养社会角色

班集体为学生的角色学习提供着多方面的条件。班集体的组织目标规范、班级舆论对每个学生提出了明确的角色期望，学生在课程学习中的态度、学业表现以及教师和同伴的相应评价决定了他们在人际关系中的角色地位。班级教学过程中的师生交往和小组学习活动，以及班级其他集体生活，都为学生提供了多样的教育情境，为学生积累交往经验，使他们学习变换角色、提高担当角色的能力，为他们提供了锻炼和体验的机会。

二、促进学生个性化发展

班集体不仅能够促进学生社会化的发展，而且能够促进学生个性化的发展。任何外在的社会影响只有通过学生个体的内化，才能发挥出它在学生身心发展上的独特价值，才能使学生个体形成其特有的观念、态度与习惯。班集体对学生的个性化功能表现为"按照儿童身心发展的特征，水平及其形成和发展的规律，以环境和教育的社会化影响为媒体，通过儿童主体性的'内化'机制，

形成和发展儿童的个性"①。班集体促进学生个性的发展主要表现在以下方面。

(一)提升学生的主体意识，发展学生的主体能力

主体意识和主体能力是学生个性的两个重要表现。主体意识是人作为认识和实践活动的主体的自觉意识，包括主体的自我意识和对象意识。主体能力是主体认识世界、改造世界的能力。学生主体意识和主体能力的发展离不开学校教育，班级是学生主体意识和主体能力形成和表现的重要场所，班集体是提升学生的主体意识、发展学生主体能力的重要教育资源。学生只有生活在一个健康的班集体中，才能对自我有一个正确的认知，认识到自己不仅是集体中的一员，而且是集体的主人，从而增强自己的主人翁意识，摆正自己在集体中的位置，学会正确处理自己和集体中的他人、自己和集体的关系。也只有在班集体中，学生的主体地位才能得以充分体现，学生的主体能力才能得以发挥。当学生把自己当作班集体的主人时，他就会全身心地投入班集体的活动和班集体的建设中，想别人之所想，急别人之所急，为了班集体的发展勇于贡献自己的聪明才智。这样，在班集体中，不仅学生的主体意识得到了提升，而且其主体能力也得以充分地表现和发展。

(二)培养学生发展的独特个性，满足学生发展的多样性需要

学生发展的独特个性表现在学生的兴趣、爱好、理想、信念、世界观、能力、气质、性格等多个方面。学生个体发展的独特性受先天遗传素质的影响，后天的环境和教育更是起到了不可低估的作用。班集体作为影响学生发展的重要因素之一，不仅为学生个性的发展提供了良好的社会环境，而且为学生个性的发展提供了极佳的心理环境。在班集体中，通过和谐融洽的人际关系，在良好的集体舆论和集体风气的作用下，尤其在丰富多彩的集体活动中，学生发展的多样性需要能够得到满足，学生的个性才华可以得到充分体现。也只有在健康的集体生活中，外在的社会要求(如理想、信念、世界观、价值观)才能内化为学生个人的发展需要，在活动的作用下，转变为学生个人品质的一部分，从而表现出学生个人的独特性。班集体可以为每一个学生提供展示和发展个性的舞台，帮助不同的学生开发其内在的潜力，以形成独特的个性。

(三)有助于发展学生的创造性，促进学生个体价值的实现

创造性蕴含于个性之中，是人的个性的核心品质。人的创造性是其主体性、独特性的综合体现，是人在活动中所表现出来的与众不同的心理品质。学生创造性的发展离不开其生活的环境，班集体是影响学生成长的重要的生活环

---

① 鲁洁：《教育社会学》，429 页，北京，人民教育出版社，1990。

境之一。班集体不仅通过组织各种各样的集体活动，为学生提供了创造的机会，而且为学生创造性的发展提供了肥沃的土壤。更重要的是在集体生活中，在宽松、宽容的气氛下，缺少了强制和约束，而得到了鼓励、赞赏和自由，学生的主体性将会获得充分发展。尤其在教师的指导和同伴的帮助下，学生的创新思维可以得到进一步的激发，个人的创造潜能可以得到更好的发挥。随着学生创造性的不断发展，其个人价值也将逐步实现。

三、培养学生的自我教育能力

自我教育能力是指学生自觉主动地在内心理解和体验社会的要求，并通过实践将其转化为比较稳定的自觉行为的能力。班集体是学生自我教育的重要影响源，一个良好的班集体为学生的健康成长提供了良好的自我教育环境。他们在班集体生活中，通过评价他人、与他人的比较，不仅学会了认识自己和评价自己，而且作为班集体的主人，他们在班集体中学会了自我管理，提高了自我管理水平，从而提高了自我教育能力。班集体在培养学生的自我教育能力方面发挥了如下功能。

(一)有利于提高学生自我认识、自我评价的能力

自我认识能力、自我评价能力是学生自我教育能力的最初表现。只有具备正确的自我认识、自我评价的能力，才能进行自我体验，进而进行自我监督和自我控制。班集体是学生发展过程中的参照群体。集体成员间的关系是亲密的、融洽的，就使得集体中的成员往往以集体中的其他人为镜子来认识自己，这样就有利于学生形成正确的自我认识，同时在集体性的互评、自评等评价活动中，学生学会了恰当地评价自己，正确地看待个人的自我存在价值。

(二)有利于丰富学生的自我情感体验

随着自我评价能力的发展，学生的自我情感体验能力也会逐步发展起来。班集体为学生身心健康发展提供了良好的社会环境和心理环境，能引导学生从现实的感受中逐渐产生正确的自我评价和自我体验。班集体不仅能够保护学生的自尊心和自信心，使学生得到他人的重视或尊重，而且使学生通过集体内相互的情绪感染，深化自我情感体验。

(三)有利于学生进行自我监督和自我控制

良好的班集体具有严格的规章制度和行为规范，有健康的班级舆论导向和优良的班风，为学生的成长创造了最佳环境。它不但能够激励学生不断进步，而且能够时时激发学生不断地依照组织的发展要求进行自我监督和自我控制，时刻规范自身的行为使其符合班集体的需要。再加上班主任对班级的控制力逐

渐减弱，学生自身的管理能力不断增强，学生个体逐渐从"他控"向"自控"转化，自己的事情更多地由他们自己去做，这无形中使学生得到了锻炼，能够提高他们的自我管理能力。另外，在班集体中提倡同学们互相监督也有利于学生个人自我控制能力的发展，因为在监督别人的同时必须首先做到自我控制。

四、有利于对学生进行团队合作教育

随着知识经济时代的到来，各种知识、技术不断推陈出新，竞争日趋紧张激烈，社会需求越来越多样化，人们在工作学习中所面临的情况和环境日益复杂。在很多情况下，单靠个人能力已很难完全处理各种错综复杂的问题并采取切实高效的行动。所有这些都需要人们组成团体，并要求组织成员之间相互依赖、相互关联、共同合作，建立合作团队来解决错综复杂的问题，进行必要的行动协调，开发团队应变能力和持续的创新能力，依靠团队合作的力量创造奇迹。因此，在当前社会发展中，培养学生的团队合作精神十分重要。近年来，世界各国都特别关注合作精神的教育，注意培养团结合作的精神，包括培养社交能力，有效使用信息工具的能力，理解并与他人合作共处的能力。在培养学生团队合作精神中，一个具有良好氛围的班集体环境，对培养学生的团结合作精神，形成和谐的人际关系是不可缺少的外在因素。

(一)有助于培养学生的团队合作观念

学校是以班集体为单位的，每一个班集体就是一个小团体。一个优秀、和谐的班集体必然是一个有着团队精神的高效团队。生活在班集体中的学生，受良好的班集体氛围的影响，能够正确认识个人与团队的关系，正确认识自己在团队中的位置和作用，认清自己对团队的责任和义务，自觉抵制个人主义、小集团主义思想，形成团队合作观念。

(二)有助于培养学生的团队合作精神

一个真正的班集体，学生在其中的地位是平等的，没有上下尊卑之分，班级中的每一个成员都是集体的主人，他们都对班级的发展负责。生活在班集体中，每个学生都感受到集体的存在和团队合作的重要性，沉浸于人与人之间互爱、互让、互助、合作的浓浓氛围中，体验和感悟到集体的温暖、集体的智慧和集体的力量，这些情感的体验将有助于学生融入集体，培养团队合作精神。

(三)有助于培养学生的团队合作行为

团队合作精神不是嘴上喊出来的，而是一种实干精神，它要求团队成员不讲空话、套话，不摆花架子，一步一个脚印，干实事，解决实际问题。在班集体中，班主任通过引导学生积极参加丰富多彩的班级活动，自觉地遵守团队的规章制度和纪律，使学生明确自己是团队中的一员，自己的一言一行都可能影响团队的发展，个人必须根据团队的要求来调节自己的言行，从团队的利益出发，自觉融入团队中。通过班集体的活动，学生密切合作、配合默契、共同决策、相互协商，形成了相互依赖、相互关联、共同合作、共同奉献的关系，这有助于培养学生的团队合作行为。

═══ 什么是团队合作？ ═══

1994年，斯蒂芬·罗宾斯首次提出了"团队"的概念：为了实现某一目标而由相互协作的个体所组成的正式群体。在随后的十年里，关于"团队合作"的理念风靡全球。

团队合作指的是一群有能力、有信念的人在特定的团队中，为了一个共同的目标相互支持、合作、奋斗的过程。它可以调动团队成员的所有资源和才智，并且会自动地避免不和谐和不公正现象，同时会给予那些诚心、大公无私的奉献者适当的回报。如果团队合作是出于自觉自愿的，它必将会产生一股强大而且持久的力量。

团队合作能力从初级到高级的具体行为表现如表2-1所示。[①]

表2-1 团队合作能力从初级到高级的具体行为表现

团队合作能力等级	具体行为表现
团队合作能力等级(1)	①尊重其他团队成员，努力使自己融入团队之中。 ②将个人努力与实现团队目标结合起来，完成自己在团队中的任务，以实际工作支持团队的决定，成为可靠的团队成员。 ③为完成工作和团队成员进行非正式的讨论，在团队决策时提出自己的建议及理由，尊重、认同上级认为是重要的事情并执行其相关决策。 ④作为团队一员，随时告知其他成员有关团队活动、个人行动和重要的事件，共享有关的信息。 ⑤认识到团队成员的不同特点，并且把它作为可以接触、学习知识与获取信息的机会。

---

① 杨毅宏：《世界500强面试实录》第2版，5～6页，北京，机械工业出版社，2010。收入本书时有改动。

续表

团队合作 能力等级	具体行为表现
团队合作 能力等级(2)	①根据工作需要组建小型团队，营造开放、包容和互相支持的氛围，增强集体向心力。 ②为团队成员示范所期望的行为，并采用各种方式来提高团队的士气和改进团队的工作效率，确保团队任务的及时完成。 ③明确有碍于达到团队目标的因素，并试图排除这些障碍。 ④鼓励团队成员参加团队讨论与团队决定，倡导团队内部的沟通和合作，以推进团队目标设定与问题的解决。 ⑤指导其他成员的工作，对其他团队成员的能力和贡献抱着积极的态度，用积极的口吻评价团队成员。 ⑥能够利用正式或非正式的沟通渠道及现有的信息系统在团队内部进行知识和信息的交流共享。
团队合作 能力等级(3)	①根据组织的战略目标来确定团队建设的目标、规模及责任，在全体团队成员中促成理解、达成共识。 ②确保团队的需要得到满足，为团队争取所需要的各种资源，如人力、财力、物力或有关信息等。 ③确保团队成员之间能力与知识的互补，在分配团队任务的时候，既照顾到员工的发展，又能实现团队的目标。 ④化解团队中的冲突，维护团队的名誉。 ⑤通过团队内有效合作及适当的竞争提高团队的整体绩效。
团队合作 能力等级(4)	①具有个人魅力和领导气质，能够指出组织或团队的发展方向和目标，使团队成员充满工作激情，愿意为团队目标的实现竭尽全力。 ②对团队成员有全面的认识，有效地应用群体运作机制，从而引导一个群体实现团队目标。 ③有目的地创建互相依赖的团体合作精神，在团队间合理有效地调配资源，加强不同目标和背景的团队之间的配合，以促进组织整体业务目标的实现。 ④采取行动，在组织中营造精诚合作与公平竞争的氛围。 ⑤通过各种手段，如设计团队标志等，塑造健康优秀的团队形象，使组织或团队能被外界或有关组织认同和推崇。

第三节　班集体建设策略

建设一个健康向上的班集体是班主任工作的一项重要内容。班集体建设得好坏与班主任自身素质的高低关系密切。能否建设一个优秀的班集体，是衡量一个班主任工作能力高低的重要标志，也是其教育素质高低的综合反映。因此，了解班集体建设的策略，掌握班集体建设的方法对班主任来说非常必要。本节关于班集体建设策略的探讨主要是围绕良好班集体形成的几个主要标志来进行的。

一、班集体目标建设策略

班集体建设是一种有着明确的目标追求的社会实践活动，设定班级目标是班级组建之初的第一要务，是班集体形成的根本条件。班级，在某种意义上来说，只有通过目标，才能形成真正的班集体，而班集体建设的一切工作和任务，最终都是为了有效地实现某种预定目标。

(一)班集体目标建设的意义

班集体目标，是指根据社会、学校的期望及班集体本身的任务制定的班级发展规划，是班级活动将要达到的结果，是班级成员共同的期望和追求，是国家教育目的、学校培养目标和学校发展目标在班级中的具体体现。它是由集体成员一致认同且参与制定的，是在集体的意图、动机和理想的形成过程中表现出来的。班集体目标对班集体建设具有重要意义。

1. 引导意义

科学、合理的班集体目标能为班集体的发展和学生个人的发展指明方向，引导集体成员为实现目标而团结奋斗。班集体目标是班集体建设的出发点，指导和支配着班集体所开展的各项活动。班级的一切活动都是为了实现和完成预先设定的班级目标，班集体建设的过程就是班集体目标逐步达成的过程。过程在目标的支配下运动，目标在过程中实现。

2. 凝聚意义

集体目标具有凝聚和联结人的纽带作用。一个班集体在有了一个明确、具有挑战性的并为个体所接受的目标时，就能把集体中个体的活动与班集体的活动融合在一起，充分地调动个体的积极性和工作热情，从而使班集体具有凝聚力、向心力和战斗力。

3. 激励意义

目标体现价值，能使人们在实现目标中受到鼓舞。班集体目标体现了集体成员共同的价值追求和理想愿望，班集体目标的达成过程也就是学生价值逐步实现的过程。在班集体建设过程中，每一个小的低级目标的实现，都能使学生在心理上获得成功的喜悦和满足，从而产生要实现更高一级目标的情感需求，在这种积极情感的推动下，不断地朝着班集体的目标迈进。

4. 控制意义

班集体目标的确定一方面体现了集体发展的理想追求，另一方面能规范和控制集体中成员的身心朝着一定的方向发展。在班集体建设中，从班集体的目标出发，排除一些不符合学生发展需要的影响，并把个体的发展纳入预定的发展方向和发展的轨道中去，有助于个体朝着社会所期望的方向发展，具备社会所期望的品质，实现个体发展的社会化。

5. 评价意义

班集体目标是班集体一切工作的出发点，也是班集体建设的最终归宿。班集体建设的好坏是以实现班集体目标的情况为衡量的标准和尺度的。也就是说，班级的一切工作都必须按照班集体的目标要求去进行，无论是班级组织机构的形成，还是班级规范的建立，或是班级各项活动的开展，只要有利于班集体目标的实现，都应该给予积极的肯定和支持。

(二)班集体目标建设的原则

班集体目标是班集体发展的方向和动力。确定班集体奋斗目标，既是班集体管理和发展的需要，也是引导、激励和教育学生的重要环节。班集体的形成和发展与班集体是否具有明确的、符合实际且有挑战性的目标息息相关。制定班集体发展目标应遵循下列原则。

1. 针对性

班集体目标是国家教育目的、学校培养目标在班集体中的具体体现，是班集体的发展方向及班集体成员的共同理想和追求。由于班主任的人生理想及价值追求各不相同，班集体中学生的发展愿望和需求及学生的发展水平千差万别，因此，不同的班集体在确定班集体目标时必须反映班集体特色，把学校关于班集体的发展要求与本班的实际情况结合起来。也就是说，班集体发展目标的确定要体现针对性，既要考虑学校的总体发展要求，又要兼顾到班集体的个性差异，注意从本班的实际情况出发来确定符合本班的发展目标。只有这样，班集体目标才能真正变为班集体成员发展的动力，推动班集体不断向前发展、进步。全国优秀班主任武兴元在这方面的做法值得学习和借鉴。他在带领一个乱班创建模范班集体的过程中，首先从班集体的纪律上打开局面，提出在两周内实现班集体纪律根本好转的小目标，四周内夺得最佳纪律班流动红旗的近期目标。目标提出后，学生产生了共同的热情和一致前进的愿望，通过努力克服重重困难，如期达到了目标。当班集体面貌有了较大改观后，他又提出了刻苦学习、力争达到期中考试攻下平均成绩超过 80 分大关的目标，这一鼓舞人心的目标调动了全班学生的积极性，大家心往一处想，劲往一处使，同学间互帮互学，以优带差，虚心请教，最终，期中考试的平均成绩由原来的 62 分上升到 81 分。这一艰巨难关的攻克极大地增强了集体的信心，从而使班集体离优秀更近一步。

2. 层次性

目标具有由低到高、由近及远、由具体到抽象的层次结构，班集体目标就是由这些不同层次的目标通过相互联系、相互作用而形成的目标体系。在这个目标体系中，越是上层的目标越抽象，越是下层的目标越具体。下一层次的目标是上一层次目标实现的手段，即只有下一层次目标的完成才有上一层次目标的实现。班集体的发展目标就是通过班级的近期目标、班级的中期目标、班级的远期目标的逐级达成而实现的。近期目标是指当前的奋斗目标，是远期、中期目标的具体化；中期目标是指阶段性的或者专项性的奋斗目标，是实现远期目标的条件和保证；远期目标是指全体学生经过较长时间的共同努力而达到的目标，是中期、近期目标提出和设计的重要依据。一般而言，近期目标既要明确具体，又要与远、中期目标保持一致；中期目标既要反映阶段性或者专项性的要求，又要发挥承上启下、远近衔接的作用；远期目标要"高而可攀，望而可及"，有鼓动性和号召力。目标设置的层次性是班级目标顺利实现的基本前提。

3. 可行性

目标价值能否得以体现，关键取决于目标是否具有适切性、可行性。班集体目标的确定既要考虑班级的发展需要，又要照顾到学生的年龄特点和接受水平，使班集体目标与学生的发展需求保持平衡，符合学生的最近发展区。同时，班集体目标的提出还要注意从学生所处的现实社会环境出发，具有可操作性。只有这样的班集体目标才有吸引力，才能激发学生奋发向上的斗志，从而使学生发展的潜能得以发挥。

4. 民主性

班集体目标是全体学生通过共同努力所要达到的最终目的，是班级全体学生共同的理想和价值追求。因此，班集体目标的确定必须反映全班所有人的共同意志，充分体现班级中每个人的发展需要。班集体目标既不是班主任强加给全班学生的，也不是班主任和班级干部共同协商的结果，而是由全班学生共同讨论决定的，它必须得到全班学生的理解、认可和接受。只有这样，班集体的目标才能内化为学生个人的发展目标，才能使学生真正感受到目标对个人发展的价值，从而激励学生克服各种困难，朝着既定目标不断地努力前进。

5. 激励性

班集体奋斗目标，是激励学生为之奋斗的动员令，它在书面表达上应该鲜明具体、生动感人、催人奋进。班主任要不断地根据班集体建设的新发展予以充实，不断展现出新的前景，以吸引班级的所有成员，激发他们的责任心、荣誉感；鼓舞大家为达到预定目标孜孜以求，使班级始终朝气蓬勃，不断前进。

════班集体目标建设[①]════

一、远期目标

滁州市南谯区腰铺中学七年级（2）班班主任刘沛森老师，学习无锡市十二中学杨靖华老师的经验，在班上开展了"在156个台阶上"的活动。刘老师让全班学生畅想经过了初中三年共156个星期的时候，本班是一个什么样的班级，自己是一个什么样的人。经过近一个月的想象、论证，学生都认为到那时候本班将是这样的班级：

①在学校"教育为本，学习为主，全面发展，学有特长"的教育思想指导下，学会做人、学会求知、学会生活、学会健体、学会创造，做一个雷锋、赖宁式的爱祖国、爱家乡、爱学校、爱父母、爱老师、爱班级的人。

②全班同学都要认真、刻苦学习文化科学知识，人人达到高一级学校要求的水平或具有从事职业活动的一技之长。

③全班同学都要达到体育锻炼标准，人人都能掌握一种运动的方法和规则，人人爱清洁、人人讲卫生，尤其是要重视用眼卫生。

④自尊自重，互敬互爱，人人在班内有受人尊重的地位，也有尊重他人的义务，人人在班级里都感到温暖和愉快。

⑤人人都要以实际行动为班级增光添彩，使班级成为全校执行《中学生守则》《中学生日常行为规范》最好的班级。

⑥人人都有自己的兴趣和爱好，人人都有自己喜爱的学科，人人都有自己喜爱的劳动，人人都会1~2种小制作，人人都讲普通话、写规范字，人人都学会2~3种自我服务的技能，人人都能掌握文明礼仪并身体力行。

---

① 吴小海、李桂芝：《班主任九项技能训练》，55~57页，北京，首都师范大学出版社，2008。收入本书时有改动。

⑦在班主任和团队组织的指导下，集体的事由集体讨论决定，班委会、团、队的事，都由自己管理，活动由自己开展。

⑧半年内达到学校良好班集体水平，一年内达到区级优秀班集体水平，三年内达到市级优秀班集体水平。

⑨人人都有为集体、为他人服务的岗位，坚持为班级、为学校、为他人、为社会做好事。

⑩少先队员心里飘着队旗、团旗、党旗，争取早日加入共青团，到毕业时力争三分之一的人成为优秀共青团员。

二、中期目标

所谓中期目标是相对远期目标和近期目标而言的，它可以是一学年的，也可以是一学期的。多数情况下，中期目标可以包含在班级学年或学期工作计划的目标任务部分中。滁州市南谯区沙河中学高一(2)班班主任余熙海老师学习无锡的经验，让学生就班级计划中一年内建成班集体的目标任务画了一幅画，画面上画着一棵苹果树，树干上写着"一年内建成班集体"，树枝上挂着15个苹果，每个苹果上都分别写着一个要求，这就是一年内建成班集体的15个要求，其中6个已经涂上黄色，说明已经做到了。这就是形象的班级中期目标树。

三、近期目标

所谓近期目标也是相对而言的，一般是指在半个月或三个星期以内的目标任务。滁州市南谯区沙河中学八年级(3)班班委会、团支部在班主任王维德老师的指导下，总结了开学后的一个月内，班级出现的积极、热情帮助新同学熟悉学校环境、介绍学习经验；拾金不昧；全出勤，出满勤；课堂纪律良好；保护鸟类、爱护花草树木等一系列进步以后，大家深受鼓舞。在看到进步的同时，同学们又认为目前班级亟需解决的问题有如下四个方面。

①全班行动，平整操场一次，掀起体育锻炼高潮，在11月上旬举行的全校秋季运动会上誓夺初中组总分前三名。

②购置暖瓶、茶杯，在班上推行"尊师一杯水"活动，由各科代表给每位前来上课的老师敬一杯水。

③每次下课以后请老师先行，尤其是上午第四节课，无特殊情况同学们不得先于老师离开教室。

④秋冬之际，白天逐渐缩短，要杜绝上午第一节课出现迟到现象(特殊情况例外)。

需要多长时间才能达到上述要求呢？经讨论，全班同学认为只要大家共同努力，用2～3个星期，是完全可以达到要求的。这样，一个班级的近期目标也就形成了。

二、班级组织建设策略

班级组织建设是优良班集体形成不可缺少的前提条件。班级组织建设一方面指班级组织机构的健全完善，另一方面也是最重要的方面，是班干部和骨干队伍的形成与培养。每一个班集体都应有一个健全的班级组织机构（小学是班委会、中队委员会，中学是班委会、团支部），一般由班长（中队长或团支书）、学习委员、宣传委员、文娱委员、体育委员、生活委员组成，他们负责班级的各项工作，在班级与教师、学校之间起一个桥梁作用。健全的组织机构有助于班级实行自治，提高班级自我管理的水平。因此，建设班集体必须健全班级组织机构。而要健全班级组织机构最主要的是选拔班干部和培养班级骨干队伍，使班集体形成坚强的核心，以此达到通过榜样作用感染、带动、帮助学生进步的目的。

（一）班级组织机构的基本模式

班级组织机构的基本模式主要有直线型、职能型、直线职能型三种。

1. 直线型结构模式

其结构图式是班主任—班长—组长—学生，是一种自上而下的直线型管理模式。在这种组织结构中，班级权力集中在班主任的手中，班主任控制整个班级，对全班实行统一指挥，班主任与班长、组长、学生之间的关系是一种上下级之间的直线关系，即命令与服从的关系。该模式的特点是权力集中，有利于规范管理，提高组织工作效率。但由于权力过分集中，容易使班干部的工作积极性及学生参与班级管理的积极性受挫，不利于班集体的发展。

2. 职能型结构模式

职能型结构是按职能实行分工管理的一种组织模式，其结构图式是班主任—班长—各种职能管理人员（如学习委员、生活委员、体育委员、文娱委员等）—组长—学生。其特点是由专业化分工的管理者代替直线结构的全能管理者，在班级内部设立职能管理人员，各职能管理人员在自己的工作范围内，有权向下级下达命令和指示，直接安排班级的活动。这样不仅可以帮助班主任分担班级的工作，使班主任从繁重的班级事务管理中解脱出来，而且有利于班干部工作积极性的发挥，提高他们的管理能力和管理水平。不足之处是各职能管理人员容易造成本位观念，影响班级管理的整体协调性，如果职能人员分工过细或不明的话，还可能出现相互推诿的现象，从而造成管理上的混乱。

3. 直线职能型结构模式

该模式是在班主任的领导下，把班级管理人员分为两类，一类是班委会，另一类是团支部。班委会负责班级的常规管理，协助班主任做好班级的日常管理工作；团支部负责班级团队的组织和建设工作，定期地组织同学过好组织生活，做好学生的思想工作。这种模式的特点是：实行班委会和团支部分工负责制，使班级中层管理分工更专业和科学，有利于发挥班级领导集体的管理职能，有利于实现班集体的管理目标。但由于班委会和团支部容易产生职能岗位上的交叉管理，因此会出现管理意见上的分歧，如班委会的文体委员与团支部的宣传委员的工作职能就容易产生这样的问题，从而影响工作效率。

在班集体建设过程中，班主任采取何种模式来创建和完善班级的组织机构，要根据班级的具体情况来确定。但无论采取哪种模式，都要紧紧围绕班集体建设的具体目标，注意把班干部的工作积极性和学生自我管理的积极性充分地调动起来。

(二)班干部的选拔与培养

班干部是班主任的得力助手，是班级学生集体的核心和骨干力量。在班集体建设过程中，班主任虽起着重要作用，但归根结底是外因，要想把班集体建设好，更主要的是靠班集体自身的力量，而班集体自身力量的发挥在相当大的程度上取决于班干部作用的发挥。实践证明，班级工作能否顺利开展，班级奋斗目标能否实现，关键在于是否有一支得力的班干部队伍。

1. 班干部的选拔

从我们对目前在班级中担任干部职责的学生的了解来看，班级中班干部队伍的构成一般有以下几类人员：一是在班级各方面发展中都为同学树立了良好榜样的品学兼优生；二是学生小团体中的核心人物，这些学生一般聪明能干，在班级部分学生中很有威信；三是班级中的"老好人"，这些学生大都比较听话，主观上愿为同学服务，能够团结大多数人，但能力一般，工作办法少。那么，什么样的学生适合做班干部呢？一般而言，班干部应符合以下标准。

(1)有正直公正的品格

正直公正是对班干部的最基本的要求，只有正直公正的班干部，才能真正得到大家的拥护。他们一般有为班集体服务的思想和热情，是非界限比较明确，办事公正，能够以身作则。学生最不喜欢的是那种工作能力虽强，但私心重、欺上瞒下、从个人的感情出发偏袒他人的学生做干部，他们常会导致班干部组织的解体和班集体的涣散。

(2)有一定的交往组织能力

班干部不论具体分工如何，都必须与同学接触，都被要求与同学打成一片。所以，交往组织能力是班干部必须具备的一种素质。很难想象，一个不善交往的学生能够团结同学、影响同学，在同学中享有较高威信，带动同学一起为共同奋斗目标的实现而努力。而具有较强交往组织能力的学生，一般能够与同学打成一片，能虚心听取同学意见，把同学团结在一起，带领同学为了班级的共同目标而努力奋斗，从而提高班级的战斗力，增强班级的凝聚力，有利于班集体的形成。

（3）有较强的工作责任心和奉献精神

班干部绝不是向人炫耀的资本，而是承担着一定的责任，要协助班主任做好班级的工作。班干部不仅要对自己负责，而且要对班主任负责、对同学负责，高度的责任感是对班干部的起码要求。当班干部就要有奉献精神，乐于为大家服务。没有奉献精神，只想通过当班干部这条途径来为个人发展捞取好处的人是别有用心的人，这种极端个人主义的人不仅在班级中不受欢迎，而且没有资格做班干部。

以上三点是选拔班干部的主要标准。班主任选拔班干部时应该从班级的实际情况出发，在比较中加以取舍，而不应苛求，重要的在于今后的教育培养。

在实践中我们不难发现这样的现象：有些学生学业表现虽然并不是太好，但是热心为集体服务，选拔为干部后，不仅工作做得出色，而且促进了自己学业表现的提升；有些学生有某一方面的特长，通过当班干部，不仅自己的个人才能得以充分发挥，而且带动了班级某一方面工作的开展；有些班主任为了调动一些纪律较差的"调皮大王"的积极性，通过让他们当班干部并委以一定的责任，促使他们改变，取得了较好效果。选拔这类学生当干部，一定要在班集体已初步形成，班级干部力量较强，对这些学生有较全面的了解的基础上进行。否则，很容易给班级带来混乱，对这些学生成长也没有好处。

怎样选拔班干部呢？一般而言，在班级刚刚组建的时候，班干部都由班主任指定。随着班级的逐步发展，班主任对学生的了解越来越多，班级成员之间已相互熟悉，班干部的产生就要走民主选举的程序了。

在正式选举前，班主任应把选拔干部的目的及其标准向全班做具体说明，对全班进行一次有关道德品质、负责精神、组织纪律方面的思想教育，这既有助于干部选拔工作的顺利进行，也有助于班干部做好以后的工作。在选举中，班主任一定要采用民主选举的方法，尊重大多数学生的意愿，充分调动学生的参与意识，切忌将自己的意见强加于学生。目前，中小学一般采用竞选式、组阁式、轮流式、招聘式等方法选出班干部。这样建立的班委会，同学基础好，富有责任感，普遍受到学生的欢迎，如班主任引导得法，能很快形成坚强的班级核心。

2. 班干部的培养

班干部的能力不是天生就具备的，需要在后天的教育实践中培养和锻炼。班干部产生后并不意味着班级组织机构建设工作已经完成。通过有意识的培养和锻炼，造就一批善于联系同学、具有一定组织能力、工作能力强的班干部是班主任工作中的一项经常性的任务。对班干部只使用而不教育培养，将不利于班集体的建设，也不利于班干部的健康成长。那么，如何使用和培养班干部呢？许多优秀班主任的成功经验如下。

(1) 全面关心，热心指导

班主任应积极关心学生干部在德智体美劳各方面的表现，当他们遇到问题和困惑时要热心指导，不应只向他们压工作的担子。班干部毕竟还是学生，他们一般缺乏在集体中工作的经验。班主任应该带领他们开展班级工作，经常帮助他们分析和总结工作中的成败得失，肯定他们的成绩，同时指出他们的不足，鼓励他们树立信心，教给他们工作的方法。班主任在指导班干部的过程中，要着重向他们进行服务意识和奉献精神的思想教育，纠正"当干部吃亏"和"当干部脸面有光"的想法，以加强他们的工作责任感，促使他们积极开展工作。

(2) 尊重信任，严格要求

班干部不同于班级中的其他学生，班主任应对他们严格要求，不姑息、不溺爱，防止班干部特殊化。尤其当他们犯了错误时，对他们的处理要和其他学生一样，有时甚至要比其他学生严厉，决不能因为他们是班干部，就放松对他们的要求。只有这样才能帮助他们树立起在同伴中的威信，班级工作才能顺利展开。但对班干部的严格要求是建立在对他们尊重和信任的基础上的，任何严格的要求只有建立在对学生自尊心和自信心的保护上，才能真正发挥作用。

(3) 大胆放手，积极扶植

班干部是班级组织的骨干力量，是协助班主任进行班集体建设的助手。班主任要信任他们，大胆放手，把他们推到班级活动的第一线，让他们独立组织、设计和主持全班的集体活动，使其在活动中显露才华，培养热情，增长才干，提升能力。此外，班主任还要创造各种条件，组织班干部到社会实践中去，经风雨，见世面，接受锻炼。当然，大胆放手不等于放任不管，而是在班干部独立开展工作的同时给予他们积极的扶植，班主任要充分发挥主导作用，发扬民主作风，当好班干部的参谋，掌握好方向，帮助班干部处理好学习与工作的关系，指导他们学会珍惜时间，做时间的主人，教他们既要善于工作，又要善于学习，使班干部在实践中不断得到自我提高和完善。

三、班集体规范建设策略

班集体目标形成后，建立与之相适应的集体规范，是集体目标实现的重要条件。有经验的班主任在建设班集体的过程中，都非常重视班集体规范的建设，因为规范既是管理的依据，又是管理的手段。

(一)班集体规范的功能

一个正在成长中的班集体，基于学生发展和现实社会的发展需要，必须有自己的规范。班集体规范是班集体中每个成员在日常学习和生活中必须遵守的行为准则，具体体现在学生守则、学生行为规范、班级公约、班规等班级文件中。它是维持班集体成员秩序和关系的行动指南，是学校各项规章制度在班级中的具体反映，是班级个性的体现。只有建立健全班集体的规章制度，才能使班集体的行动步调一致、人际关系和谐、活动开展顺利、工作效率提高。所以，在班集体的建设过程中，班主任必须提出明确的纪律要求，建立各项规章制度，以保证班集体的正常运行。班集体规范的功能体现在以下几个方面。

1. 指向功能

班集体在制定各项规章制度与行为规范时，都有明确的目的要求，表明了提倡什么、禁止什么、应该怎样、不应该怎样、哪些合乎准则、哪些必须防范，为学生成长指明了行动的方向。

2. 制约功能

班集体规范对集体成员有一定的约束力和强制性，凡是不符合规范要求的人，不管你扮演了何种角色，只要属于这个集体的，就得改变自己。规范许可的就做，规范不允许的不做，必须依据规范调整行动，纠正错误。

3. 协调功能

班集体成员来自不同的家庭，有不同的个性特点。成员之间在认识、行动上的差异和不协调在所难免。规章制度体现共同的认识，规定行动的准则，使班集体中的各个成员能协调起来，对班集体秩序的建立和维持起着保障作用。

4. 自律功能

班集体制度不是由教师个人制定然后强加给学生的，而是师生共同参与、民主协商的结果。这样，学生就能够自觉地依章做事，发挥自我教育的积极性，自觉地依章调节、规范自身的行为，使自己的发展符合班集体的要求。

(二)班集体规范建设的要求

班集体规范的形成，是多途径、多因素共同作用的结果。学校培养目标、学校规章制度、传统文化习俗、社会风尚、教师个人价值取向、学生的现实发展要求等因素都会对班集体规范的制定产生影响。而教师的建议、要求及学生的共同讨论则是形成班集体规范的主要来源。一般而言，在制定班集体规范时，需注意以下几个问题。

1. 要具体，具有可操作性

班集体规范是班级成员的行动指南，是协调班级成员相互关系的行为准则，规范一经制定，就要贯彻执行。因此，班集体规范的内容要具体，应规定出能做什么，不能做什么。什么行为是班级所提倡的，什么行为又是班级所反对的。另外，班集体规范还要符合班级成员的身心发展水平，提出的建议和要求要适当，具有可操作性，能够在实际的教育教学活动中贯彻实施，让学生遵照执行。

2. 要相对稳定，一经制定就要贯彻执行

班集体规范的制定要体现时代特征，要随着教育形势的变化而不断变化，只有这样才能通过规范的约束使学生的发展符合社会发展的要求。但由于教育的周期长，要求教育的秩序必须保持相对的稳定，因此班集体规范也要遵循教育规律的要求，具有相对的稳定性，不能朝令夕改。规范一经确定，就要遵照执行，不能把班集体规范视为一种摆设，有规范不执行或规范要求一个样，实际做的又是一个样都是不被允许的，不遵照执行就会使规范失去它在班集体建设中的意义。

3. 要简约、完整、亲切

班集体规范的内容要简约，避免冗长和复杂的表述。这样可以让学生更容易理解和记住规范内容，从而更好地遵守规范。班集体规范的约束范围要完整，班集体规范应该涵盖各个方面，包括学习、行为、纪律等方面。这样可以确保学生在学习和生活中都能够得到规范的指导，形成良好的习惯和行为。班集体规范的语言表述要亲切，让学生感受到关心和尊重。规范的表述应该尽量避免使用过于严厉或带有威胁性的语气，而是采用鼓励和支持的方式引导学生。同时，规范的内容也应该与学生的实际情况相符合，考虑到他们的年龄、兴趣和发展需求，这样可以让他们更愿意接受规范，增强他们对规范的认同感和遵守意愿。总之，班集体规范要简约、完整、亲切，以便学生能够理解和接受，从而提高他们的自律能力。

4. 对班集体规范的执行情况要经常检查督促

班集体规范有它的严肃性，对班级成员有一定的约束力和强制性。在班集体建设过程中，对班集体规范不能执行与不执行一个样，执行得好与不好一个样。班主任要经常检查督促班集体规范的执行情况，了解班级成员对班集体规范的认识和反馈，对模范执行规范者要及时表扬和激励，对违反班集体规范者也要进行适当的批评甚至处分。对班集体规范的执行情况可以通过定期检查和随机抽查两种形式进行检查。定期检查可以由专门设置的监察小组或者由班主任负责，每周或每月进行一次班集体规范执行情况的检查，检查内容包括学生的言行举止、学习态度、课堂纪律等方面。随机抽查是在不通知学生的情况下进行的抽查，看学生是否能够自觉遵守班集体规范。对每次检查的结果，班主任都要认真记录下来，并作为评价学生和班级表现的依据。对于发现的不遵守规范的行为，要及时进行反馈和纠正，让学生明白自己的错误，并提醒其他学生注意遵守规范。

5. 让班集体中的每一个人都参与班集体规范的制定

班集体规范的形成不是外部力量强加于班级的，而是班集体成员根据班集体发展及个人发展的需要讨论决定的结果。要想使班集体规范真正地被班集体成员接受，并发挥出它在班集体建设中的作用，班主任就必须发动班集体成员积极参与、民主协商，广泛征求意见，使班集体规范充分体现学生意愿，赢得学生认同。只有建立在学生自觉遵守基础上的班集体规范，才能发挥出它的有效性。

6. 班主任要以身作则，发挥榜样作用

班主任是学生心目中的榜样。学生具有向师性，他们常常把教师当作楷模，去模仿教师的一言一行。所以，班主任要依据学生对教师的这种特殊的心理，严格要求自己，处处做学生的表率，给学生以积极向上的影响。要求学生做到的，班主任必须自己先做到，对班集体规范要带头执行，给学生做出榜样，从而达到身教胜于言教的目的。

四、班级文化建设策略

(一)班级文化的内涵

班级文化是班级内部所有成员或大多数成员在长期的教育实践中所共同具有的思想意识、价值观念和行为方式的总和。班级文化是社会文化的一种形态，是学校文化在班级中的个性体现，它是班级的灵魂所在。按照文化的基本结构来划分，我们可以把班级文化分为由表及里的三个基本层次，即班级物质文化、班级制度文化和班级精神文化。班级物质文化包括教室建筑、班级设施、班级规模、教室布置、座位编排等；班级制度文化包括班级的组织制度、班级的管理模式、班级的规章制度和行为规范等；班级精神文化是班级中全体成员的群体意识、舆论风气、价值取向、审美观念等精神风貌的反映，是班级文化的核心，包括班级的理念、人际关系、群体意识、班级舆论及班级的风气等。班级文化就是在这些要素的相互作用中形成和发展的。

班级文化作为一种教育文化，对学生的教育不像知识传授、道德说教和行政命令那样立竿见影，而是"润物细无声"式的。作为一种无形的教育力量，班级文化具有如下特点。

1. 抽象性

班级文化主要是以观念形态呈现的文化现象，而不是以物质形态来呈现的。它具体体现在班级的群体意识、价值观念、班级舆论及班级风气等方面。

2. 相对稳定性

班级文化的建设是一个相对较长的过程，班级文化一旦形成，就会显示出相对的稳定性，不可能很快发生改变。

3. 生成性

班级文化虽具有稳定性，但也不是一成不变的。随着时间的推移和班级外在环境的改变，班级文化也会随之而改变。班级文化在适应环境的过程中得到升华，从而起到调动学生积极性的作用。

4. 实践性

良好的班级文化体现在班级的具体活动中，因此班级文化建设的合适与否，要由实践来检验。只有符合实际情况的班级文化才是有效的。

5. 创造性

班级文化是一个班级的个性所在，是班级之间相互区别的重要标志，是班级精神面貌的具体体现。班级文化的建设必须从本班的实际情况出发来创造性地进行，照搬照抄而来或者没有自身特色的班级文化是没有生命力的。

(二)班级文化的功能

1. 导向功能

班级文化的导向功能包括价值导向和行为导向。班级文化是一种客观存在的、实际的环境建设，其良好的文化氛围影响着学生的思想价值观念、行为和生活方式，指导和支配着青少年的思想和行动。班级文化一旦变为班级中学生个体的自觉意识，就会使班级学生朝着班级文化所倡导的方向去发展，从而把个人的意志统一于班级精神之中，使班级得到更快、更好的发展。

2. 凝聚功能

班级文化是一种"黏合剂"，可以把班级成员紧紧地黏合、团结在一起，使他们明确目的、步调一致。班级文化是一个班级师生共同创造并实现的精神产品，体现着他们共同的心理意识、价值观念和文化习性。这种共同的心理意识、价值观念和文化习性会激发成员对班级目标、准则的认同感和作为班级一员的使命感、自豪感和归属感，从而形成强烈的向心力、凝聚力和群体意识。

3. 激励功能

激励是一种精神力量或状态。班级文化所形成的文化氛围和价值导向是一种精神激励，能够调动与激发班级学生的积极性、主动性和创造性，把他们的潜在智慧激发出来，使其以高昂的情绪和奋发进取的精神积极投入学习和生活中，使学生的能力得到全面发展，从而增强班级的整体"战斗力"。

4. 约束功能

班级文化对班级成员的约束功能主要通过班级的规章制度和行为规范、班级的舆论与风气来体现。在班级管理中，哪些行为不该做、不能做，正是班级文化、班级精神发挥"软"约束作用的结果。这种约束力能够提高班级成员的自觉性、积极性、主动性，使他们自觉地约束自己，让自己的行为符合班级发展的要求，从而提高他们的责任感和使命感。

(三)班级文化的建设

班级文化是班级师生共同创造的精神财富。班级只有在被赋予丰富的文化内涵与生命意义时，才有可能发挥一种真正的教育力量。学生才能在优秀的班级文化中接受熏陶，健康成长。班级文化的建设既要重视班级物质文化的建设，如搞好班级卫生、班级的环境布置及班级的座位排列等，又要加强班级的制度文化建设，建立好班级的组织机构和班规。此外，最重要的是做好班级的精神文化建设。良好的班级舆论和班级风气，正是班级精神文化的集中体现。

班级舆论是在班级中占主导地位的言论倾向。班级舆论是一面镜子，它能够折射出班级成员在价值观念、情感态度、行为方式等方面的现实状态及发展趋势。在班集体建设中，健康的舆论导向一旦形成，学生便能自觉地批评、抵制错误倾向，弘扬、支持正确言行，使班集体更加团结向上，更加朝气蓬勃，更有利于集体中每个成员的健康成长。

班级风气即班风，是班级成员的精神状态，主要表现为在班级成员中占主导地位的群体意识、情绪状态、价值倾向和行为取向等。班风优良的班集体应该能够使集体内部成员在这个集体中得到各种满足，即"懂"的满足(知识的认识领会)、"会"的满足(技能方面的进步)、"变好"的满足(道德态度的转化)、"快乐"的满足(解放感的获得)、"得到承认"的满足(承认与被承认的问题)、"有用"的满足(贡献和成果的问题)。① 班风建设是学校教育工作的重要组成部分，对于提高学生的综合素质、培养学生良好的道德品质和行为习惯具有重要意义。班风建设是班级管理的重要内容，通过加强班风建设，班主任可以提高班级管理水平，使班级工作更加有序、高效。同时，良好的班风还能够增强班

---

① ［日］片冈德雄：《班级社会学》，贺晓星译，8页，北京，北京教育出版社，1993。

级凝聚力，使学生更加团结一致，共同为班级的发展和进步而努力。班风建设有助于培养学生的道德品质，使他们树立正确的世界观、人生观和价值观。通过班风建设，学生可以养成尊重他人、诚实守信、团结友爱、勤奋好学等优良品质，为将来的社会生活打下坚实的基础。

在班风建设过程中，班主任要做好以下几个方面的工作。

1. 明确班级的奋斗目标

目标是一种期望，是人的各项活动所追求的结果在主观上的超前反映，对班级舆论和班风的形成具有引发和推动作用，是班级文化建设得以顺利开展的关键。在班集体发展的不同阶段，班级应根据学校工作目标的指引，结合本班的实际，在民主集中制的基础上制定既有一定高度又有可行性的目标，并将远期目标和近期目标、集体目标和个体目标有机地结合起来，引导集体和个体由一个个小目标走向大目标。

2. 抓好班干部队伍建设

一个好的班集体的建立，单纯依靠班主任的力量是不够的，还必须依靠一支好的班干部和积极分子队伍。班干部是班级舆论的"风向标"，是营造良好班级舆论的中坚力量，班风、班级舆论氛围在很大程度上取决于班干部。因此，班主任要结合本班的实际情况，严格挑选班干部，并注意培养班干部队伍。

只有有了良好的班干部队伍，班级才有凝聚力，班级的各项工作才能顺利开展，良好的班级舆论才能逐步形成。而在良好的班级舆论氛围中，班干部的管理会得到学生的支持，部分学生的不良行为习惯将受到谴责、抵制，优秀学生的良好行为习惯会受到同伴的赞赏、夸奖，从而达到弘扬正气，抵制不良习气的滋长，形成良好的班风的目的。

3. 加强正面教育，树立良好榜样

在班集体建设中，班主任要坚持以鼓励和表扬为主，充分发掘学生中的好人好事，并将其作为对学生进行教育的素材，时刻发现每一个学生的长处和闪光点，及时进行表扬和鼓励，特别是对一些暂时落后的学生，更要注意表扬他们每一次的微小进步，使他们明确努力的方向并获得前进的动力，从而带动整个班级的舆论及风气的健康发展。此外，班主任还要注意从不同角度树立榜样。班级舆论和班风是在班级中形成的一种共同言论与风气，总要历经一个由点到面、由少数到多数的发展过程。推动这个过程发展的主要因素就是榜样的力量。这就要求班主任密切关注学生的发展动向，及时发现好舆论和好风气的带头制造者，大力进行培养、教育、引导，并不断提高其认识，增强其行为的稳定性，使之成为班集体的骨干与榜样。从不同角度树立榜样体现为既可借助社会榜样的力量，也可以把与学生密切接触的班主任、学生干部及学生中的好样板作为学生效仿的榜样，通过结对子、手拉手、合作竞争等途径，促进班级优良舆论和风气的形成。

4. 提倡民主型的班主任领导方式

班主任是班级的组织者和领导者，其领导方式和领导风格是影响班级舆论和班级风气形成的十分重要的因素。班主任的领导方式主要有三种类型：集权型、民主型、放任型。班级在班主任不同的领导方式下，所产生的班级气氛是不一样的。20世纪40年代，美国社会心理学家勒温和他的学生就做过关于教师不同的领导方式与学生的学习效果之间关系的实验研究。他们从团体是否达到预期的目标和儿童是否喜欢这种团体气氛的情感表现两个维度来说明实验的结果：在集权型领导方式下的儿童，他们的学习成果最高，他们能很快而且很有效率地达到预期的目标，然而他们都表现出过分的紧张、敌意和侵犯性等消极的情绪；在民主型领导方式下的儿童，其情感表现最好，学生之间、师生之间的情感和谐，效率虽不及集权型领导方式下的儿童的效率那么高，但比放任型领导方式下的儿童的成绩好；放任型领导方式下的儿童，在学习成果和情感方面的结果均不理想，因为在需要成人指导的情况下缺少必要的指导，儿童大部分时间都处于摸索、彷徨和不安中，他们既无成果可言，又对这种团体气氛产生消极的情感。后来许多人的研究结果也都支持他们的观点。可见，民主型的班主任领导方式最有利于学生形成健康的情感体验，从而有助于良好的班风和班级舆论的形成。

5. 充分利用班级舆论阵地

班级的墙报、黑板报、班级标语、班会、团队活动等都是班级舆论形成的重要阵地，班主任要充分利用这些形式来宣传好人好事、好思想、好作风，用积极、健康、向上的思想充实每个学生的头脑，影响每个人的言谈举止，以扶持先进，维护正气，抵制歪风邪气，不断提高学生判断是非的能力。班主任要通过多种方法和渠道(如观察法、谈话法、干部会、家长会、日记、周记、思想汇报，甚至从学生涂鸦的文

活跃班级文化，
破解班主任之"困"

字或草稿中)发现学生的思想苗头和情绪表现，随时分析班级舆论氛围，及时批评、纠正错误行为和一切不利于集体进步、有损集体形象的不良言行，以激励学生进取，让正确的班级舆论始终处于主导地位。利用舆论阵地开展教育宣传，强化舆论气氛，从而促进健康舆论的发展和优良班风的形成。这样做的效果显然要比班主任简单地训斥或用批评来解决问题好得多。

五、班级活动建设策略

班级活动是班集体形成的重要载体。建设一个优良的班集体要通过各种活动来实现，因为集体活动可以使学生产生凝聚力，起到促进班级学生团结的作用。组织良好的活动对学生有很强的吸引力，能使学生的目标趋于一致，这是集体团结的基础。在活动中，学生的集体主人翁意识能得到增强，人人都觉得应该对集体负责，这样学生之间共有的东西增多了，大家都能步调一致，而这又是集体团结的必要条件。集体活动还能够起到改变集体面貌的作用。组织良好的班级活动有利于调动学生的积极性。集体活动的过程是每一个学生发挥主体积极性的过程，不仅能使不同的学生受到教育，而且能使他们按集体的要求重新塑造自己，使自己不断进步。组织良好的活动能使学生精神面貌发生深刻的变化，有的活动甚至是某些有问题的学生转化的契机。这样通过学生个体的变化影响集体，可使集体面貌发生变化。另外，集体活动还可以密切师生关系。集体活动的过程其实也是师生共同活动的过程，组织活动的过程也是师生感情交流的过程，是师生加强了解的过程。通过活动，师生可以心心相印，齐心协力地为优良班集体的建立打下坚实的基础。

班级活动内容的丰富性决定了班级活动形式的多样性。班级活动可依不同标准划分为多种类型，如按活动的内容划分，有科技活动、文艺活动、体育活动、劳动活动、社会调查活动、社会公益活动、班会等；按活动的组织形式划分，有全班活动、小组活动等；按活动的空间划分，有校内的班级活动、校外的班级活动等。一般而言，中小学经常组织的班级活动主要有主题班会、文娱表演活动、各种竞技比赛、社团协会活动及社会实践活动等。班级活动只有合理、科学地加以组织，才能发挥其育人的价值。如何有效地组织班级活动？这部分内容在本书第八章中重点介绍。

**新成长教育理念下贤雅班集体
建设的思考与探索**[①]

班集体是学生成长发展的主要场所，是班级学生的精神共同体。奉贤区发布的《新成长教育行动纲要》（以下简称《纲要》）指出，要创新推进新成长班集体建设行动研究，以新成长班集体建设创新带动学校德育工作的高效转型。在《纲要》的引领下，上海市奉贤中学附属初级中学进行了新成长班集体建设的校本研究，围绕学校"培育品行端正、志向高远、学识广博

---

① 胡雯峰：《各美其美 美美与共——新成长教育理念下贤雅班集体建设的思考与探索》，载《教育家》，2022(52)。收入本书时有改动。

的贤雅少年"的育人目标，探索贤雅班集体建设的策略和途径，以此激发每一个贤雅少年的成长潜力。

做好顶层设计，搭建成长框架

班主任是贤雅班集体建设的第一责任人。根据《奉贤区新成长班集体建设实施方案》，基于学校新手班主任和青年班主任较多的客观现实，学校组建了贤雅班集体建设领导小组和工作小组，制订了校本化的实施方案，并在暑期对全体班主任进行专题培训，明确贤雅班集体建设内涵、价值取向、特质表现、创建机制和评估标准。

学校引导班主任制定班级建设总体目标、计划和分学年目标、计划，通过关注初中四年班级建设全过程、关注班级每一个学生、关注学生德智体美劳全面发展，将贤雅班集体建设融入班级管理工作的方方面面，真正让班集体成为落实德育工作的基础平台。

同时，学校邀请德育专家就班集体特色培育、班集体创建机制和策略等进行专题培训，对班主任制订的班集体创建计划进行指导与修正。

找好特色抓手，展现班级特色

在班集体创建计划的引领下，各班积极寻找班级特色和亮点，以"一班一品"促进学生成长，以班级创建特色为抓手，为学生营造温馨和谐的成长氛围。

优化班级环境，让每一处文化元素都会"说话"。在活动中，各班积极开展班级物质环境创建活动，并以民主的方式征集和确定班名、班训、班级口号、班徽，将制作好的班级名片展示在学校大厅的"班级树"上，以此引导学生树立班级整体意识。比如，七年级(3)班的班级名称是"拾穗"，班训是"厚积薄发，金穗扬梦"，班级口号是"风吹麦浪，耕耘梦想"。在布置班级物质环境时，七年级(3)班首先将全班同学共同制定的班级学生公约张贴在教室前方，配合班级积分榜，潜移默化地影响学生的一言一行；并以黄色为主色调，创建班级环境，以此展示"拾穗"这一班集体创建的总目标。六年级(3)班则抓住学校体育节的契机，通过定制班服、设置班服日等方式，增强班集体的凝聚力，培养学生的集体荣誉感。

培养学生干部，让每件事都有人做。为促进学生干部培养，学校设计班级自主管理手册和班干部会议记录本，鼓励更多的学生参与班级管理，提高自我领导力和团队领导力。此外，由学校大队部牵头，学校每两周开展一次学生干部专题培训活动，提升学生干部的班级管理能力。让我们欣喜的是，除了规定的班级小干部岗位外，有的班级秉承"人人有事做，事事有人做"的理念，增加了许多个性化的班级岗位，如护花使者(浇花)、健康保卫员(量体温)、作业提示员(公示作业)、秩序管理员(班级队伍管理)等，这些举措，不仅培养了学生的责任心，而且让班级事务得到有效管理。

召开系列主题班会，让每节班会课都能解决问题。经过一年多的实践，学校从上到下达成共识，那就是班会课就是要解决问题的。考虑到校级层面的共性问题和班级层面的个性问题，学校德育处推进实施"1+1+2"班会课模式，即学校每月统一确定主题一次、年级组每月提供教案和课件一次、班主任每月自行设计班会课两次。比如，学校针对学生过度使用电子产品的情况，确定"绿网行动，Action"班会课主题，全校推进；六年级年级组针对学生学习习惯培养问题，确定"努力不求赶超别人，只为不负自己"班会课主题，全年级推进；班级针对学生审美素养问题，设计"适合中学生的美"主题班会。

组建互助小组，让每个人学会学习。同伴教育指的是人们通常愿意听取年龄相仿、知识背景和兴趣爱好相近的同伴、朋友的意见和建议，青少年尤其如此。因此，在班集体创建过程中，各班积极组建互助小组，发挥同伴教育的作用。比如，七年级(4)班以六名学生为一个互助小组，通过就近安排组员座位、进行团体考核评价等方式，引导组员互帮互助、共同进步。此外，班主任为每个互助小组配置一位导师，适时给予学生帮助和指导，在潜移默化中提高和增加学生的学习兴趣和学习动力，培养平等互助、团结友爱的同学情谊和和谐共生的师生关系。

及时总结提升，推进教师队伍建设

为促进互学互鉴，学校每学期开展一次贤雅班集体创建研讨活动，每学期举行一次德育论坛，邀请班主任介绍创建特色班级的具体做法，为遇到难题的班主任答疑解惑，不断提升贤雅班集体创建的质效。

"对六年级学生来说，初中既是人生的一个新起点，也是一个转折点。因此，帮助学生尽快适应中学生活、及时调整学习状态、提升自律意识，就显得尤为重要。基于学校培养贤雅少年的育人目标，我班将班名定为'雅律中队'，并以'行稳致远，探源溯流'为班训，'自律善思，成就梦想'为班级口号，旨在培养一群自律而不失律动的贤雅少年。"德育论坛上，学校教师郁琦婷以"创建雅律班级，培育贤雅少年"为主题，分享了自己一学年来的班级文化建设心得。

对学生们来说，贤雅班集体建设意味着什么？"没有规矩，不成方圆，我们在班主任老师的带领下，一起制定了班规。自己定的规矩哪有不遵守的道理，现在，我们班的纪律好了很多。""自律的孩子才能走得更远，我们班的学习状态特别好，在这种环境中，我自然而然地做到了专心学习，自觉完成各项学习任务。""这个学期我们中队每周都会召开一次班干部会议，会上大家一起反思班级出现的问题并讨论解决途径，各个班委积极踊跃地提出自己的意见和见解，让我深刻意识到了班委的职责。"……一学期的学习结束，学生们收获颇丰。

此外，学校还举行了线上班级管理研讨会。会上，青年班主任不断发挥在信息技术方面的优势，挖掘钉钉群公告、打卡、钉一下、日程提醒等功能，逐渐完善线上班集体建设途径，为资深班主任提供有效示范。资深班主任也纷纷分享了自己家校沟通的技巧、培养学生干部的经验，为青年班主任管理班级送去一剂良方。

在班主任的分享中，我们看到贤雅少年积极参与班级事务管理、组织班会课、发挥榜样引领作用，也看到班集体的强大凝聚力，可以说，贤雅班集体的建设不仅助力了贤雅少年们茁壮成长，而且让班主任队伍迅速成长起来。每进行一次研讨交流总结，贤雅班集体建设的策略就会多一点，实施路径就会宽一点，我们的信心和劲头也会更足

38 颗心心心相印

一些。在新成长教育理念的指引下，上海市奉贤中学附属初级中学将继续通过创建贤雅班集体，让每一个学生在班级文化的引领下，找到自己的归属感，激发向上、向善的力量，成为优秀的贤雅少年。

【本章小结】

班集体是在教育目的规范下的，由具有明确的奋斗目标、坚强的领导核心及良好纪律和舆论的班级学生所组成的活动共同体。班集体的形成经历了松散的班级群体、合作的班级群体、班集体三个阶段。良好的班集体在促进学生社会化与个性化发展、培养学生自我教育能力与团队合作精神等方面发挥着重大作用。班集体的建设是班主任工作的一项重要内容，班主任在建设班集体的过程中，主要是围绕良好班集体形成的主要标志来进行的，即班集体目标建设、班级组织建设、班集体规范建设、班级文化建设、班级活动建设。了解班集体建设的策略、掌握班集体建设的方法对班主任来说非常必要。

【思考与练习】

1. 何为班集体？班集体的形成和发展经历了哪些阶段？
2. 班集体形成的标志有哪些？
3. 班集体有何教育功能？

4. 班主任应如何组织和培养班集体?

5. 班主任应如何组建班级的组织机构?

6. 班级文化建设需要做哪些工作?

7. 班主任在班集体建设中,应如何落实立德树人根本任务?

【综合案例分析】

班长作弊怎么办①

"高二(5)班班长考试作弊!"消息传来,我惊呆了。记得从高一开始,我就以"先做人,再做学问"为原则,呕心沥血,狠抓学生的基础文明,着力于学生全面素质的提高。不到一年,班级就被评为市先进班集体。如今,出现这样的局面,真令人难堪!

回顾班长的一贯表现,他工作积极主动,处处以身作则,在同学中很有威信。写文章、演讲、体育比赛、文娱演出等样样出色,他多次为班级、学校争了光,在校内有一定的知名度。一向自尊自爱的他,怎么会在学校三令五申之后还犯下这样的错误?是他不知问题性质严重?还是我教育得不得法?我百思不解,决定明天先找他谈话,摸清情况后再拿主意。

第二天到校,不出所料,"高二(5)班班长作弊"的消息不胫而走,成了期中考试后校内最引人关注的新闻,大家议论纷纷……

怎么办?面对这棘手的事实,我该怎么办?把问题全部上交,听凭领导处理吗?狠狠批评、责令检查,迅速"了结此案"吗?……

解析:

"纪律面前,人人平等",班主任处理此事的基本原则就是:公平、公正、民主。班长考试作弊违反纪律之后,关键不在于罚不罚和怎么罚的问题,而在于如何让班长心甘情愿地受罚,在其受罚之后,班主任如何做好安抚工作。首先,班主任要有冷静的头脑。"人非圣贤,孰能无过?"作为学生,班长无论违反哪一条纪律都是再正常不过的事情。既然这样,就没必要对班长犯错误大惊小怪了。班长犯了错误,他的心里已经很不安了,如果再对他进行严厉的指责和批评,会让事情变得更糟。班主任应该冷静地对待每一个学生所犯的错误,正确地对待班干部所犯的错误。其次,班主任要有一双善听的耳朵。学生违反纪律之后,不少班主任总是情绪激动地呵斥学生,指责他的不是,尤其是有些学校用量化管理手段,将学生违纪情况与班主任考核挂钩,这更刺激班主任的

---

① 吴小海、李桂芝:《班主任九项技能训练》,63~64 页,北京,首都师范大学出版社,2008。收入本书时有改动。

情绪，于是很多激愤之语脱口而出。其实，学生之所以成为班干部，就是因为他犯的错误比别人少，他得到的信任比别的同学更多，同学们选他为班干部，班主任也就认可了。他犯错误总有他的原因，班主任不妨多点耐心，静静地倾听学生陈述理由。也许你听完他的陈述，情绪就会有所缓和，继而找到处理的办法。再次，班主任要有一颗公正的心。做班主任最忌讳的就是一碗水端不平，"两套标准"，全班通过的班规不可爱罚则罚、爱废则废。最后，班主任要给予温柔的安抚。处罚之后，要及时给犯错误的班干部做思想工作，让他明白一个最基本的道理：纪律是一切制度的基石，组织与团队要能长久存在，其重要的维系力就是团队纪律。班级制定班规不是为了惩罚某个人的，而是为了约束大家的日常行为。"过而能改，善莫大焉"，犯了错误知道改正的班干部依然是老师的好助手，同学的好榜样。

【本章参考文献】

1. 片冈德雄. 班级社会学［M］. 贺晓星，译. 北京：北京教育出版社，1993.

2. 郭毅. 班级管理学［M］. 北京：人民教育出版社，2002.

3. 全国十二所重点师范大学. 教育学基础［M］. 北京：教育科学出版社，2002.

4. 鲁洁. 教育社会学［M］. 北京：人民教育出版社，1990.

5. 吴康宁. 教育社会学［M］. 北京：人民教育出版社，2019.

6. 谢维和. 教育活动的社会学分析：一种教育社会学的研究［M］. 北京：教育科学出版社，2000.

7. 钟启泉. 班级管理论［M］. 上海：上海教育出版社，2001.

8. 龚浩然，黄秀兰. 班集体建设与学生个性发展［M］. 广州：广东教育出版社，1999.

9. 檀传宝. 德育与班级管理［M］. 北京：高等教育出版社，2007.

【阅读链接】

1. 韩东才. 班主任基本功——班级管理的基本技能［M］. 广州：暨南大学出版社，2009.

2. 赖华强. 班主任工作案例教程［M］. 2 版. 广州：暨南大学出版社，2008.

3. 李伟胜. 班级管理［M］. 2 版. 上海：华东师范大学出版社，2021.

4. 李镇西. 做最好的班主任［M］. 桂林：漓江出版社，2014.

5. 陈大超. 教育管理问题案例研究［M］. 长春：吉林人民出版社，2006.

6. 吴小海，李桂芝. 班主任九项技能训练[M]. 北京：首都师范大学出版社，2008.

7. 陈宇. 班级管理课——班主任专业技能提升教程[M]. 上海：华东师范大学出版社，2021.

8. 熊华生. 做一个老练的新班主任[M]. 北京：中国人民大学出版社，2015.

9. 成尚荣. 做中国立德树人好教师[M]. 上海：华东师范大学出版社，2021.

第四章

班级日常工作管理

【本章学习提示】

班级日常工作管理是班集体正常运行的必要条件，一旦出现疏漏，则会造成班级整体混乱和不协调，影响班级管理目标的实现。虽然日常管理工作往往是些琐事，但如果不及时处理，则会导致某些不良后果。班级日常工作管理在完成立德树人根本任务中同样发挥重要作用，所以，班主任对日常的管理工作不可忽视。本章主要介绍班主任日常工作管理的内涵、内容、学生评价、班主任工作计划与总结。通过本章的学习，学生能够初步了解班主任日常工作管理的几个方面，为尽快熟悉班主任日常工作管理奠定一定的基础。

【本章学习目标】

1. 明确班主任日常工作管理的内涵、内容，理解班级日常工作管理中的评价工作。

2. 了解班主任工作计划的制订与实施，理解班主任工作总结的内涵、意义、结构。

3. 能自觉提升班主任日常工作素养，具备开展日常工作管理的能力。

4. 结合案例，深入了解班主任工作实际，深刻体悟立德树人根本任务的意义。

第一节　班级日常工作管理概述

一、对班级日常工作管理的理解

(一)班级日常工作管理的内涵

班级日常工作管理是指教育者从培养人的目标和班级工作的实际出发，对班级学生日常行为进行经常性教育，对班级整体进行常规性管理的工作。所谓学生日常行为，是指学生每天在自身生命活动过程中以及在班级学习生活中表现出的最基本最一般的精神面貌及行为，如出勤、学习、课间活动、同学交往等。

(二)班级日常工作管理的实质

日常工作管理是班级管理的重要内容之一，是班级工作的基础。班主任对学生的管理首先从班级日常工作管理开始，班主任与学生的交流、对学生各方面现实表现的了解主要在班级日常工作管理中进行，对学生的教育也是在班级日常工作管理中进行的。因此，班级日常工作管理的实质是指导和规范学生的行为和意向，使学生按学校及社会的要求去行动。

二、班级日常工作管理的内容

班主任管理班级的各项任务都要在班级日常工作管理的内容上去体现和落实。班主任对班级的日常工作管理主要包括以下几个方面。

(一)学生思想品德的教育

品德是道德品质的简称，是指社会道德现象在个体身上的表现，是一个人常有且稳固的心理倾向和特征。不同的人有不同的品德，有的勤劳，有的懒惰，有的勇敢，有的怯懦，有的大公无私，有的自私自利等。思想品德教育是将一定社会的思想道德转化为学生个体的思想道德的过程。

学生正处在品德形成的重要时期，班主任对学生的思想品德教育要有明确的教育目标、有指导性原则、有较为稳定的教育内容、有教育活动的安排、有时间的保证、有科学的评价和考核方法、有良好的环境氛围等。[①]

班主任在实施思想品德教育时，必须根据中小学教育目标，不失时机地对学生进行品德教育，在课堂教学中要求他们遵守课堂纪律，认真学习；在课外活动中引导他们爱惜公物，互相帮助；在劳动中启发他们热爱劳动，习得技能等。只有这样，才能使班级思想品德管理具有实效性，才能制止班级思想品德管理中的随意行为和短期行为。

1. 学生的品德类型和差异

学生的品德尚未定型，无论是道德认知、道德情感、道德意志还是道德行为，都正在发展变化之中。由于学生品德的形成受多种因素的影响，因此在同一年龄阶段、同一班级的学生，其品德也存在差异。

(1)品德优良、言行一致型

部分优秀生属于这种类型。他们能自觉根据社会主义核心价值观、学生守

---

① 白铭欣：《班级管理论》，30～31页，天津，天津教育出版社，2000。

则的要求行事，具有正确的道德信念和道德理想，有较高的判断水平，言行一致。在家庭、学校和其他场所，他们都能遵守纪律，维护合法公德，关心他人，爱护公物等。

（2）品德一般、言行尚有差距型

这种类型的学生对道德准则有一定的认识，但理解不深；有一定的是非观念和一般的道德判断水平，能够遵纪守法，也有良好的道德行为，但缺少自觉性和一贯性。他们尚未养成良好的道德行为习惯，言行同道德标准尚有一定的差距。

（3）品德较差、时有过失型

这种类型的学生有一定的道德准则知识，但还不能真正理解学生守则所规定的道德行为的要求。有时也有上进的愿望，但个人主义的欲望比较强烈，道德意志比较薄弱，缺乏抵制坏影响的能力和培养良好行为习惯的能力，养成了任性、说谎等坏习惯。在一定的情境下，他们容易是非不分，感情用事，行为越轨。

（4）品德恶劣、违法失足型

只有极少数的学生属于这种类型。他们颠倒是非，以丑为美，以耻为荣，有强烈的非道德需要，易受坏人引诱，走向犯罪的道路。

2. 班主任对学生进行思想品德教育的途径

马丁·路德认为，一个国家的前途，不取决于它的国库之殷实，不取决于它的城堡之坚固，也不取决于它的公共设施之华丽，而在于它的公民的文明素养，即在于人民所受的教育。由此可见，道德被普遍地认为是人类的最高目的，也是教育的最高目的。思想品德的基本要素包含受教育者的道德认知、道德情感、道德意志和道德行为，简称知、情、意、行。因此，班主任对学生的思想品德教育，应从以下几个方面入手。

（1）形成道德认知

道德认知是人们对是非善恶的认知和评价以及在此基础上形成的道德观念，包括品德知识和品德判断两个方面。道德认知和一般认知过程一样，要经过感性认识和理性认识两个阶段，即由认知道德现象，逐步到认知本质。由于学生对道德的认知程度不同，理解深浅不同，因而会具有不同的道德认知水平。因此，班主任在帮助学生形成道德认知时，应注重从分析道德现象入手，提高学生的感性认识，再将感性认识升华为理性认识。

（2）激发道德情感

道德情感是人们对客观事物做是非善恶判断时的内心体验，表现为人们对客观事物的爱憎、好恶的态度。道德情感是学生产生品德行为的内在动力，是实现执行转化的催化剂。教育心理学认为，道德品质的形成，是一个从道德认识到道德行为的过程。但是，从知到行并不是直线运动的，必须有情感参与，才能从道德认识过渡到道德行为。比如，一个学生在教师多年的道德教诲中，早已明白什么该做，什么不该做，对道德行为规范和学校的规章制度也已耳熟能详，可为什么诸如小打小闹等明知故犯的现象还是出现呢？为什么在校内温顺听话而到了校外却成了另一副模样？显然这些学生没有把有关的道德认识作为自己行为的指南，没有用道德准则去衡量自己和别人的行为的意向。因此，班主任必须抓住激发学生道德情感这个环节，通过动人的事例，使道德情感成为道德行为的动力。

(3)磨炼道德意志

道德意志是人们为实现一定的品德行为目的所做出的自觉而顽强的努力。道德意志是调节学生道德行为的精神力量。班主任可以通过创设情境、角色扮演、实践环节、体育锻炼等磨炼学生的意志。

(4)训练道德行为

道德行为是实现道德认识、道德情感以及由品德需要产生品德动机后表现出的外部行为。道德行为是通过实践或练习形成的，既是衡量道德水平的重要标志，也是衡量学生认识与修养水平的重要标志。思想品德教育的关键在于把学生的道德认识、道德情感转化为道德行为。因此，班主任在对学生进行品德教育时，必须抓住训练学生道德行为这一环节。学生道德行为训练主要有反复模仿、有意练习和情境演练等方式。

(5)通过规章制度管理

通过规章制度管理主要是体现管理过程的规范性。品德管理通过完善的德育制度和规定性的要求，可以使学生从具体的规定中理解概括性较强的目标含义，因此，班级德育目标就能够在对学生不断提出德行具体要求中得以体现。规章制度具有较强的约束性，能够使自律意识尚不强的中小学生注意品德行为表现。规章制度管理使学生知道该做什么，怎么去做。通过规章制度进行班级德育，能否真正地取得管理效益，首先取决于班级规章制度的方向性、科学性和可行性，具备这三性，规章制度才会有教育意义，才能发挥持续作用。其次取决于班主任的素质和权威性。[①] 班主任的整体素质较高，可以提高班级规章制度的质量，可以使规章制度更能满足多数学生的需要。班主任整体素质较高，又可以使规章制度活化为班级的强有力的舆论，活化为学生的自觉意识。所以规章制度的教育作用与班主任有极为密切的关系。班主任的权威性是与规

---

① 白铭欣：《班级管理论》，285 页，天津，天津教育出版社，2000。

章制度的权威性相辅相成的，也可以说没有班主任的权威性就不会有规章制度的权威性；没有规章制度又会使班主任的权威变成个人的独断。显然这都不利于班级德育工作的发展。

通过规章制度进行班级德育要做到规章制度有学生基础，有切实可行的操作要求，有公平合理的奖惩办法，有督导检查评定的具体措施。这样就会使学生在执行规章制度中，把班级德育要求化作自身的要求，形成自觉执行规章制度的习惯。由此学生才能从被动变为主动，逐渐形成自我教育的力量。学生面对的规章制度要符合可操作性的要求。可操作，学生才会去做，否则规章制度就会成为一纸空文。学生执行规章制度毕竟是一种他律要求，要学生完全自觉也是不实际的，所以检查督导和奖惩又是必要的，其意义就在于促使学生不断增强自律意识，使班级德育目标更好实现。

3. **班级思想品德教育应注意的问题**

(1)思想品德教育要发挥学生的主体作用

发挥学生的主体作用，是指让学生参与思想品德教育计划的制订、组织和实施。例如，教育学生做个诚实的人，要使学生真正接受并付诸行动，就必须打消他们心中的疑虑，如"老实人会不会吃亏"等，班主任可以抓住这些矛盾组织学生进行角色表演和讨论，让学生在矛盾冲突中获得理性的真知，变"要我做"为"我要做"。当然，班主任也要告诫学生在复杂的社会环境中学会保护自己，诚实不等于"直肚肠"，对居心叵测的人就要灵活应对。这样的教育就会使学生觉得既可信，又可行。

(2)思想品德教育要倡导个性化

21世纪的思想品德管理要倡导思想品德管理个性化，尊重学生个体，满足他们的需要，千万不要追求表面效应。当今社会价值越来越倾向于多元化，在坚持原则的前提下，把握好道德价值取向的尺度，有利于增强思想品德教育的可信度。

(3)思想品德教育重在内化

目前有的思想品德教育处于可听不可信、可信不可行的状况，究其原因主要是班主任忽视了学生的道德需要和道德内化过程，教育内容脱离学生实际，教育方法过分强调灌输、服从。因此，要提高思想品德教育的实效，班主任就必须转变观念，克服传统思想品德教育中的弊端，正确处理道德内化过程中出现的一些问题。

(4)思想品德教育要利用网络的力量

当下，学生身处数字时代，其学习方式、思想意识和伦理道德都深受网络影响，为班主任的思想品德管理工作提出了新的挑战。网络最大的特点是自由、开放、及时，什么都可以利用，什么都可以呈现。网上的"文化垃圾"现实存在，有些暴力、恐怖、诱导犯罪的宣传品不堪入目，侵蚀着学生的心灵。因此，班主任要学习网络知识，加强网络文化的研究，利用网络的积极因素，克服消极因素，做好学生的思想品德管理工作。

(二)学生学习的管理

教学是学校的中心工作，学习是学生的主要任务，所以，学习管理也是所有管理中的重要任务。学习管理的根本目的是保证学习秩序、创造学习条件、调动学生学习的积极性和纠正学生不良的学习思想与行为，最大限度地激发和发挥学生的内在动力，使学生科学地学习、创造性地学习，提高学生的学习质量。班主任应该协助其他科任教师的日常教学工作。凡是对提高学习质量有益的因素，如学习制度的制定、学习动机的激发、学习态度的保持、学习环境的创设、学习方法的指导、学习习惯的养成、学习纪律的遵守等，班主任都应予以关注。

1. 进行学习目的教育

班主任要抓学生的学习质量，首先要对学生进行学习目的和学习动机的教育。学习目的是学生进行学习所要达到的结果，是学生学习的内部动力，它可以激励学生刻苦学习，养成良好的学习习惯。一个学生没有明确的学习目的，学习将成为他毫无乐趣的沉重负担。

班主任怎样进行学习目的和学习动机的教育呢？一方面，可以通过生动形象的方式进行。班主任可以用学生的理想前途去激励，在深入各学科领域中进行，运用榜样去感染，用古今中外的科学家、发明家、艺术家的故事去启发，用刻苦学习、自学成才的实例去引导。另一方面，可以用好榜样教育的方法。学生模仿性强、可塑性大、富有上进心、容易激动，有时一个科学家的事迹，一位先进人物的行为，甚至一句格言，就能震撼他们的心灵，对他们长久地以至终生起着激励作用。

2. 培养学生学习兴趣

兴趣是学生力求深入地认识某种事物，或乐于参与某种活动的一种积极的意识倾向。兴趣是最好的老师。达尔文在回忆自己成长的历程时说过："就我记得的我在学校时期的性格来说，其中对我后来发生影响的，就是：我有强烈的多样的趣味。"[①]可见，重视发展学生的兴趣很有必要。

3. 重视学习习惯养成

良好的学习习惯是学生学习的基本素养，不仅对学生现阶段的学习有帮

---

① ［英］达尔文：《达尔文自传》，苏桥译，8页，上海，生活·读书·新知三联书店，1947。

助，而且对未来进一步学习和自我提高具有重要意义。班主任在学习管理中要关注学生的学习习惯，引导他们养成良好的学习习惯。对两种学生尤其要注意：一种是因为其他条件较好，虽学习习惯不良，但学业表现仍然不错的学生；另一种是有较好的学习习惯，但学业表现较差，往往被认为"学习不行"的学生。对这两种学生，班主任常常会忽视对他们的学习习惯的培养和矫正。对前者会因学业表现不错而掩盖其不良学习习惯，从而不去理会，从长远看这是对学生不负责任的表现。对后者没有重视良好的学习习惯与提高学习质量的关系，因而，也会使这些学生出现更多的学习问题。

4. 进行学习意志训练

意志是人们自觉确定目的，并根据目的支配、调节行动，克服困难，从而达到预定目的的心理过程。毅力是坚强持久的意志。如何培养学生的意志和毅力呢？

第一，教育学生遵守学习纪律，认真地完成各科作业。

第二，引导学生克服依赖思想，养成独立学习的习惯。告知学生学习时不用陪读，自己独立思考，遇到不会的先思考，实在思考不出，再请教他人。

第三，介绍刻苦学习的科学家。

第四，适时创设学习方面的挫折情境，磨炼学生的意志。

5. 加强学习方法指导

学习能力是检验学生学业表现的基本标准，而学习能力的形成，又和学习方法有密切关系。学习方法是打开知识宝库的钥匙。学生掌握了这个金钥匙，就能打开知识的大门，自由地索取知识。班主任指导学生加强学习的方法有如下几个。

一是指导学生学会听课。使学生在课内高效率地掌握知识与技能，力求做到透彻理解，牢固掌握，举一反三，熟练运用；做到听课前预习，听课时高度集中注意力。

二是指导学生正确地使用教科书。

三是指导学生做好作业。

四是指导学生学会做单元小结。

6. 帮助学生学会科学用脑，合理安排时间

班主任要教会学生注意休息和娱乐，积极参加课外活动和体育锻炼，让大脑适当休息，提高单位时间的学习效率。班主任还要指导学生制订学习计划和作息时间表，提高合理安排学习时间、科学学习各门功课的能力，同时经常注意劳逸结合，以保持最佳的学习效率，从而促进身心健康发展。

══════"巧"处理的新收获[①]══════

寒假我带领学生去美国参加为期 12 天的游学活动。第三天的早上，有同学向我反映，这两天小牟同学晚上玩平板电脑，经常玩到凌晨一两点才睡觉，还拉上同住的两个同学一起玩，很吵闹，让想准时睡觉的同学深受其苦。

听到这个消息，我大吃一惊。小牟同学是五年级一名优秀的中队干部，他全面发展，能力很强，学业表现很好，去年被评为上海市第九届"金爱心"学生，现还担任学校红领巾"乐乐电视台"小记者团团长。这样一个好学生怎么突然判若两人了？怎么不按时睡觉，还影响别人休息？带着心中的疑问，我找到和他同住、同玩游戏的另一个同学了解情况。这个同学不但没有意识到自己犯的错误，反而对小牟同学打游戏很在行大加赞赏。这也令我大吃一惊！但无论如何，小牟自己不睡觉还妨碍他人的做法肯定不对，作为带队老师，我决定找他好好谈一谈。

谈话进行得很顺利，最后我们达成一致，为了让大家晚上都能休息好，晚上十点他就将平板电脑交给我保管，第二天早晨我再还给他。到了晚上十点，他主动把平板电脑送到我房间，临走时还叮嘱我一定要帮他充好电，我爽快地答应了，并暗自高兴，看来没收这一招还挺管用，今晚肯定很太平。

谁知在吃早饭时，之前那个同学又来告状了："李老师，小牟昨晚又很晚才睡觉……""平板电脑已经被我收了呀"，还没等他说完，我便插了一句。"是呀，您收的是平板电脑，可他还有手机呀，他们又玩到十二点多。今天早晨起不来，是被我拖起来的。"天啊！这就像给了我当头一棒。真是防不胜防，他太厉害了，应付我的招数真多啊！但我马上意识到即使我收了他所有的电子产品，这个聪明的小子仍有办法对付我。这不是解决问题的办法。看来真要动动脑筋了！

聪明、功课好、精力旺盛、大大咧咧、自理能力强、沉迷于游戏、不睡觉，第一次离开父母，和同学、老师在国外生活，想尽办法应付我对他的管教……我脑海中浮现了一连串对于他的印象。再想想自己，怎么从老师变成"贴身管家"了？我应该是学生的引路人，学生的问题还是要他自己解决，我应更多地给予他思想上的指导而不是简单地没收电子产品。我整理了思绪和情绪，再一次找到了他，准备和他聊一聊。

───────────────

① 张文潮：《立德树人——上海市中小学班主任德育案例》，2~4 页，上海，华东师范大学出版社，2019。收入本书时有改动。

"你的作业很快就完成了，晚上没有电视看，的确是很无聊，还是你想得周全，带了平板电脑来玩，被我收了，还有手机，那你还有什么啊？也借我玩玩吧！"我先说道。

"老师，你不会把我仅存的手机也收了吧？我'死'定了，千万不要告诉我爸，更不要告诉卢老师(他的班主任)。"

"我不但不会说，反而要把平板电脑还给你，今天晚上也不必送来了，我不是你的物品保管员。"

"真的？"他有些迟疑地看着我，"李老师，你生气了！"

"是的，我很生气，先不说你的事。帮我两个忙怎么样？"

"没问题！什么事？"

"小 T 口语不好，我担心结业仪式上他的演讲会有问题，你帮他看看稿子，每天晚上帮他纠正读音，直到演讲顺利通过。毕竟他很崇拜你嘛！"

"没问题，英语是我的强项，这点儿事小意思。还有呢？"

"有几个同学一直赖床，早晨不肯起，你早晨负责叫所有的男生起床，让他们准时去餐厅吃早饭。毕竟你是所有男生中最大的，老大就要有老大的样子！"他虽有些迟疑，但在我的两个"毕竟"的高帽下也勉强答应了。"没有别的事了吗？""没有了。"我没有再次批评他。

又是一个崭新的早晨，那个同学没来告状，几个赖床的男生也比我先到餐厅，他们正排着队有序地取自助餐。看来，我的方法奏效了。我向他竖起了大拇指，他的脸上洋溢着自信的笑容。中午我和他谈道："小 T 有进步吗？"他摸着头说："很多单词他都不会写，要想通过演讲还要恶补啊！""人家都说你聪明，那你说说看，为什么我要你帮我这两个忙？"他"狡猾"地笑了："不说了吧！我全明白！"

"不，我要说，你是一个优点多于缺点的孩子，谁都会犯错，但如果犯了错误自己没有意识到那就可怕了。第一个错：不按时睡觉，沉迷于游戏，伤害了身体。第二个错：拉拢其他人和你一起玩游戏，还影响了别人休息，以至于早晨不起床，可以说损人又不利己。第三个错：犯了错，我给你了一次改正的机会，但你没有接受，还继续犯错。"对于我说的三个错，他都认同。"出门在外，我们和许多同学、老师在一起生活，大家要相互尊重，相互帮助，相互理解。不能为了自己一时的兴趣而影响他人休息，而且我们是来游学的，在游览风光的同时还要加强自己的学习，白天上课并不轻松，晚上在整理好自己的生活用品后要尽量早睡，这样才能保证第二天上课有好精神。"他连连点头，很认真地听，没有做任何辩解。在之后几天的行程中，他继续发扬老大的风格，和大家一起尽情玩耍，也会主动帮大家做些力所能及的事。小牟虽有时顽皮,但透出的聪明劲儿让大家都喜欢和他在一起。

(三)学生纪律的管理

培养学生自觉遵守纪律,是保证良好班级秩序不可缺少的条件。针对学生的特点,班主任可从以下几个方面进行培养。

一是经常进行中小学生行为规范和学校规章制度教育,形象生动地向学生讲解,让学生把这些规则和要求作为行动的准则。

二是要坚持正面教育,不要粗暴地对待学生。而要动之以情、晓之以理、导之以行;树立榜样,而且榜样的树立要具体、明确、合理;运用奖励机制,强化学生好的纪律行为。

三是加强与科任教师的联系,形成教育合力。

四是采用科学的教育方法,如行为强化、代币制、契约法等。

五是建立稳定、正常的教学秩序,如学生座位的安排、自习课纪律及考试纪律等,以保证教学任务的完成。

(四)学生组织的管理

以小学阶段为例,少先队组织和班委会是班级的核心,是保证实现班级计划、完成学校各项要求、自觉遵守纪律并起带头作用的力量,是班主任的得力助手。班主任在班级管理过程中要对其实施充分的管理,实现对少先队组织的指导和对班委会的领导,让其发挥应有的作用。班主任对学生组织的管理主要包括以下几个方面。

一是对少先队组织的指导。班主任要认真研究组织管理的相关规定,并根据规定指导少先队组织开展活动。班主任还要选好干部,制订活动计划等。

二是对班委会的管理。一个班级的事务性工作很多,要想做好班级建设,就要充分发挥班委会的作用。班委会的工作任务是在班主任的领导下,在队委会的支持下,组织班级常规活动,开展丰富多彩的活动。班主任对班委会进行管理的核心问题就是选择、使用和培养班干部。

三是协调班委会与队委会的工作。班委会与队委会的工作目标是统一的。班主任应使他们既分工又合作,互相帮助,密切配合,真正成为自己的"左右手"。

一般而言,班主任要从以下几个方面加强对学生组织的管理:第一,明确职责;第二,班干部互相支持、互相帮助;第三,定期召开中队委员和班委会的联席会议,交流情况,共同研究解决班级内的比较重大的问题;第四,要求中队委员在举办大型活动时，征求班委的意见，避免在工作安排上发生冲突，班委布置工作，也要事先和中队委员商量，发现不妥立即纠正。

(五)班级劳动的组织管理

组织学生参加劳动，是对学生进行思想品德管理的途径之一，可以使学生从小养成热爱劳动的习惯，培养学生正确的劳动观念和热爱劳动的思想感情；也是增强学生体质，提高学生自我服务能力，开阔学生知识视野，使学生接触社会的重要渠道之一；还是学生运用自己的生活经验和所学知识、技能创造性地解决问题的主要途径之一。其内容和形式有以下几点。

1. 值日劳动

值日生的分配和管理是班级工作的一个组成部分。这一工作直接关系着一个班级的环境卫生，关系着学生的学习情绪和身心健康。

2. 家务劳动和自我服务性劳动

家务劳动和自我服务性劳动重在培养学生日常生活所必须具备的劳动技能，是培养学生独立生活能力和劳动习惯必不可少的。家务劳动和自我服务性劳动的组织，可以通过布置劳动作业、开展竞赛活动、举办才艺展示等方式进行。

3. 社会公益劳动

社会公益劳动是对学生进行社会主义核心价值观教育的重要手段。对培养学生不计报酬、不讲条件、团结协作、乐于助人的思想品质具有不可忽视的作用。但在组织学生参加社会公益劳动时，班主任应注意考虑学生的年龄特点，注意保证学生的安全。

(六)学生课外活动的组织管理

课外活动是课堂教学的延伸，是促进学生全面发展的重要手段。

1. 组织课外活动的目的

一是把课内所学，通过课外活动使学生加以巩固、深化，并转化为学生的能力。二是对学生进行道德情操的陶冶。三是补充课内学习的不足，使学生开阔视野，丰富阅历，发展智能。四是培养学生兴趣，发展学生的专长爱好。五是鼓励学生自我表现，培养他们的竞争精神。六是帮助教师更多了解学生，形成良好的师生关系。只有在活动中，学生的道德品质、精神面貌、内心世界和才华才可得以充分体现，这恰恰是班主任了解学生的有效途径。

2. 课外活动的形式

课外活动内容的广泛性，决定了形式的多样性。例如，从内容上讲，课外活动有学科小组活动、文娱活动、体育活动、科技活动、文学活动、艺术活动、社会公益活动等。从组织形式上讲，课外活动有班会活动、队会活动、课外小组活动等。从活动形式上讲，课外活动有会议形式、歌舞形式、诗歌形式、游戏形式、竞赛形式、参观访问形式等。从参加人数上讲，课外活动有集体式和自由式两种，集体式指全员参加的课外活动，自由式指学生自愿选择并参加的课外活动。

3. 课外活动小组的建立与指导

班主任在课外活动小组的建立与指导上应注意以下几点。第一，课外活动小组的建立要从学生实际情况出发。第二，课外活动小组的建立要从本班所具备的条件出发，具有可操作性。第三，课外活动小组的建立要以学生自愿为原则，让学生从自己的兴趣出发，选择自己喜欢的活动，发展自己的特长。第四，提供必要的指导和服务。

(七)学生增强体质和卫生保健的管理

体育运动和卫生保健既是学生成长的重要方面，也是学生生活、班级活动的重要内容。班级体育活动的管理工作主要是建立体育活动的制度，班主任通过组织手段使之落实。首先，使学生持之以恒地参加体育活动，并且能够因地、因时、因人去加以调节。其次，在学生参加学校统一的体育活动中，班主任要进行组织督促，使这些活动能够具体落实并真正产生积极的效果。最后，培养学生的卫生保健意识。班级卫生保健管理，主要是帮助学生养成卫生保健习惯，防止疾病感染，注意饮食卫生，保持个人卫生及环境卫生；科学安排学习时间和睡眠时间，预防近视。对体育活动和个人卫生的管理，容易被班主任忽视，而这方面又必须依靠经常性的管理才能奏效，所以班主任一定要将其列入工作日程。

(八)学生安全的管理

安全无小事，学生中的安全事故可能出现不多，但是一旦发生，就可能导致严重的后果。学生中的不安全因素主要是可能出现的意外伤害、运动伤害、食物中毒、传染性疾病，还有由建筑隐患以及天然灾患引发的安全事故等。一般来讲，有些安全问题可以预见，通过教育和安全措施可以得到预防；有些则难以预料。这就需要班主任平时细心观察，及时发现不安全因素，将不安全率降到最低点，同时，班主任要学会并掌握处理安全事故的应急方法。

第一，使学生熟悉自我，掌握基本知识。班主任应教育学生牢记自己、父母和班主任的姓名，牢记家庭和学校的地址及电话；记住一些特殊电话，如

110、119、120 等。

第二，引导学生学会正确对待陌生人。班主任要教育学生与自己熟悉的同伴在一起；独行时，遇到陌生人搭话，必须保持必要的警惕；不吃陌生人给的食物；独自在家时，不能随便开门；接电话时不要将父母不在家的情况告诉对方。

第三，进行交通安全常识教育。班主任要对学生进行交通安全常识教育，通过多种形式讲清交通规则，并要求学生遵守交通规则。

(九)学生档案的管理

班主任了解学生的方式有很多，在日常管理中，一般可以采用建立学生档案、让学生写班级日记和学生周记等方式。

1. 建立学生档案

学生档案是指本校在学生管理活动中形成的，记录和反映学生个人经历、德才能绩、学习表现的以学生个人为单位集中保存起来以备查考的文字、表格及其他各种形式的历史记录。通过学生档案的建立，班主任可了解学生的成长过程以及学生的各种情况等，这对班主任日常工作管理有一定的作用。

2. 写班级日记

班级日记是学生记录班中发生的各种事和对每位教师教学的看法和感受的记事本。在班中设置班级日记，让每个学生轮流写本班的班级日记，把班上发生的大事或小事记在班级日记簿里，班主任每天读一读班级日记，也许可以了解班级中的更多事情，及时解决问题。

3. 写学生周记

学生周记是学生记录关于自己、同学或班级一周以来的情况，并以其中任意话题进行写作的内容。班主任可以通过学生周记，及时发现学生的心理变化和班级的情况，并就相关问题给予解答与疏导，对常规问题可书面解答，对有代表性的问题可全班提醒。

第二节 班级日常工作管理中的评价工作

在现实中，评价是按照一定标准对客观事实做出价值判断。教育评价，是通过系统的采集和分析信息，对教育活动满足预期需要的程度做出判断的过程。评价过程是帮助评价对象实现目标的过程。在班级日常工作管理中，教育是目的，评价是手段，评价是为了更好地教育。

以评价对象为依据，教育评价可以分为四种基本类型，即学生评价、教师评价、课程与教学评价和学校评价。本节主要从班级日常工作管理中的学生评价角度进行研究和探讨。

一、学生评价的内涵

学生评价是指教师对学生各个方面的行为及成长发展情况的评价，包括对学生个体学习情况的评定，对学生态度、情感和身体发育情况的评价。具体说就是对学生各种行为或结果的价值做出评议和判断。学生评价在教育评价活动中处于核心地位。良好的学生评价，既是教育评价的基本要求，也是做好其他所有评价工作的基础。

二、班级管理中学生评价的功能

(一)导向功能

学生具有向师性心理，班主任对学生的评价对学生的发展起到导向的作用。从某种意义上说，学生评价是一个指挥棒，引领学生发展的方向。班主任对学生的评价不同，学生的观念及行为就可能有所不同，这正是班主任对学生评价发挥杠杆作用的结果。

(二)激励功能

班主任在日常工作管理中，利用学生评价激发学生某种内在的需要，从而使学生奋发向上。班主任恰当的评价能使学生的自尊心得到充分尊重，使学生产生自信，心情愉快，进而调动学生的积极性，使他们更加富有创造力。

(三)诊断功能

学生评价能让学生知道自己的优势和劣势，具有临床诊断的性质。班主任做出的恰当的评价为学生如何发展自己和完善自己，做出何种努力奠定了基础。

(四)发展功能

学生评价的导向、激励、诊断功能的发挥，有助于学生对知识的学习和掌握，有助于学生多元智力和健全人格的发展。班主任恰当的评价能让学生产生自觉的行动，促其发展。班主任对学生进行评价的作用不可小觑。班主任的某一次评价可能会影响学生一生的命运。

====**小议班主任评价的教育力**①====

他人的评价、期待、鼓励、支持对一个人究竟有多重要呢？让我们来看看这几个小故事。

美国的一名普通教师海伦·姆拉斯拉在当班主任时，要学生互相找优点，然后依据自己的观察并综合同学们的意见写了一份份热情洋溢的以表扬为基调的评语。"从来不知道别人会认为我这么好"，学生非常激动。若干年后，她的一个学生因执行公务而牺牲了。人们在他的贴身口袋里找到了一张纸条，是当年海伦·姆拉斯拉写给他的评语。在这个学生的葬礼上，其他的学生纷纷告诉她："您给我的评语一直压在我的写字台上。""您写的评语一直放在我的结婚相册里。"……郑渊洁在自己的博客中写道："我上二年级时写的一篇作文《我长大当淘粪工》被班主任赵俐推荐到校刊发表，从此我误认为自己写文章全国第一。由此可见，鼓励能把白痴变成天才。"班主任的评语有着不可替代的教育力。海伦老师热情洋溢的评语，让学生认识到"从来不知道别人会认为我这么好"，这份鼓励伴随着学生的一生……郑渊洁面对自己的成就，认为是班主任老师的支持与鼓励把"白痴变成了天才"。这些都表明一个人自信的建立、自我概念的完善、在生活中的反思，都离不开他人的评价、激励、引导、支持。在未成年孩子的生活中，教师的评价、期待、支持对他们在人生中的成长有着不可替代的作用。

…………

三、学生评价的转变

随着课程改革的深入，以学生发展为本的思想成为教育理论的共识。班级日常工作管理中的学生评价也应体现这一基本思想。

(一)学生评价观念的转变

传统的学生评价只看成绩，而获得优异成绩的只有极少数学生，这无形中把评价变成一种甄别过程。而新的学生评价应该体现出不是为了给出学生在群体中所处的位置，而是为了让学生在现有基础上谋求实实在在的发展。班主任应转变学生评价观念，由重甄别和选拔评价转向重促进学生全面发展的评价。

(二)学生评价功能的转变

班主任不仅要关注学生发展结果的评价，而且要重视学生发展过程的评

---

① 赵春兰：《认识班主任评语的教育力》，载《四川教育》，2011(1)。收入本书时有改动。

价。在对过程的评价中，让学生真正参与到评价中来，使评价能够触动学生的内心，让评价产生教育意义。对结果进行的评价是终结性评价，对过程进行的评价是形成性评价。前者又叫事后评价，目的是了解达到目标的程度；后者又叫平时评价，目的是把学生评价过程变成教育和指导的过程，变成不断促进学生发展的重要手段。

(三)学生评价内容的转变

美国心理学家加德纳在《智力的结构》一书中提出的多元智力理论，向传统的评估学生能力的观念发起了挑战。加德纳认为，人的智力至少可以分为八种类型，即语言型、数理—逻辑型、空间思维型、肢体运动型、音乐型、人际交往型、自省型、自然认知型。有的学生可能八种智力发展得都好，有的学生可能某一方面的智力发展得很好。据此理论来审视传统的教育评价，就会发现，传统的学生评价标准几乎都集中在语言智力和数理—逻辑智力方面，忽视了学生的其他智力潜能，使许多学生被排斥在成功之外，甚至使有的学生一生都生活在精神重压之下。因此，班主任应改变过去只用单一标准评价学生的习惯，建立对学生多方面发展的评价体系，注重对学生的综合评价，即由单一评价转向多元评价，通过全方位的评价，在全面了解学生发展的基础上，对学生进行有效的指导，真正使学生得到全面发展。

(四)学生评价实践中学生地位的转变

传统的学生评价是学生作为被评价者，没有任何权利，只有被动接受评价的义务，没有自主权可言。班主任一旦对学生有偏见，就会对学生的评价失之偏颇，这对学生是不公平的。班主任应在班级评价中加入人文因素，注重评价者与被评价者之间的交流和合作，促使被评价者主动、愉快地参与到评价过程中来。学生评价的积极参与包括两种形式，一是他人评价中的主动参与，二是自我评价中的自我控制与调节。

(五)学生评价方式的转变

班主任评价学生的方式应该多样化，要改变以测验为评价主要手段的评价方式，而采用多种方法相结合，形成立体、综合、多层次的评价方法体系，运用多种方法综合评价学生在情感态度、价值观、知识与技能、创新精神与实践能力等方面的变化和进步。班主任不能把学业表现作为标示学生类别的标签，更不能仅凭学业表现决定对学生的态度。

四、学生评价的基本方法

评价方法是指班主任为了实现评价学生整体发展质量的目的所采用的活动

方式、程序、手段。

(一)班主任获取评价信息的方法

科学的评价依赖于丰富而准确的评价信息。获取评价信息的方法很多，主要方法有观察法、谈话法、作品分析法、问卷法、测验法等。

1. 观察法

观察法是班主任有目的、有计划地对学生的行为表现进行系统、深入的观察以收集评价资料的一种方法。通过观察，班主任可以在学生的态度、兴趣、习惯、创造性、价值观等方面获得许多有价值的第一手资料，这些资料往往是用其他方法不能准确得到的。

========= **细致入微地观察学生**[①] =========

于虹是斯霞老师班上出色的"三好"学生，曾获得全国普通话比赛的第一名，每次班上无论选什么代表或组长，同学们总是用最热烈的掌声拥护她。可是，在一次选举少先队队委的时候，斯霞老师发现大家给于虹的掌声不像以前那么热烈了，还不如给其他几个队委的掌声那么有劲、那么响亮。尽管这种变化是那么细微，那么不易捕捉，但是斯霞老师机敏地抓住了它，给自己提出了"究竟是什么原因使于虹和同学之间的关系发生了变化"的问题。经过广泛深入了解和及时耐心的教育，斯霞老师很快便使这株优秀的人才"苗子"走上了健康成长的道路。

从学生的掌声大小的细微区别中发现其中隐藏着的问题，这需要教师对学生有深入的了解，也需要教师有更细致、更细腻的心。班主任要有敏锐的观察力，能够从学生行为、态度，甚至外表等的细微变化中发现学生身上存在的问题、苗头与趋向，及早发现，及时引导，及时解决。

班主任要学会对学生进行细心和细致的观察。细心，是指要有心、用心地去观察，细致是指观察的内容要全面、周到、细致入微。只有在细心和细致的观察中，班主任才能发现学生的变化，才能找到教育学生的入口，才能真正给学生以支持和帮助。请看陈洪洲老师的一则教例。

王×，一个刚刚 10 岁的小女孩，穿着比较单调，两个星期没有见她换过外套，家中境况可想而知。孩子长得挺好，扎着马尾辫，鸭蛋形的脸上嵌着一对忽闪忽闪的大眼睛，笑起来特别真挚。她或许知道自己学习不行，所以，始终不敢正眼看老师。我经常鼓励孩子们想说了就举手，她也

---

① 李冲锋：《班主任工作的 50 个细节》，72～75 页，福州，福建教育出版社，2011。收入本书时有改动。

只是偶尔举一下手，而且那手举一半缩一半，举得很不自信。我明白，她害怕，怕同学笑话。要想改变她，首先就要让她有自信，自信了，她就会少些害怕甚至不怕了。可这自信的突破点在哪儿呢？我还得细心观察。

又一个星期下来，我终于发现她的记忆力特别好，因为有好几次遇到比较困难的题目时，全班只有那么一两个学生能回答出来，而能重复这一两个学生答案的也就那么几个人，她却是那么几个人中重复得最完整的一个。经验告诉我，她的理解力也许不会那么好，但她的记忆力一定很好，我真的惊诧于她的记忆力。对！改变她，就从这里入手。

作为班主任，你可曾注意过学生多长时间没有换外套？可曾从学生的穿着中推知他的家境背景？可曾从学生看老师的眼神中推知原因？可曾注意到学生举手时的心态？教例中的这位教师就注意了，而且是有准备地观察学生，有准备地改变学生。正是因为前期深入细致的观察与分析，才使得后来的教育收到了很好的效果。有位教师初任五年级（2）班的班主任，听到学生们称本班的李××"哑巴"，他感到很奇怪。经过了解得知，李××学习基础差，课上从不举手发言，课下也常独处一隅，极少言语，久而久之，在同学中便有了"哑巴"之称。对此，班主任深感忧虑，不断思索该如何帮助他。在一节语文课上，班主任示范朗读了课文，让学生们自读了一遍，然后请李××回答。没有想到，他先是一愣，然后猛地站了起来，脸涨得通红，嘴里不知叽咕了一句什么。顿时，同学们一阵哄笑，他的脸涨得更红了。第一次教育失败。班主任认识到自己用对待一般学生的方法对待李××，结果事与愿违。他暗下决心，今后工作时一定要考虑得再细致一些，方法措施更得当一些。后来，班里添了一个水桶，经调查是李××用自己的零花钱买的。班主任不失时机地在班里进行了不点名的表扬。不久，班里进行大扫除，负责擦玻璃的李××干得汗流浃背。班主任仔细观察后发现，他之所以擦得又快又干净，是因为他有窍门。劳动结束后，班主任总结时说："李××同学今天劳动时干劲大，肯动脑子，玻璃擦得又快又好。你给大家说说经验。"李××站起来，像变了个人似的，平静地说："我是先用干抹布擦，接着用湿抹布擦，最后再用干抹布擦。擦的时候，一定要注意，玻璃里面上下擦，外面左右擦。这样，哪里不干净一下就看出来了！"教室里顿时响起一阵热烈的掌声。因为，大家第一次听到他流畅地讲了这么多话。"哑巴"终于开口了，这把"锈锁"终于被打开了。在此基础上，班主任"乘胜追击"，请家长配合，又让他参加生物小组，利用课余时间给他补课，和他一起制定近期、中期和远期学习目标等。终于，课堂上常常出现他高高举起的手，再也没人喊他"哑巴"了。

在这个教例中，班主任从学生的口中"听察"到了李××的"哑巴"之称，经了解又调查到了原因，经过提问和表扬的铺垫，在劳动中又亲眼观察到了李××擦玻璃有窍门。经过一系列的"暗访明察"，终于抓住机会，打开了李××的心扉，让他开口了。班主任对学生的细致观察，不是一天一时的，而是长期的。这需要班主任细心和有耐心，在日常工作中随时注意观察，抓住机会就进行教育。细心的观察和有效的教育是一个动态的过程，需要教师在细心观察的基础上运用多种配套方式对学生展开有针对性的教育。

细心的观察是成功教育的基础。班主任要养成细心观察的习惯，善于发现学生的细微变化，并据此展开深入的原因调查与分析，在此基础上判断是否需要给予学生帮助与支持，如何给予学生帮助与支持。

2. 谈话法

谈话法是班主任有目的、有准备地通过问答的方式向个别学生了解情况的一种方法。在教学中，谈话法是指班主任引导学生运用已有的经验和知识回答提出的问题，借以获得新知识、巩固旧知识或检查知识的教学方法。谈话法不仅仅局限于课堂教学，还包括班主任针对学生所表现出来的某些问题，与其进行交谈以促进问题的解决。谈话法是班主任常用的了解和研究学生的重要方法，通过谈话班主任可以更有

谈话法在班主任工作中的应用

意识地、主动地研究学生的情况及其思想活动，补充观察的不足。谈话应注意以下几点：第一，要做好谈话的充分准备，确定好谈话的目的、内容，还要对谈话的时间、地点、进行的方式等加以周密的考虑；第二，谈话态度要亲切、诚恳，不能让学生感到紧张、拘谨，更不能造成对立情绪，把了解情况的谈话变成批评、训斥学生的教师独白；第三，要根据学生的年龄、性格特点，注意谈话的技巧，启发、引导学生说出心里话；第四，注意发挥非正式谈话的作用，非正式的谈话不受时间、地点的限制，在此情形下，学生易于敞开心扉，为此，班主任要善于根据学生的特长、爱好等，有意识地多与他们接触，在看似随便的交谈中了解情况。

3. 作品分析法

作品分析法指通过分析学生的作品，如日记、作业等，获得对学生评价的资料。在使用作品分析法时，班主任要注意资料的真实可信度，注意新情况的收集、记录和保存，不断积累丰富且有价值的全面的材料。

班主任可以根据班级具体情况，在班级设置"资料库"，如表 4-1 所示，让班委和班级学生共同完成，通过定期查看，明晰班级具体情况。

表 4-1　班级"资料库"

项目	具体内容
班级日志	由班级学生记录班级当天的活动情况，如课堂纪律、作业量等。
班级活动记录簿	由班长负责，记录每次班会、班委会的活动情况。
光荣簿	由副班长负责，记录班级的先进事迹、班集体和同学们的获奖情况。
班级优秀作文选	由学习委员负责编选。
卫生值日记录簿	由劳动委员和值日生填写。
体育活动记录簿	由体育委员记录体育活动。

4. 问卷法

问卷法是一种书面形式的调查。问卷法主要用于个性测量及学生对班主任管理工作的反映。采用问卷法需要注意两点：一是编制的问卷要有科学性、针对性；二是编制问卷时要考虑是否便于数据统计，如封闭式问卷便于数据统计，开放式问卷可以了解学生更多的真实想法。

5. 测验法

测验法是指对通过一定的仪器、试题回答等方式所引起的受测者的行为变化进行测量的方法。测验法主要有成绩测验、能力测验和人格测验等。能力测验和人格测验必须在专家指导下才能进行。对测验结果的分析应慎重、实事求是，并且注意保密。

(二)班主任对学生评价的一般方法

为了全面考查学生的整体发展状况，班主任需要在掌握学生信息的基础上，用各种方法从不同角度加以评价。在班级日常工作管理中，班主任常用的评价方法有以下几种。

1. 相对评价法

相对评价法是指在某一团体中确定一个基准，将团体中的个体与基准进行比较，从而评出其在团体中的相对位置的评价方法。一个学生在一次数学考试中得了 75 分，那么他的成绩是好还是不好呢？单看这个分数是无法评价的，必须知道全班或全年级的得分，以确定这个分数在整体中的相对位置，才能评价好或不好。这种评价方法就叫相对评价法。

2. 绝对评价法

绝对评价法是以一定的教育教学目标为评价的基准，解释测验结果的评价方法。如上面提及的学生数学得了 75 分，这个成绩是否达到了合格的标准？也就是说是否达到了规定的教育教学目标？如果以 60 分为合格标准的话，他的成绩已经符合了规定标准，达到了教育教学目标。如果以 80 分为合格标准的话，那么他的成绩就没有达到合格标准。因此，在运用绝对评价法时，确定合理的评价标准至关重要。

3. 纵向评价法

纵向评价法是将一个学生在不同时间的德智体美劳和心理素质等方面的表现加以纵向比较，分析其发展与变化，从而得出一定结果的评价方法。为了便于说明问题，班主任可在进行比较的同时，为每个学生描绘一张具有纵横坐标的发展趋势图，这样可以简洁明了地判断学生各方面素质的发展变化情况。

4. 横向评价法

横向评价法是在同一时间内对一个学生多方面的素质进行横向比较的评价方法。该方法既可同时比较各科学习情况，也可以将德育与智育联系起来比较，还可以比较智育、德育与心理素质之间的相互关系。通过横向的比较和分析，班主任可以了解学生各方面的具体发展情况，哪方面是优势、哪方面是劣势，这样可以据此引领学生今后的发展方向。[①]

五、常用学生评价方法

（一）操行评语

每个学期末给学生写操行评语是班主任的一项常规工作。操行评语是指在一定时期内班主任根据自己对学生的长期观察和了解，依据德育目标、学生守则、行为规范以及学校的规章制度，在学生个人小结和小组意见的基础上，对学生各方面表现所进行的综合性评价。其目的和作用在于通过对学生德智体美劳及个性品质和行为特征的评价，肯定学生长处，指出学生不足，明确今后的努力方向，教育和鼓励学生进步。同时，通过操作评语，家长能全面了解学生的在校表现，积极主动地与学校配合，共同教育好学生。因此，操行评语是对中小学生进行教育的重要手段，其内容和形式都直接影响到它的教育效果。

传统上，写操行评语作为班主任的常规工作，形成了固定的格式和套路，以评判式为主。虽然这种评语对学生的成长起到一定的作用，但是也存在一定的问题，主要表现在两个方面：一是空话套话多，千人一面，没有个性，针对性不强；二是语言呆板生硬，教训的口气多，鼓励性的语言少，有的甚至凭感觉和印象，评价不客观，用词不准确。这样的评语，不但不能让学生和家长产生共鸣，反而有可能使学生和家长产生悲观心理和抵触情绪，不利于学生身心

---

① 张文菁、刘如平：《21 世纪小学教育的理念和方法》，188 页，西安，陕西人民出版社，2003。

健康发展。一份好的评语，对学生的健康成长将起到不可估量的教育导向作用，因此，撰写评语，丝毫马虎不得。

1. 操行评语的标签效应

心理学家克劳特在 1973 年做了这样的实验：他要求人们为慈善事业捐款，然后根据他们是否捐了款，给一部分被试贴上"慈善"或"不慈善"的标签。另一些被试没有标签。后来要求他们再次捐款时，那些第一次捐了钱并被贴上"慈善"标签的被试比那些没有标签的被试捐款更多，而那些第一次没有捐款被贴上"不慈善"标签的被试比那些没有标签的被试贡献更少，这就是心理学上著名的"标签效应"。即当一个人被贴上一种标签时，他就会做出自我印象管理，使自己的行为与所贴的标签内容一致。它启示我们：写好操行评语，可以产生以下"标签效应"。

(1)针对个性，突出重点，产生引导效应

世界上没有两片完全相同的叶子，班上也不可能有两个在思想、智力、能力、气质、兴趣等方面完全相同的学生，所以，班主任在写评语时若能抓住平时的小事，注意归纳，针对学生的个性特点，做到知人而写，评如其人，那么，评语就能发挥出导向功能，产生引导效应。黑格尔是德国的哲学家，据说他从小由于家庭影响，一心想成为一名牧师，但后来大学老师为他写的短短一段评语改变了他的一生。老师在评语中写道："你记忆力强，判断能力强，文字通顺，作风正派；升学成绩平平，但语言知识丰富，在哲学方面有天赋且十分努力。"这则评语突出了黑格尔的个性，深深地触动了黑格尔，给他指出了努力的方向，引导黑格尔扬长避短，最终走上从事哲学研究工作的道路。

(2)纵向比较，注重发展，产生激励效应

班主任应该用发展的眼光看待每一个学生，既做横向比较又做纵向比较，给学业表现好的学生写评语宜采用横向比较，将其和程度相当的同学比较，和比他更优秀的同学比较。给学业表现欠佳的学生写评语，则要注意把学生的成绩和过去比，和上学期比，要充分看到他们的进步和发展并及时给予肯定，使他们对未来充满信心。有一则评语是这么写的："你是个文静的小女孩，这学期担任了语文课代表，帮我做了许多工作，累坏了吧！在这里我说声谢谢你！你是否也从中有所收获呢？你的作文文笔流畅，思维敏捷，真的是进步不小呀！但我希望你能对自己的要求更高一些，平时要注意积累材料。"用发展的眼光评价学生并暗示学生未来发展前途、帮助学生看到自己的发展历程和发展方向永远都是写评语的主旋律。在这种指导思想下写出的评语能产生激励效应，激发学生学习的动力，鼓足学生学习的信心，促进学生健康成长。

（3）内容具体，语气亲切，产生感化效应

给学生的评语，虽不能面面俱到，但也不能泛泛而谈，空话套话连篇，不痛不痒。班主任要抓住学生表现突出的一两件小事，融入自己的情感，以肯定和鼓励性的语气为主，产生感化效应。这样，学业表现好的学生才会"百尺竿头，更进一步"；学业表现欠佳的学生也会扬起奋斗的风帆。因为使一个人发挥最大能力的办法是赞扬和鼓励。真诚的赞扬可以收到好的效果，批评和耻笑会把事情弄糟。即使需要指出学生的不足，也要用鼓励性的语气，委婉地指出学生努力的方向和希望达到的程度。有一则评语这样写道："孩子，老师想对你说，你辛苦了，我多么希望你在文化课上也像画画儿一样专心，像搞设计一样投入，像扫地一样认真。"读了这则评语的人可能深切体会到：教师既指出了学生的优点，又巧妙地道出了其不足，表达了对学生深深的爱。

班主任在日常工作管理中，只要做有心人，善于发现学生的闪光点，抓住时机给学生一则充满温暖、诚恳、鼓励的评语，一定会增强学生的自信心和进取心。班主任既需要善于点拨学生的不足，也要让爱的思绪从笔端流出，这样就会收到事半功倍的育人效应。

写操行评语是学校管理和班级管理不可低估的教育环节，操行评语在一定程度上影响着学生的学习和生活，好的操作评语犹如洒向学生心田的甘霖，可以充分发挥出评语应有的教育功能。

2. 写操行评语的要求

（1）要简明、具体，能够为学生所理解

这是写评语最基本的要求。所谓简明，就是简单明白，言简意赅；具体就是不抽象，不概念化，不使学生无法理解；能够为学生所理解，就是要根据学生的知识水平写评语，真正使学生明白其内容。只有理解了内容，学生才能受到教育。

例如，"你的政治思想表现和思想觉悟提高了一大步，学习尚好。希望……"又如，"你上课时能专心听讲，积极提出不明白的问题……"以上两条评语中，第一个笼统抽象，学生不了解评语的具体内容；第二个基本上符合要求。哪一个有教育效果呢？自然是后一种。

（2）措辞要恰如其分，写出学生个性，注意正面启发、积极诱导，切忌讽刺、挖苦

有位班主任这样给学生写评语："你个子不矮，违反校纪数第一，但是在学习上就没有了本事。"事后学生找到老师理论："我个子高是自己长的，你还能给我锯去一截吗？"班主任无言以对。这样的评语只能形成师生间的对立情绪。因此，在写操行评语时，班主任应该注意正面教育，既写出学生的个性，

又融进老师的喜与忧，使情感的交流成为激励人的力量。

3. 动态操行评语的撰写

为了尽可能真实地反映学生在校的表现，班主任可采用师生共同撰写动态操行评语的方法。动态操行评语是指让学生主动参与，师生共同撰写、适时修改的评语。其操作方法如下。

(1)操作过程

阶段性测验总结过后，班主任可以根据自己半学期来对学生了解的情况，在人手一册的评语专用本上写下学生的评语初稿，并分发到学生手中，利用晨检课、班会课在班上进行现场交流，使每个学生在知道自己评语的同时，也知道别人的评语。这样，每个学生都能及时调整自己，明白下半学期的努力方向。然后，班主任再根据下半学期自己观察到的学生各方面的表现、学生本人关于修改操行评语的意见以及同学的意见，适时且有针对性地给予修改，既肯定学生已取得的进步，又提出下阶段的奋斗方向，鼓励学生向更高的目标迈进。如果学生有明显进步，班主任可以再次修改，甚至可以修改三次、四次……修改次数越多，说明学生变化越大。在这种动态评语的导向下，学生的德行态度可以不断向教师所期望的方向进步，形成良性循环。这样就最大限度地发挥了动态操行评语的导向作用。

(2)操作要求

动态操行评语应把握坚定的原则性和高度的灵活性。由于评语就是学生的在校形象，直接影响到他们在亲友、家长和同学们眼中的地位，因此，每个学生对此都十分重视。绝大部分学生是通过扎扎实实的努力取得进步后，申请修改自己的评语的。可是确实也有少数学生既不想花大力气争取进步，又想修改自己的评语。因此，班主任应始终本着实事求是的原则来修改评语。当然，在修改时，班主任既应坚持原则性，又应具有高度的灵活性；既反映实际情况，又做到让学生满意，不打击他们的积极性。评语的每一次修改，都体现了学生的一次进步，同时也给学生提出了一个新的奋斗起点。学生面貌的巨大变化，充分显示了动态操行评语的导向作用。

(二)成长记录袋

1. 什么是成长记录袋

成长记录袋是根据教育目标，有意识地将各种有关学生表现的作品及其他证据收集起来，通过合理的分析与解释，反映学生在学习与发展过程中的优势与不足，反映学生在达到目标过程中付出的努力与进步，并通过学生的反思与改进，激励学生取得更高的成就的一种评价方法。[①]

2. 成长记录袋的特征

(1)成长记录袋的基本成分是学生的作品

成长记录袋内收集的是学生某一领域内的一系列作品，用以展现学生学习的态度、兴趣与情感、品德与行为。它不是一个无所不装的容器，不是简单地把学生的测验卷、小红花、奖状、作品等堆积在一起，而是为了展示学生在某一领域的进步与发展的方向。

(2)作品的收集是有目标的，不是随意的

成长记录袋不是简单的文件夹，其中的材料应依据教育目标或学生发展的目标来确定。从班级管理的角度创建成长记录袋，其目的是挖掘学生的潜能，增强学生的自信，改正其不足，使他们具备良好的品德。成长记录袋收集的主要是能反映学生的成就和特长，反映学生点滴进步的作品。除此之外，班主任还可以根据班级管理的阶段性目标，选择收集的内容。例如，本阶段主要培养学生积极的学习态度，收集的内容就可以是学生的学习作品；下一阶段主要培养学生的助人行为，可以收集学生助人的资料等。

(3)成长记录袋应留给学生发表意见与反省的空间

成长记录袋的一个重要用途就是让学生评价自己的作品，反省自己的成长过程，由此来发现自己的优势与不足。

3. 成长记录袋的类型

(1)过程型成长记录袋

过程型成长记录袋是为学生不断发展"积累"的信息与证据。这种类型的成长记录袋的主要特点是按照教师的规定与要求把作品收集起来，作为发展的证据，关注的是学生的兴趣培养及对自身发展的评价。

(2)目标型成长记录袋

目标型成长记录袋中的内容是学生在完成某一发展计划的过程中创作的各种类型的作品集。它既可以是伴有说明的一系列草图，也可以是在计划过程中录下的音频和视频材料。目标型成长记录袋强调发挥学生的发展主动性、独立性与创新精神，注重培养学生的反思能力、对自己成长发展的监控能力。

(3)展示型成长记录袋

展示型成长记录袋也称最佳成果型成长记录袋。收集的作品是学生自己选出的某一时期最好或最喜欢的作品。

---

① 钟启泉、崔允漷：《新课程的理念与创新——师范生读本》，148～149页，北京，高等教育出版社，2003。

(4)评估型成长记录袋

评估型成长记录袋是成长记录袋中唯一一种通过评价学生所收集的作品来评定其在某一学科领域的成就的方法。评估型成长记录袋可用于水平性或选拔性评价。评估型成长记录袋主要用于向家长、学校领导，甚至是教育行政部门提供学生在某一方面所取得成绩的标准化报告。因此，在一般情况下，这种类型的成长记录袋用于期末或终结性评价。评估型成长记录袋可以留存学生的作品，并通过作品展示学生的成长，但这种类型的成长记录袋的应用需要班主任付出更多的时间和精力，而且标准化程度较低。

4. 如何创建成长记录袋

创建成长记录袋时，班主任必须以学期或学年的教育教学目标及学生的学习现状为基础，事先有一个良好的构想是成长记录袋有效发挥作用的关键。

(1)明确应用成长记录袋的目的与对象

成长记录袋服务的目的主要有展示学生的最佳成果，描述学生学习与发展的过程，以及对学生的发展水平进行评估三个方面。

班主任如想了解自己的教学情况，了解学生的学习进步与问题，就可以收集全班每个学生的一系列作品。如果班主任是为了帮助学业表现欠佳或有行为问题的学生，那就可以只收集个别学生的信息。

(2)确定成长记录袋的主题

班主任可以结合学生学习的现状，来确定成长记录袋的主题。比如，班主任如果想提高学生的数学学习成绩，可以以数学为成长记录袋的主题；如果想提高学生的写作水平，可以以作文为成长记录袋的主题；如果发现本阶段需要提高学生的德行水平，也可以以"我的一日行为"为成长记录袋的主题；等等。

(3)确定要收集的作品与数量

成长记录袋里装什么与成长记录袋的使用目的有关。如果目的是展示，只要收集学生最好的作品即可；如果目的是反映学生在发展上的进步与不足，学生的作品就必须是在某一时间段内连续累积的，作品的类型可以是一系列作业，也可以是测验试卷、观察记录、行为记录等。

(4)明确成长记录袋的参与者及其作用

从成长记录袋运用的目标出发，教师、学生、同伴、家长都将是成长记录袋的参与者。多主体参与是成长记录袋的一个特色。

六、关于学生评价的几个建议

班主任对学生的评价是一个复杂的过程。班主任要掌握正确的策略和方法，即评价要具体，体现操作性；评价要分层，体现差异性；评价要灵活，体现多样性；评价要多鼓励，体现激励性。

（一）实施立体式评价，注意评价体系的完整性

所谓立体式评价，就是全方位、多角度地评价学生，这就要求班主任既要看到学生的在校表现，也要了解学生在家和在社会中的表现；既要听其言，也要观其行；既要注意学生的外在行为表现，也要分析学生的内在思想动机；既要看到学生的智力水平，也要看到学生德智体美劳等各方面的发展；既要注重对学生的定性分析，也要注重对学生的定量分析。只有从总体上全面把握各项评价指标，形成立体评价体系，班主任才能科学、全面地评价学生。

（二）实施发展性评价，注意评价导向的激励性

在评价过程中，班主任要用发展的眼光对学生进行评价，既重视学生的历史和现实表现，又要重视对学生发展过程进行科学分析，从而确定教育的重点和方向。发展性评价有利于学生真正认识自己，了解自己，看到自己的个性特点，看到预定的目标和实现途径，看到自己每个阶段所取得的成果，从而调动起学生的主体能动性，使他们进行积极的自我教育，发展成为一个品学兼优、德才兼备的人。

（三）实施个性化评价，注意评价对象的层次性

评价应突出学生的个性特征，做到因人而异，避免公式化地走过场。班主任要深入了解和剖析每一个学生的个性特征，做出恰当的评价。针对某些缺点，有针对性地加以指导，指出其不足和努力方向，提出发展的建议、计划和措施，使每个学生都能积极主动地发展。

（四）实施互动式评价，注意评价主体的双向性

在学生评价过程中，最有效的评价是学生的自我评价。学生的自我评价最能激发学生的自尊心、自信心，使其能自觉、主动地接受班主任的评价。学生对自己的情况最了解，如果学生态度端正，评价目的明确，这种自我评价会有较高的准确性。此外，学生的自我评价还能增强其自我评价意识和评价能力，有利于学生及时进行自我反馈和调节，经常进行自我教育。只有让学生真正理解评价的意义，真正成为评价的主体，正确认识自己，对自己能做出恰当的评价，才能调动其主观能动性，也才能起到激发学生奋发向上的教育作用。

第三节　班主任日常工作管理计划的制订与实施

一、班主任日常工作管理计划的制订

在一个完整的班级管理中，计划、实行、检查和总结是四个基本环节。各个环节都是管理全过程不可缺少的，四个环节有序运行，就构成一个管理周期，并往复循环。各个班级千差万别，但这个管理过程是共同的。因此，班级管理就是这四个环节的有机结合、有序运行和管理周期的循环运转、螺旋上升的过程。

班主任日常工作管理范围小、内容全，管理层次低、工作细，管理方法杂、难度高，这就决定了班主任工作必须讲究计划性。

(一)班主任日常工作管理计划的制订依据

第一，上级指示。教育方针、政策、法规，上级行政部门的管理目标、下达的任务和学校的总体管理工作计划都是班主任制订日常工作管理计划的依据。

第二，学校要求。学校工作计划为整个学校管理规定了明确的任务，对教育目的和当前形势做出了明确的论述，它是制订班主任工作计划的直接依据。

第三，班级实际情况。班级状况是制订工作计划的基础，管理计划的制订只有从班级实际情况出发，才能使班主任的日常工作计划具有科学性、切实性和针对性。班级情况包括学生人员构成、学习情况、思想情况、体质状况、骨干状况和班级特点等。

(二)班主任日常工作管理计划的制订要求

第一，要有明确的目的。
第二，保证对学生进行德智体美劳全面教育的有机统一。
第三，要注意计划的现实性和可行性。
第四，要注意计划的超前性，有明确的远景规划。
第五，要注意班级工作的灵活性。

(三)班主任日常工作管理计划的内容

第一，班级基本情况分析。
学期计划是学期工作的总设计，是"母计划"。月计划、周计划是学期计划

的具体执行方案，是"子计划"。"子计划"要根据"母计划"的精神要求编制，活动内容和执行办法要细、要具体，并且可以根据执行情况，做不违背总体精神要求的调整和变动，学期计划结构如下。

基本情况——学生的自然情况，如总人数、男女人数、少数民族人数、家长职业；班级现状；思想品德现状；团结纪律状况等。

注：计划不应仅是数字的罗列，而应当做必要的、简明的分析，指出发生、发展的原因和趋势。有了正确的剖析，才能有正确的教育要求的提出。

基本任务——本学期对班级整体在德智体美劳诸方面实施哪些教育，达到哪些要求，以及对学习、思想、纪律等不同类型的学生分别有哪些要求，达到什么目的。

注：任务的提出一定要从班级实际出发，明确、具体。

具体内容——主要写一学期要开展哪些活动，通过哪项活动，完成哪一任务，活动形式，怎样组织，时间安排等。

注：内容要丰富，形式要多样，既要考虑课内外各学科的结合，又要考虑教育的系列性，还要注意量力性、可能性。

第二，工作目标：总体目标、阶段目标、各层次具体目标。

第三，措施安排：教育活动、组织力量与分工、时间步骤。

第四，检查办法：按时检查、随时抽查，学生自查、教师监督检查。

(四)班主任日常工作管理计划的形式

班主任日常工作管理计划主要包括学期计划、月计划和周计划。

1. 学期计划

学期计划是指一个学期的工作安排。具体内容包括本学期班级管理需要达到的目标，预计开展几个活动，对学生实施怎样的教育。学期计划对月计划和周计划起到了管理的方向性作用。

2. 月计划

月计划是具体执行的计划，活动内容、形式、分工、进行时间等都要具体、明确。在写法上最好用表格的形式，简要、醒目。

注：月计划制订之后，要及时公布给班级学生，以便学生做充分的准备，创造性地去执行计划。

3. 周计划

周计划是班主任根据学校本学期目标及计划，从学生的实际水平出发进行安排的具体活动方案。周计划的制订应具有可操作性。周计划制订后，班主任要安排相关班干部及其他学生完成工作计划的内容。

二、班主任日常工作管理计划的实施

日常工作管理计划制订后，班主任需要带领全体学生落实，即按预设计划内容开展相应活动，使计划得到落实。通过计划的落实，班主任完成对班级日常工作的管理。

(一)班主任日常工作管理计划的实施原则

第一，及时性原则。在日常工作中，班主任要及时完成预设的工作计划内容，以促进学生在实施计划的过程中健康成长。

第二，灵活性原则。计划是事先预设的，难免有不周到之处。班主任在落实计划过程中，需要灵活处理，调整计划中的不合理因素，完成计划。

第三，实效性原则。坚持理论联系实际，从学生需求出发，从学生的问题出发，落实计划时，采用多种方法，使计划更具实效性。

(二)班主任日常工作管理计划的实施步骤

第一，认真制订科学合理的工作计划。根据班级及班级学生的特点，制订计划，使计划更趋科学合理。

第二，分析某一计划内容的特点，选择优势学生参与，落实工作计划。根据计划编制的内容，选择班级中具有此方面优势的学生，组织好此类活动，带动大家共同参与，共同受益。

第三，调整计划中不合理的因素，发挥其最大教育作用。执行计划时，需要对计划的不合理因素进行调整，以体现教育作用的最大化。

第四，利用各方面资源，进行资源整合，完成班主任工作计划。教育是集体的智慧，班主任一人很难完成。因此，在执行计划时，班主任要善于利用各方面资源，如科任教师、家长、社区等资源，完成工作计划。

第五，及时总结，发现问题。计划落实后，班主任要及时总结，发现在执行计划的过程中存在的问题，以避免其在下一周期中重复发生。

第四节　班主任工作总结

班主任工作总结是班主任对工作实践进行反思的书面或报告形式的总结。写好班主任工作总结，对于班主任积累育人经验、提高管理水平和教育成效具有重要意义。

一、班主任工作总结的内涵

总结是对过去一定时期的工作、学习或思想情况进行回顾、分析，并做出客观评价的书面材料。班主任工作总结是对前一阶段的工作情况进行回顾、检查和分析研究，从中找出经验和教训，获得规律性的认识，以便指导今后实践的一种文书。班主任工作总结的特点包括评论性、过程性、实践性、概括性。

班主任工作总结按时间分有以下三个类型，即年度总结、学期总结、活动总结。年度总结指针对一年的工作情况所做的总结。学期总结是指针对一学期的工作情况所做的总结。活动总结是指针对某一活动的情况所做的总结。

二、班主任工作总结的意义

班主任工作总结所要解决和回答的中心问题，是对某种工作实施结果的总鉴定和总结，是对以往工作实践的一种理性认识。

第一，班主任工作总结是做好班主任工作的重要环节。通过它，班主任可以全面、系统地了解以往的工作情况，可以正确认识以往工作中的优缺点，可以明确下一步工作的方向，少走弯路，少犯错误，提高工作效率。

第二，班主任工作总结是班主任认识班主任工作的重要手段，是由感性认识上升到理性认识的必经之路。通过总结，班主任可以将管理班级时所积累的片面的、零星的、表面的感性认识上升到全面的、系统的、本质的理性认识上来，找出班级工作和学生发展的规律，从而掌握并运用这些规律，提高班主任工作质量。

第三，班主任工作总结可提高班主任的写作水平。在写工作总结时，班主任须勤于思索，善于概括，这样可以提高自身的理论水平，实现实践经验的理论升华。此外，在进行总结时，班主任要对工作的失误有充分的认识，勇于承认错误，并用理论对错误进行归因，从而间接提高自身的写作水平。

三、班主任工作总结的结构

班主任工作总结一般由标题、正文和尾部三部分组成。

(一)标题

班主任工作总结的标题大体上有两类构成形式：一类是公文式标题，另一类是非公文式标题。公文式标题由单位名称、时间、事由、文种组成，如《××学校 2010—2011 学年度工作总结》等。非公文式标题则比较灵活，有的为双行标题，如《增强体质，全面贯彻执行教育方针——开展多种形式的体育活动》，有的为单行标题，如《推动课程改革，培养高素质人才》等。

(二)正文

班主任工作总结正文由前言、主体、结尾组成。

1. 前言

前言即正文的开头,一般简明扼要地概述基本情况,交代背景,点明主旨或说明成绩,为主体内容的展开做必要的铺垫。例如,"学生学不学,关键在班风;班干部强不强,关键在班长"。

2. 主体

这是总结的核心部分,其内容包括做法和体会,成绩和经验,存在的问题和教训等。这一部分要求在全面回顾工作情况的基础上,深刻、透彻地分析取得成绩的原因、条件、做法,以及存在问题的根源和教训,揭示工作中带有规律性的东西。回顾要全面,分析要透彻。不同类型的总结,内容侧重有所不同,全面性总结其主体包括两个层次,即成绩和经验,存在的问题和教训。一般的工作总结,重点在成绩和经验上。

3. 结尾

班主任工作总结的结尾可以概述全文,可以说明好经验带来的效果,也可以提出今后努力的方向或改进意见。

(三)尾部

尾部包括署名和时间两项内容。如果标题中已署名,这里可不再写。

四、撰写班主任工作总结应注意的问题

(一)要有实事求是的态度

班主任的工作总结常常出现两种倾向:一种是好大喜功,搞浮夸,只讲成绩,不谈问题;另一种是将总结写成了检讨书,把工作说得一无是处。这两种都不是实事求是的态度。班主任工作总结要如实地、一分为二地分析和评价自己的工作,对成绩不夸大,对问题不轻描淡写。

(二)要写得有理论价值

一方面,要抓主要矛盾,无论谈成绩或谈存在的问题,都不要一把抓。另一方面,对主要矛盾要进行深入细致的分析,谈成绩要写清怎么做的,为什么这样做,效果如何,经验是什么;谈存在的问题,要写清是什么问题,为什么会出现这种问题,其性质是什么,教训是什么。这样的总结,才能使班主任对前一段的工作有所反思,并由感性认识上升到理性认识。

(三)要从本班的角度来撰写

班主任工作总结要从本班角度来撰写,表达方式以叙述、议论为主,说明

为辅，可以夹叙夹议。

(四)语言要规范

班主任工作总结应尽量使用规范的语言，可以有专业术语，但一定要把每一个要点写清楚，写明白。

【本章小结】

本章第一节从班级日常管理工作的内涵入手，从学生思想品德的教育、学生学习的管理、学生纪律的管理、学生组织的管理、班级劳动的组织管理、学生课外活动的组织管理、学生增强体质和卫生保健的管理、学生安全的管理、学生档案的管理这几个方面，详尽介绍了班级日常管理工作"是什么"与"怎么做"。第二节从班级日常工作管理中的学生评价角度进行研究和探讨，具体论述了学生评价的内涵、功能、转变、基本方法以及几个建议，强调了要实施立体式评价，注意评价体系的完整性；实施发展性评价，注意评价导向的激励性；实施个性化评价，注意评价对象的层次性；实施互动式评价，注意评价主体的双向性。第三节强调班主任日常工作管理计划的制订与实施，第四节介绍班主任工作总结，对写作结构及应注意的问题予以指导。通过学习，学生能够对班主任日常工作管理的几个方面有初步了解，为尽快熟悉班主任日常工作管理打下基础。

【思考与练习】

1. 什么是班主任日常工作管理？结合实际谈一谈班主任日常工作管理的内容。

2. 怎样才能使学生评价最有效？

3. 试举例说明什么样的操行评语最有效。

4. 请谈一谈你对成长记录袋的理解与认识。

5. 自选学段制订某一学期的工作计划。

6. 班主任工作总结包括哪几部分？

7. 如何让班主任日常工作管理更好地发挥立德树人作用？

【综合案例分析】

保护一个鸡蛋

有一段时间，我班的学生普遍有点眼高手低，做作业、办事时，说得都头头是道，但做得并不怎么样。为此，我想了一个启发教育他们的方法。一天快放学的时候，我对同学们说："今天给你们布置一个特殊的作业，明天早晨，每个人都从家里带来一个生鸡蛋，这一天里你要保护好它，放学以后再把它带回家去。"大家听了觉得很纳闷儿，都用疑惑的眼神看着我。一个同学说："这还不容易吗？"大家附和着。"这确实是一件很容易的事，希望你们都做得很好。"我说。

第二天一大早，就有人在教室里展示自己的那个鸡蛋，大家正说着自己的鸡蛋如何如何，只见提着一个塑料袋走进教室的男生，塑料袋里的那个鸡蛋已经成了"蛋汤"。他懊恼地叫着："都快下车了，让一个叔叔给挤碎了。"听到的人多少有点幸灾乐祸。话音刚落，啪的一声，又有一个鸡蛋掉到地上。原来，一个女生怕别人碰坏了自己的鸡蛋，下课的时候把鸡蛋放在裤兜里，结果兜太浅，她在坐下的时候还是不小心弄掉了。上语文课的时候，大家都听到"啊呀"一声，不用问，又有一个鸡蛋破了。

到了下午放学的时候，有一多半人的鸡蛋破了。我询问了情况后说："能说一说这一天里你的体会吗？"有的说，"我的鸡蛋虽然没有碎，但是我的心情很紧张"；有的说，"那么小心，可鸡蛋还是碎了"；还有的说，"看着简单的事做起来却是很难的呀！保护一个鸡蛋多不容易啊！""是啊！"我告诉他："不管你是否保护好了手里的鸡蛋，你都有了很深的体会。请记住，一件看起来简单的事，做起来却很不容易。"

解析：

如何端正学生的学习态度、解决学风不良的弊病呢？这是很多班主任面临的棘手问题。案例中的教师没有正面地讲一套大道理，而是采用一种亲身体验的自我教育方式，让学生带一个鸡蛋到校上课，并将其当作一项作业，让学生有兴趣、有压力，从而收到了奇特的启迪功效。在一天的体验中，无论是成功的学生还是失败的学生，都深刻地体验到：学习就像保护一个鸡蛋一样，看起来是简单的事，做起来却不容易。

【本章参考文献】

1. 邓艳红. 小学班级管理[M]. 2版. 上海：华东师范大学出版社，2016.

2. 张文潮. 立德树人——上海市中小学班主任德育案例[M]. 上海：华东师范大学出版社，2019.

3. 李冲锋. 班主任工作的50个细节[M]. 福州：福建教育出版社，2011.

【阅读链接】

1. 赵玉明. 班主任评语的育人效应[J]. 中国教育技术装备，2010(10).

2. 黄立刚. 班主任如何有效开展大型班级活动——以学校运动会的开展为例[J]. 基础教育研究，2010(17).

3. 徐瑞堂. 从"群体管理"模式到"个体管理"模式[J]. 西南交通大学学报(社会科学版)，2004(1).

4. 刘伟武. 用心交流　用爱打造——例谈学生操行评语的撰写[J]. 中小学德育，2020(7).

5. 彭丙欣. 关注学生发展　改进评价机制[J]. 现代教育科学(小学教师)，2011(1).

6. 李发忠. 来自评语的感召力[J]. 学苑教育，2010(16).

7. 张如栩. 略论班级日常管理[J]. 基础教育参考，2010(1).

8. 李木江，吴海琼. 论影响学生评价的几个因素[J]. 黔东南民族师范高等专科学校学报，2004(4).

9. 崔凤香，刘玉杰. 浅谈班级管理中班主任评价学生的原则[J]. 网络科技时代，2008(24).

10. 莫熙朝. 班级量化管理的背后[J]. 广东教育(综合版)，2007(5).

11. 高琪，张锐. 班级量化管理必须明确的几个问题[J]. 班主任之友，2004(4).

12. 杜永芳. 班级量化管理的好处[J]. 青海教育，2007(5).

第五章

个别教育

【本章学习提示】

在日常工作中，班主任始终都是同具有独特性的学生个体相处，需要不断应对学生个体差异性带来的多样化问题。因此，运用心理学理论分析学生的思想、品德、学习等方面的现实表现及其根源，有针对性地实施个别教育，能有效地促进不同类型学生的身心健康成长，同时又对班集体的形成和发展有着深远意义。本章主要围绕个别教育的内涵及作用、不同群体学生的心理特点与教育策略等问题展开。

【本章学习目标】

1. 理解个别教育的内涵及作用。

2. 了解优秀生、中等生、潜能生的界定、成因、表现或特点。

3. 掌握优秀生、中等生、潜能生的基本教育策略并灵活使用。

4. 用辩证唯物主义的思维方式看待学生身上存在的各种问题，善于发现并利用学生身上的优点去克服其缺点。

5. 树立全面发展人才观，能创造性地开展育人工作。

第一节　个别教育概述

苏联教育家苏霍姆林斯基说过："在教育集体的同时，必须看到集体中的每一个儿童及其独特的精神世界，关怀备致地教育每一个儿童……"①由此可见，个别教育同集体教育是相辅相成的。班级中的每一个成员都是独具个性的人，他们在学业表现、身体素质、兴趣爱好、脾气秉性等方面有所不同。这就要求班主任从每个人的实际状况出发，尽可能地发挥每个人的长处，使后进赶先进、先进更先进，不断扩大先进面，让每个人都获得不同程度的进步。

----

① ［苏联］苏霍姆林斯基：《教育的艺术》，肖勇译，204 页，长沙，湖南教育出版社，1983。

一、个别教育的内涵

个别教育是相对于集体教育而言的，是教育者针对教育对象自身的能力水平和特点等，为其设计并实施的一种最适合、最可行的教育活动，从而使其在现有基础上获得最优发展。个别教育是因材施教理念的具体体现与落实，是触及个人内心世界、解决特殊问题、充分挖掘潜在优势的一种行之有效的教育方式。

有人认为个别教育就是针对潜能生进行的转化工作，这种观点是不全面的。个别教育的对象可以是班级里的任何一个学生，潜能生的转化的确是个别教育的主要内容，但促进中等生转优、优秀生的全面发展也属于个别教育范畴。

二、个别教育的作用

(一)集体教育的必要补充

目前，我国的学校教育教学活动仍然以班级这种集体教育的组织形式为主。集体教育的长处显著，然而弊端也非常突出，最大的不足是整齐划一的集体环境容易挤占学生个性表现和发展的空间与机会。在现代社会日趋智能化、人类享有的物质空间和精神空间越来越大的条件下，人的主体作用、个性优势逐渐被认可、重视，因此集体教育教学活动早已不能完全满足个体发展的需要。特别是个别中学存在一些超大班级，一个班有五六十人，在这样的班级环境中，属于学生个体的空间(无论是身体的还是心理的)非常小，这种情况下的因材施教难以实施。虽然在一些大中城市，有条件的部分中小学已经实现小班化教学，一个班 30 人左右，每个学生的活动空间加大，享有教师的关怀、指导增多，但是在班级授课制条件下，完全照顾每一个学生的差异与需求也是非常困难的。因此，在集体教育的同时，加强对学生的个别指导教育也是对班级授课制不足的弥补。

(二)提供有针对性的教育

在班级管理中，班主任面对的是一个个鲜活的、具有独立人格的个体。有的自觉、自律，无须提醒；有的懒散、拖沓，需要告诫；有的遇事鲁莽，不计后果；有的内向、沉稳，自有主张；喜欢思考者有之，擅长手工、热衷于文体活动者也不在少数……可谓各具特色、千人千面。班主任如果能够根据每一个学生的特点、需要及独特问题，遵循教育规律及教育目标的要求，进行直接的、一对一的、有针对性的教育和辅导，最大限度地提供其所需"养料"，在其发展的关键时刻给予最需要的支持，就会取得事半功倍的教育效果。

(三)尊重个性发展

现代教育趋向个性化是一种共识。我国也在积极推行教育改革，以求最大限度地促进学生个性健康发展。2019年，中共中央、国务院印发的《中国教育现代化 2035》特别提出："坚持有教无类，保障每个人平等受教育权利，努力提供公平、优质、包容的教育，使教育选择更多样、成长道路更宽广，让教育改革发展成果更多、更公平地惠及全体人民，让人人都有人生出彩的机会。"个别教育在形式上多使用个别接触的方式，个别接触是个性化教育实现的主要途径。这种"个别接触"让学生个体因享受到教师"独一无二"的关心而产生信任、放松、幸福感。同时，个别指导用单独做工作的形式展开，会形成对学生心理保护的空间，使得他们的一些不愿意让别人知道的秘密不被张扬，他们的自尊心不会因此受到伤害。这样对解决学生的问题有好处，也使学生愿意向教师说真心话。

个别教育与集体教育相比，有诸多优点，若使用不当也会呈现如下弊端：教师过于投入个别教育，势必会占用大量时间、消耗过多精力，进而对身心健康产生不良影响；如果教师在实施个别教育时未能充分考虑学生的实际情况与感受，很容易使学生产生逆反心理，甚至使学生失去对教师的信任，教师自己也可能因此产生委屈、怀疑、懈怠的工作情绪。所以，如何保证个别教育的有效性，需要深入研究与思考。

第二节　优秀生的教育

在实际工作中，一些班主任往往将注意力集中在潜能生身上，而忽略了对优秀生的教育，总以为优秀生求知欲强、学习自觉、学业表现好、遵守纪律，很"省心"。而事实证明，对优秀生的教育不仅不能忽视，而且从某种意义上讲，还应给予特别的重视。原因有二：一方面，事物总是处于发展变化中，优秀生也不例外，如果放松对他们的教育，就有可能使其朝相反的方向发展；另一方面，优秀生也存在个体差异，他们身上的一些不足，如认知偏差、个性缺陷、交往能力弱等很容易因突出的学业光环而被掩盖、无视。而这些问题如果不及时解决，必然会影响其心理健康与全面发展。近年来，因不堪各种"打击"而采取过激言行的学生中，优秀生不乏其人就是典型例证。

一、优秀生的界定

优秀生在一般人眼里，是指学业表现突出的学生。但这样的理解还不够全面，真正的优秀生是指在德智体美劳等方面发展明显优于同龄人的学生。这类学生在班集体中是榜样、典型，是班主任工作的得力助手，在同学中有威信、有影响力、有"存在感"。正因为如此，班主任往往容易忽视对他们的教育。

二、优秀生易出现的心理偏差

优秀生的优点、长处是主要的，但是受不当的教育观念、教育方式以及优秀生尚处于发展中等诸多因素的影响，其自身必然存在弱点和不足，甚至产生心理与行为偏差。

（一）好胜又怕输

适度的好胜心理，不仅可以促进个体不断进取，而且是个体积极性行为的源泉和动力。但如果好胜心太强、超过一定的度，就容易出现过重的精神负担，给个体的身心发展带来不利的影响。许多优秀生在能力、学业表现和日常行为表现等方面的确处于优势地位，但想要保持优势就需要付出更多努力。有些优秀生好胜心比其他学生强，突出表现是凡事总想和同学比高低，担心别人超过自己，在行动上因为过于注重细节而显得刻板、教条，稍微做得不够完美，就会产生心理落差，焦虑、烦躁情绪时而产生，也会出现不成熟的应对方式。比如，如果没有把握一定能获得理想的考试成绩、比赛结果，他们还可能采取逃避、拖延的方式。长此以往，他们很容易出现心理、行为问题。

（二）由虚荣引发嫉妒

追求尊重、自尊的满足是人类的普遍心理现象，但虚荣心是一种被扭曲的自尊心，它是为了显示自己的优越性、赢得他人尊重的不恰当或过度的心理状态。有些优秀生由于"家里受宠、学校被捧"，有一种鹤立鸡群的感受。加之优秀生受认知水平的限制与生活经验的不足，容易盲目自信，过分爱面子，特别是当外界评价超过自己的实际时，就容易产生虚荣心，听得进表扬，受不了批评。同时，优秀生往往有着较高的目标定位和角色定位，这使得他们总是千方百计地维持"我最优秀"的局面，很难容忍其他竞争对手赶超自己。因此，在优秀生群体中，由虚荣心引发的嫉妒情绪往往较为常见，在其驱使下优秀生也极易产生厌恶、憎恨他人等不友好的言行。他们为了抑制他人、突出自己，可能采用不正当竞争手段，如有的优秀生，白天在同学面前表现得纪律散漫（睡觉、乱讲话、干扰他人学习等行为），晚上回家却拼命学习；对竞争对手的长处、优势和荣誉难以接受，如发现某个同学超过自己、受到教师的表扬，就冷嘲热讽，甚至对竞争对手采取过激行为等。

(三)以自我为中心

在现实中，优秀生一直是家长的骄傲、教师的宠儿和同学们学习的榜样，这些因素极易诱发优秀生的优越感，使他们形成一切以自我为中心、傲慢自负的心理。他们总是认为自己比别人强，只看到自己的优点和别人的缺点，对教师评头品足，对学业表现不佳的同学更是不屑一顾。在参加集体活动时，他们喜欢发号施令，很少顾及他人的兴趣和感受，也听不进别人的意见和看法；别人的行为稍不合自己心意，就要横加干涉，自己想怎么做就怎么做，即使错了也不听劝告。有的优秀生恃才傲物，不可一世，在跟别人沟通时，容不得别人插嘴，话题也总要以自己的为主。有的优秀生自认为家里的钱就应该花在自己身上，追求超过家庭实际承受能力的物质生活，不尊敬、不体谅父母。有的优秀生为了保住自己的"优秀地位"，把一切精力都放在学习上，很少主动与同学沟通交往，也不愿意参加集体活动。上述种种心理与行为会使他们和其他同学产生隔阂，久而久之他们就会产生强烈的孤独感。特别是有些优秀生在进入新的环境后，原来的优势一旦消失，又不能及时调整并适应，就更容易产生孤独感和社交退缩的心理，行为更加怪僻和偏执，严重的甚至造成心理异常。

(四)挫折耐受力较差

挫折耐受力是个体在实现预定目标受阻时，能积极、创造性地调整认知、情绪以及行为等，最终克服阻力以实现预定目标的能力，也称为逆商。它是一个人适应环境、经受生活考验的不可缺少的人格品质。在学校和家庭中，优秀生往往被当作重点保护的对象加以呵护，教师和家长对他们的事情往往包办代替，不仅剥夺了他们经受磨炼的良好机会，而且让他们出现"现实感"弱的普遍状况。一旦遭遇现实的挫折和失败，没有达到自己期待的目标定位，特别是曾经使他们引以为豪的学业表现下滑、优越地位丧失时，他们便会马上怀疑自己是否"优秀"，由自我欣赏、自我陶醉转化为自我否定、自我怨恨，甚至产生极端的自卑心理。

三、优秀生的教育策略

优秀生心理偏差的产生，既是其自身成长过程中个性积淀的结果，也是家庭、学校和社会对孩子只重视学业表现，忽略其身心健康的产物。优秀生在教育教学环节中往往是一个集体重要的"支点"，这样的支点的缺失，会对整体造成恶劣的影响。因此，班主任应该时刻把优秀生的教育作为一项重点工作来做并常抓不懈。

(一)正确认识，表扬与批评相结合

有的班主任往往只看到优秀生的优点，而忽视他们的缺点，进而放松对他们的要求。即使有时发现了他们的不足和问题，也选择性无视，有意、无意地加以袒护、辩解。这个世界上，没有缺点的人是不存在的，优秀生也如此。更何况，学业表现好不代表哪哪都好，同其他学生一样，在成长的过程中，优秀生也会出现这样或那样的心理、行为问题，也需要班主任的引导、教育。任何漠视、忽视优秀生身心全面发展的言行都是违背教育规律且不负责任的。所以，一方面，班主任要充分认识优秀生的"两面性"，既有优点也存在不足。在认知方面，他们求知欲旺盛、注意力集中、记忆力强、思维敏捷、有独创性；在意志品质上，他们勤奋、有进取心、敢于挑战难题；同时，他们在个人性格、能力方面也非常突出，如活泼开朗，组织能力强等。但如前所述，他们身上也有这样或那样的问题，如以自我为中心、脆弱、虚荣心、不愿意分享等，不及时解决这些问题，迟早会产生不良影响。因此，对优秀生的优点和贡献，班主任要给予及时表扬和肯定，但表扬的次数不宜过多，方式上要掌握好分寸，尤其要把赞扬的重点放在努力程度、人格品质而不是能力上。例如，"你能跟大家分享学习经验，真好""人品好才是最可贵的，未来可期"等。另一方面，班主任应尽量把每一个优秀生都看作普通学生，表现出一碗水端平的姿态。这么做，不仅对优秀生，而且对所有学生都是最好的。优秀生不应该享有特权，他们有了缺点、错误，班主任也决不姑息、迁就。严格要求，能让优秀生在更高起点上进步，不仅成绩优秀，而且人品优秀，这才是对优秀生负责任的表现。

(二)区别对待，有针对性地引导

从优秀生自身的表现来看，优秀生主要有两种类型。一是全优型优秀生，即学业表现、个性特点、情绪控制能力、人际交往技巧等样样都好。他们的思想基础比较牢固，能正确地对待自己所追求的理想和既定目标，能正确处理在学习、成长过程中遇到的困难和问题，自我修养比较好，一般不易出现差错。对待这部分优秀生，班主任平时不用过多关注，只需在他们出现纰漏或产生疑惑时，给予适当提醒、点拨即可。二是两极分化型的优秀生，他们更多表现为学业优秀而其他方面却存在明显不足，如学习状态不稳定、不善于合作、以自我为中心等。他们学业优秀主要源于自身突出的能力水平而不是正确的学习态度、强烈的学习动机。一旦遇到阻力，如学习难度加大、目的和愿望没有达到或者赖以进步的动力不存在了，他们的情绪就会出现波动，行动也随之出现懈怠。近年来，学生群体出现的"空心人"大多属于这种类型。对于这部分优秀

生，在教育目标上，班主任要把引导并帮助其端正学习态度、培养长远的学习动机作为重点；在方法上，应以鼓励为主，批评要有依据并允许其反驳，以理服人更有助于培养其理性思维；在要求上，不宜过多，可以师生共同商定规则并督促执行。对于有明显个性不足的优秀生，如有不善于交流、以自我为中心等问题，班主任要在保护其自尊的基础上，进行一对一的指导或专门的训练。

（三）不断激励，提高受挫能力

优秀生的学业表现优秀、能力突出是不争的事实，但是过去、现在优秀，未来不一定优秀。班主任要经常因势利导地提醒优秀生在学业面前保持清醒的头脑并使其认识到：学习的终极目标是实现自身价值的同时回报社会；还要学会"以人之长补己之短"，只有不断学习别人的长处、努力弥补自己的不足，才能不断进步，使自己更优秀；把自己放在一个更广阔的历史空间和时代背景中认识自己，不要陶醉于眼前的、暂时的成绩和成功，要及时调整情绪与目标，谦虚谨慎，脚踏实地，继续前进。另外，许多优秀生因为缺少生活的磨炼和失败的考验，一旦遭遇学习中的挫折或者打击，就会灰心丧气，甚至一蹶不振。因此，班主任要有创造性、针对性地为他们设计或模拟挫折情境，让他们反复体验面临挫折时自己的各种感受，在体验中思考、成长。

（四）期望适当，增强自我教育能力

班主任对学生的期望与信任，可使学生产生一种莫大的自信去克服困难。但一些优秀生往往因被大家寄予过高的期望而背上沉重的"心理包袱"，不敢放松自己。已有心理学研究及教育实践证明，班主任适度降低对优秀生的要求与期望，是消除他们心理紧张度的根本所在。在平时教育中，班主任就应该对那些无损于其人格和健康成长的缺点与不足，尽可能宽容地将其最小化并淡然处之，在严格要求中适当降低期望，并给予关爱和鼓励，引导这些优秀生从偏爱和过重的压力下走出来。优秀生的不良心理或行为，多与他们不恰当的认知有关。因此，班主任要时刻关注优秀生的学习和生活，及时了解他们内心的变化，进而发现他们心理上、行为上的问题，不断引导他们：形成正确的自我认知，正确地看待外界的期待和评价，确立适当的抱负水平；正确解读"优秀生"的标准，"优秀生"应德智体美劳等全面发展，既要关心学业表现，又应重视身体、品德和心理的健康；正确认识成功与失败，懂得"胜败乃兵家常事"，成长比成功更重要，人最大的对手是自己等；自我觉察常态化，要经常、及时觉察身心状态，出现身体疲惫、消极情绪、畏难心理时要合理宣泄、寻求专业帮助等。总之，自我教育、自我成长能力的提升是优秀生教育的关键与目标，使优秀生由一个受教育的客体转化为善于进行自我教育的主体，由他律逐步走向自

律，最终达到人格的完善。

━━━凌飞：从颓唐走向优秀①━━━

很早就想给你写信，因为我考虑到找你谈话次数太多，可能你都烦了。

第一次接触你的名字，是上学期你的一个亲戚(一位老人，不知是不是你爷爷)到学校来，说想把你放在我班上，还说"拜托你了"。这学期开学见了你，应该说第一印象也不错。但是，坦率地说，大半个学期过去了，你的表现总体上说，让我有些失望。当然，这不能怪你，因为学生嘛，当然是有缺点的，尤其是成长中的少年，正因为有这样或那样的缺点，才需要教育，需要引导。

我经常对同学们说："你们以后考上理想的大学，与我关系不大。因为你们的家庭教育，你们的学习基础，你们的勤奋以及你们的天资，使你们即使不遇上我，也可能考上理想的大学，李老师的作用，是和你们一起学做人！"的确如此，我把你们的人格成长看得比学习重要。你可能最近有些郁闷，觉得自己很倒霉，什么事都不顺心，接二连三被批评。其实，我也不想批评你，哪怕看到你有一点进步我都无比高兴，最近你犯了不少错误，但最让我生气的错误，是你明明吸过一次烟挨了批评，你也保证了要改正，可你偏偏不守信用！你这是自己欺骗自己呀！这次教训确实深刻！如果你因此而吸取教训，那么这次处分你就没有白挨。就在你屡犯错误的这几天，我也没有把你看成很坏的学生，我至今感动于你在随笔中写的你要求进步的话，我觉得那是你的真心话，只是要把心里想的变成行动，确实需要毅力，对于你来说，有时很难，这也许就是成长的烦恼吧！

但你决心追求纯真的东西，这绝对没有错，我们很容易迷失自己，在喧嚣浮华的物质生活中失去对精神的追求。读书为什么？现在很少有人想这个问题，有人说是为了考大学，考大学是为了找工作。真的这么简单吗？其实你想想，如果你不读书，就没有工作吗？我看不一定吧。如果靠父母，靠父母积攒的钱，未必就不能过上比较好的生活，但人显然不能仅仅满足于吃好的穿好的，仅仅满足于感官的欲求，作为真正的人，还有着纯粹精神的东西。正是这个原因，你们才决定考大学，因为考上了大学就可以读更多的书，而读书可以使自己的精神更加充实，视野更加开阔，让自己在更高层次上、更深刻意义上成为"人"！一个人的成长，不是靠别

① 李镇西：《做最好的班主任》，201～202页，桂林，漓江出版社，2014。收入本书时有改动。

人，而是靠自己，老师也好、家长也好，只能给你建议、给你忠告，如果你不能把握自己，不能战胜自己，再高明的老师也没有用！我要做的，不是代替你进步，而是在你需要提醒的时候提醒你，在你需要鼓励的时候鼓励你，在你困惑的时候给你一点建议，在你取得进步的时候分享你的喜悦。

现在你处于彷徨阶段，我估计你正处在进步的痛苦之中。后退一步就堕落，那是很容易的，也是很"愉快"的，但你十几年的成长就前功尽弃了；咬着牙战胜自己，每走一步都很吃力，但很坚实，而且是在进步，你会获得真正的成长的幸福！再过十几年或者更长的时间，当你长大了，在事业上取得了成功，回头看今天，你会为今天的烦恼而感到可笑，同时也为自己终于能够在人生最关键的时候战胜了自己而骄傲的！

我曾对你寄予希望，把你看作优秀学生，今天我依然把你看作优秀学生，同样对你寄予希望。你还会犯错误的，但我们都不要灰心，犯了错误就改正，在一次次改正中走向成熟。我会时时刻刻注视着你！

祝你快乐！

你的老师朋友：李镇西
2004 年 12 月 10 日

第三节　中等生的教育

"抓两头，带中间"是班主任教育管理学生的基本方法之一，且在过去相当长时间内都被认为是正确、可行的科学方法。然而一个班级学生的实际水平是呈正态分布的，即中间大，两头小。所以，忽视中等生这个多数人群体的教育是有违学校的培养目标与学生的实际情况的。中等生作为班级里的大多数，他们的各方面发展水平代表着班级教育教学工作的整体质量，让更多中等生变成优秀生是班主任需要思考与解决的问题。

一、中等生的界定

中等生这一群体在班主任的工作中经常出现，但如何界定中等生并不容易。"中等"通常表示的是一个层次，是介于"上等"与"下等"的中间等级，因此，"中等生"也是一个相对概念，是指处在优秀生与潜能生之间的学生群体。换言之，中等生是指在班级中思想品德、学业及其他方面等处于中等水平的学生。中等生之间也有差别，一般有三种情况。其一，智力因素较好、非智力因素较差的中等生。这类学生一般比较聪明，能较快地掌握知识，但缺乏毅力，学习不刻苦，也有一些小的不足，如未养成好的行为习惯等。他们的表现往往不稳定，时好时坏，但极有转优的可能性。其二，智力因素一般、非智力因素较好的学生。这类学生一般对问题的反应较慢，但踏实、刻苦，同伴关系好，愿意为班级做好事。他们虽很少出彩，但也不让老师操心。其三，智力因素和非智力因素都一般的学生。这类学生一般理解能力较差，学习又不够努力和深入，身上也有一些需要改正的缺点，如果不及时引导，也极易下滑为潜能生。

中等生身上的积极因素和消极因素并存且经常发生变化，他们有时表现较好，有时表现较差，极易向两端不断分化。因此，认真研究中等生的心理状态及其发展规律，促进他们转优、防止他们下滑非常重要。

二、中等生的主要特点

(一)守规矩但也缺乏独立见解

大多数中等生是"乖孩子"，他们听话，笃信老师制定的各种规范，并按老师的要求去行动；他们很自觉、很懂事，甚至循规蹈矩；他们不调皮、不捣蛋、不惹麻烦，因此成为班风稳定的主体因素，是家长与老师心目中让人放心的孩子。他们往往很少提出意见，也很少与人争论，无论与老师还是与同学。有少数中等生不仅对问题缺乏个人见解，而且对班上出现的不良风气、违纪现象也缺乏批评和抗争的意识，盲目随大溜，反而成了"问题学生"。

(二)渴求进步却有畏难心理

一部分中等生原本有较强的上进心，各方面也不甘落后。他们羡慕优秀生的成绩，希望得到老师、同学的信赖，有表现自己才能与智慧的需求。然而，由于种种问题，他们大都在学习上无法有较大进步或因努力取得的进步不尽如人意，未被家长、老师及时肯定，久而久之就产生了一种消极、不求进步的心理。事实上，中等生虽然渴望进步，但是身上缺乏必胜的信念、克服困难的毅力。例如，在某种情况下，他们的学习劲头比优秀生还强烈，但不能持久；想努力学习，但又懒于刻苦钻研；想在竞争中取胜，但又惧怕困难。

(三)虽安于现状，但可塑性强

安于现状是中等生的显著特征之一，他们脑海里存在"比上不足，比下有余"的思想，觉得"争上游太辛苦，落下游挨批评，中游最舒服"。为求得更多的同伴，获得安全感，便尽量使自己的言行和大多数同学保持一致；或受社会环境、家庭的影响，对社会人际关系产生不正确的看法，认为各方面不能"冒尖"，但落后了心也不甘，因而置身中间最为保险。但是他们又会随着所接触的人和事物的改变而随时发生改变，极具可塑性。中等生与优秀生接触多了，受到感染，会提升学习劲头，更加勤奋；中等生与潜能生接触多了，受其影响，会经常自我安慰："某某还不如我呢！""我比他好多了！"

(四)自我封闭又期待关注

中等生往往因为比较乖，不惹麻烦，没有什么特别之处而容易受到老师的忽视。越不被关注，他们就越不轻易敞开心扉，与老师、同学和家长的接近与沟通等往往处于被动状态，常常封闭在自我的小天地里。这种闭锁心理严重影响了他们与老师、同学和家长的正常交往，从而使其与老师、同学和家长产生心理距离，陷入不被关注、缺乏帮助的境地。每个人都希望被关注、被肯定，中等生也不例外，他们的这种需求甚至比优秀生更强烈。他们并不一定安于是中等生的现状，也想改变自己在班级的地位，改变自己在老师、同学和家长面前可有可无的形象，可因为自身能力有限，又确实不知道该怎么做。

三、中等生的教育策略

中等生的人数一般可占到班级总人数的二分之一到三分之二，是班级学生的主体。"抓中间"有利于班级共同进步的良性竞争氛围的形成，从而促进"两头"的进步，达到双赢的局面，最后实现全体学生的共同发展。反之，如果削弱和忽略对中等生的教育，不仅有可能导致其因进取心的减弱而逐渐沦为新的潜能生，增加教育管理工作的难度；而且"中间"的停滞不前或落后，会大大缓解和减小对优秀生的压力和冲击而使其自傲于现状，使得班级整体的进取氛围不足。其结果是，优秀生不优、中等生下滑、潜能生队伍不断壮大。

(一)树立正确的学生评价观，多维评价中等生

教育教学工作应把评价的出发点放在看到学生进步、促进其发展上。这就要求班主任不应把单一的学业表现作为全部指标，而应从多维视角评价学生，尤其是中等生、潜能生。只以学业表现为核心的评价体系，会使大部分学生形成"反正我怎么努力都是那个样"的消极心态而失去进步的动力并放弃努力。因此，班主任要想让更多学生体验到成功，就应建立一种多维评价标准，并且把隐性标准与显性标准相结合。有一句话说得好，"要看到学习成绩无法体现的进步与努力"。比如，一个中等生，学业表现一直很稳定，能说他没努力吗？显然不能，因为他如果没有努力，学业表现就会下滑。如果只按照显性标准来

看待这个学生，他可能无法得到肯定，诸如"最佳进步奖"也不会给他。但如果从隐性的角度说，他努力了，只是在学业方面没有体现出来而已。这时候，老师、家长要是予以肯定，他心里会发生怎样的变化？"原来，老师、家长心里有我，也懂我！知道我真的尽力了！太感动了！我以后要更加努力"……再如，一个中等生，学业表现一般，有时候也会犯些小错误，被老师指出也能虚心接受，但是还会再犯。他是故意的吗？不是。他需要肯定吗？需要。怎么肯定啊？"虚心接受"就是亮点与突破点，这是好的人格品质，难得，更应该被看见。班主任可以这样跟学生交流："你能虚心接受批评，说明你认识到了自己存在的不足，也愿意倾听老师的指导，我特别感动。但是你为什么又犯了同样的错误呢？我猜想你是不是不知道自己犯错误的真正原因，或者说，这件事情也没太往心里去。老师想先听听你的想法……无论怎么样，我都对你有信心。需要老师的时候，主动联系。记住，我一直都在的。"

（二）心里装着中等生，于细微处体现

在班级管理过程中，由于班主任通常把更多的心思花在潜能生上，因此表现良好的中等生反而被无意中冷落了，他们往往处于不为别人特别关注的境地，好事坏事似乎都不沾边。事实上，他们内心也都隐藏着"小宇宙"，等待被发现。如果班主任能够经常关注中等生，适时加以引导，便能够促进他们更快、更好地成长。不一定要大张旗鼓地表扬，一个赞赏的眼神、一句鼓励的话、一个真诚的微笑、一个肯定的手势能自然、及时被纳入课上或课间等彼此的互动中会更有效果。例如，在上课前，和那些不善发言的学生随便地聊一聊、表达一下关心，上课时他们就有可能抬头直视老师，认真听讲；在课堂提问时，给予暗示的眼神，他们就有可能积极思考、大胆举手发言；课后，多走到他们的身边，听听他们都聊什么，对他们的聊天内容表示有兴趣……班主任心里只要装着中等生，言行举止就会表现出来，学生就会感受到。"我们总是爱爱我们的人，我们也愿意为爱我们的人做点事情。"中等生也许不能像优秀生那样为班级增添更多光彩，但是默默无闻，不让老师花费更多的心思，又何尝不是对班主任的爱与支持？

（三）发挥积极因素，创造机会促其转优

由于中等生在班级中各方面处于中等水平，在传统的班级管理制度下，中等生往往是跟随者，很难真正感到自己是班级的主角。班主任如果关注不够或者稍微放松管理，他们便有可能落入潜能生的队伍。人都有一种使自己的潜能得以实现的需求，这种需求的满足，有助于坚定信念，提高创造力水平。尤其在竞争机制引入教学活动领域的今天，每个学生都在寻找自己的位置，同学之间也会产生竞争。所以，一方面，班主任要善于从不同角度发现和调动中等生的积极因素，使那些在学习领域里暂时还没有能力取得好成绩的中等生，通过各种形式的活动，尽可能在其他方面找到发挥自己潜能的舞台。另一方面，班主任可以大胆起用中等生，为其创造锻炼能力的契机，助其获得各种成功体验，使其逐步建立和增强自信心、创造力和成就感，促其不断进步，向优秀生转化。班级重大事情和重大活动，均由班级全体成员共同讨论决定，每个学生都有参与管理集体的机会，在会上都有发言权和决定权，班主任应增强每个学生的主体意识。在课堂教学中，班主任也应该给中等生更多解答问题的机会。班主任还要组织和开展丰富多彩的课余活动，活动的内容、形式、难度等应适用于全体学生（至少每一个学生在其中都能发挥自己的作用），要促使许多平时默默无闻的中等生也能全身心地参与进去，在活动中展示活力、发挥特长、化解烦恼，促进身心和谐发展。

(四)培养其良好学习习惯，增强其学习自信心

自我教育能力是多种能力的综合体现，主要包括自我评价、自我调节、自我控制等能力。苏霍姆林斯基说过，一个少年，只有当他的精神力量用来使自己变得更好、更完善的时候，他才能成为一个真正的人。教师要用高尚的情操和真诚的爱来感染学生，启发他们的自我教育的能动性，达到使学生自我管理、自我约束和自我控制的目的。学习是一种有目的、有计划、有系统地掌握知识、技能和行为规范的活动。研究表明，影响学习效果的自身因素主要包括学习态度、学习习惯、学习方法、学习自信心等。而大部分中等生学业表现不理想，主要与他们未养成良好学习习惯、学习自信心不足有直接关系。换言之，他们也想好好学习，曾经也非常努力，但是一时半会看不到进步与超越的可能性，就觉得自己不行而不再坚持。因而，班主任要采取各种措施培养中等生良好的学习习惯，增强其学习自信心。在班级日常工作管理中，班主任应随时要求他们从现在做起，从一点一滴的小事做起，由易到难、日积月累，使他们逐步养成良好的学习习惯，增强其学习自信心。比如，老师可以跟中等生达成"秘密协议"：某一篇课文会背诵了，就悄悄地告诉老师。第二天上课时，老师当着全班同学的面提问，让他背诵，使他真切、及时地体验到努力的成果，这样他的学习劲头就足了，长此以往，好的学习习惯也随之养成。正所谓："我觉得我能行，我就努力；我努力并有了回报，那就有信心继续努力"。

(五)倡导合作学习，调动学习积极性

合作学习是当前新课程改革所倡导的重要学习方式。它是指在教学活动中，按学生的不同特点将其分成数目不等的学习小组，让学生在合作中学习，

在学习中合作。合作学习方式可以使学生"尊重与自尊"的心理需要得到满足；可以使学生在合作中树立信心，得到收获；可以使学生学会相互配合，相互鼓励，从而最大限度地调动学习的积极性，并取得学习上的进步。班主任可以利用合作学习的理论，组织学生在课堂外进行合作学习，并努力为学生提供合作学习的外部条件，具体做法如下。第一，充分发挥空间接近优势，精心编排座位。编排座位的总体原则是异质分组，即每一组成员中优秀生、中等生、潜能生"混搭"，通常按1或2(优秀生)：2或3(中等生)：1(潜能生)的比例编排。这样，欲求进步的中等生在学习上一方面可以就近获得优秀生的帮助；另一方面在从众心理的影响下，原本安于现状的中等生很容易受到优秀生的感染向其靠拢，使得整个群体形成一种积极向上的良性循环态势。第二，发挥中等生的主动性，形成中等生带潜能生的机制。由于同组中有潜能生，这使得中等生在帮助潜能生的时候，既获得被需要感、存在感，又可以带动潜能生一起进步。第三，注重中等生的非智力因素。中等生之所以成为中等生，原因之一就是与优秀生相比，他们的非智力因素存在一定问题。他们往往学习兴趣短暂，恒心不够，毅力不强，时而努力、时而懈怠。如果他们的学习兴趣持久、意志品质坚强，各方面发展一定会突飞猛进。因此，班主任应高度重视中等生的非智力因素，或个别辅导，或动员家长一起督促，这都会取得很好的效果。

(六)协调各方面力量，促进中等生全面发展

班主任作为班集体的教育者、组织者和指挥者，必须充分发挥各种教育影响因素的合力作用，中等生的教育也不例外。

首先，要争取科任教师的配合。班主任在工作中应注意经常与各科任教师沟通情况，主动向各科任教师了解那些需引起注意的中等生的思想情况、学习情况；同时把了解到的这些学生的有关情况向各科任教师做介绍，共同探讨在教育教学中应注意的问题，具体落实帮教措施，使帮教工作能协调有序地进行。另外，中等生一般都有偏科思想，而有的科任教师又常常只根据学生的某科的表现来判断其优劣。教师的观点片面，常会使一些偏科学生失去信心，这将是非常可惜的，将可能使中等生失去转优的机会。因此，班主任应及时地去帮助科任教师全面了解学生，并及时动员科任教师帮学生补"差科"。

其次，必须争取学生家长的支持。班主任与家长要经常交流，以便更全面地了解学生。班主任要提醒家长运用正确的教育方法，对孩子有信心，多与其进行平等交流，建立民主、和谐的家庭环境，不给子女过多的压力。中等生是一个

"沉默中等生"
的突围之路：
一项个案研究

广泛群体，教师在拔优辅差的同时，如果能多关注中等生、厚爱中等生，中等生的转优是很有希望的，这将对全面实施真正意义上的素质教育、提高素质教育的质量有着积极的作用。

=====关怀理论指导下的师生行动[1]=====

中等生如何跳出舒适区，激发潜能、寻找自我，这需要教育者尤其是教师的努力。个体事实上都有关系性的需求，即能够被看到、被尊重、被承认、被关心，师生之间，尤其是教师应该对中等生群体给予足够的关心和认可。教育关怀理论非常重视学生的内在需要以及教师对学生内在需要的正确回应，强调关怀在教育中的价值与作用。内尔·诺丁斯认为关心是一切成功教育的基石，她将关怀界定为一种关系行为，并且定义了这种关系行为中的两大主体——关心者与被关心者，在关心型关系中，关心者做出的关心行为得到被关心者的认可并且得到了积极的回应，关心型关系才算真正形成。同时，关心型关系中的被关心者也不是被动的接受者，而是具有主动性的、变化发展着的个体，他们要积极地给予关心者回应。在诺丁斯看来，关心最重要的意义在于它的关系性，关心意味着一种关系，不管是付出关心的一方还是接受关心的一方，都要让对方感受到需要双方的接受、确认和反馈。因此，基于诺丁斯的关怀理论，中等生的出路要从关心型关系的主体——教师和中等生的自我改变出发，建立关心型关系，维持关心型关系的连续性，从而使中等生在连续、和谐的关心型关系中得到支持和鼓励。

第四节　潜能生的转化

陶行知先生说："你的教鞭下有瓦特，你的冷眼下有牛顿，你的讥笑下有爱迪生。"[2]这段话提醒广大教育工作者务必要善待每一个学生，尤其是潜能生。班级没有潜能生只是一种美好的期望，但不是真实的教育，教育成功的前提是承认并尊重差异。尊重潜能生的鲜明个性，开发其独特潜能，重塑其优良

---

① 李海华：《"我"是中等生——对初中"中等生"生存的质性研究》，硕士学位论文，南京师范大学，2021. 收入本书时有改动。

② 《陶行知文集》，329 页，太原，山西教育出版社，2021.

习惯，从而让潜能生彻底摆脱落后，做到人人成才，这是所有教育工作者的愿望，也是教育的最高境界。

一、潜能生的界定

潜能生，实质上是对传统意义上的"差生""后进生""学困生""问题生"的另一种称谓，这种称谓体现出教育观、学生观的变化。"差生"一词由于带有歧视性，目前基本不再使用。"后进生"是指智力因素处在正常发展范围内，受各种不良因素的影响，在思想、道德、学业水平或其他非智力因素方面处于相对落后状态的学生。"学困生"侧重于对"学困"的关注，又称"学习困难学生""学习障碍者""学习不良者""学习失能者"等。以往文献中的大多数观点认为，学困生主要是指智力正常，但是学业表现不能与其智力水准相称、明显落后于同龄群体的学生。"问题生"多指智力水平和身体状况正常，但外在行为和内隐心理状态长期偏离正常状态，影响自己或同伴的发展，被同学、老师或自己认为有问题、需要帮助的个人或群体。上述称谓不免有些消极，因此"潜能生"的提法逐渐得到大家的一致认可。何谓潜能生，本书认为，潜能生是指目前虽然在学习效率、行为习惯、品德等各方面明显落后于同龄群体，但依然存在潜在发展可能性的学生。潜能生称谓的提出对于增强其发展的信心具有重要影响作用。

潜能生人数虽少，但对班级的消极影响不小。潜能生的教育转化工作，不仅关系到学生个人的前途命运，而且会影响到班级的进步、家庭的幸福和社会的安定，同时也可以体现出一位教师的职业素养、教育水平。

二、潜能生形成的原因

落后不是绝对的，也不是天生的，弄清楚落后的原因是对其进行转化的前提。总体而言，潜能生的形成是主客观因素相互作用的结果。

(一)家庭

家庭是社会的细胞，也是孩子出生后的第一所学校，它虽不像正规学校那样具有系统的教学计划，但对年幼的孩子来说，却有极为明显的教育和影响作用。每一个潜能生的产生都有其不同的原因，但一个有问题的家庭是产生潜能生的共同原因。

1. 疏于关注和管理

有的家庭，父母长年在外工作，把孩子托付给上了年纪的老人。由于老人体力和精力的局限性以及隔辈亲、与社会脱节的教育观念等，不能对孩子各方面的发展起到监管作用，容易出现教育盲点。有的家庭，父母总认为教育孩子是学校的事情，只关注孩子的物质需要，而不过问孩子的心理和学习情况。美国心理学家凯尔和赫尔赛等人于1961年进行了一次研究，即对一组打算上大学的男生和另一组不打算上大学的男生进行调查研究和比较。结果表明，父母的期望和教育对子女的学习动机产生很大影响。一般来说，父母关心子女的学习，并给予适当的鼓励和帮助，就会提高子女的学习积极性。反之，父母对子女的学习漠不关心或要求过高、干涉过多，必然会影响子女的学习情绪和学习积极性。

2. 教养方法不当

有的家长骄纵、溺爱孩子，使孩子养尊处优，容易使他们养成任性、放纵、傲慢、依赖、缺乏同情心、不懂礼貌、不讲道理等不良心理和性格特征；有的家长对子女过于严厉，动不动就棍棒"伺候"，但棍棒教育带来的不是孩子的转变和进步，而是思想的混乱、情感的对立、认识的转向和行动的反抗；还有一部分家长只养不教或重养轻教，忽视对子女的道德规范和学习生活进行教育和指导，最终导致孩子的学习目的不明确、学习态度不端正，使孩子觉得学与不学都无所谓，最终变成潜能生。

3. 不良行为的影响

父母是孩子身边最近的人，其一言一行都在影响着孩子。有的家长经常在孩子面前大谈社会的阴暗面，经常发泄对社会的不满；有的家长本身道德败坏，自私自利，甚至纵容子女贪图享受安乐等；有的家长酗酒滋事甚至触犯法律等。受到这样影响的孩子在思想上容易偏激，在学习上也难以刻苦努力、成绩优秀。

4. 家庭矛盾或变故

家庭成员之间充斥着无休止的争吵或暴力，父母离异或者突然遭遇家庭变故等，这些都会给孩子带来一定程度的心理冲击。孩子每天的关注焦点可能会变成：他俩今天会不会吵架？他俩分开了，我怎么办？跟谁在一起？小小的心灵，哪里还能装下学习？还有，最亲密的人都不能让孩子感受到爱，外面的世界会有爱吗？这样的疑问，出现在认知能力不足、社会经验不足的未成年人身上再正常不过了。其结果是，少部分个体会通过努力学习尽快摆脱家庭的不良影响，而大多数孩子会因为经历家庭变故而无心、无力学习。

(二)学校

1. 教育教学目标的偏差

《教育部办公厅关于加强义务教育学校考试管理的通知》指出："不得按考试结果给学生调整分班、排座位、'贴标签'；初中各学期期中期末考试成绩和初三下学期模拟考试成绩不得与升学挂钩。"但在一些学校，依然存在错误的观念与做法，如在安排科任教师或班主任时，教学资源分配不合理、不公平；教室里仍然有"特殊座位"出现等。基于这种指导思想的评估机制也使得学校或教师对转化潜能生缺少兴趣，潜能生因此会受到歧视和打击，造成学业水平得不到提高或学习变得更为困难。

2. 学习内容、考试难度的增加

困难对于一些人而言是前进的动力，但对潜能生而言，可能是难以逾越的"坎"。一方面，大量过深的内容会让学生觉得毫无意义而不去努力；另一方面，知识是体系化的，学生如果原来基础没有打好，在更高阶段的学习中就会困难重重。比如，一位初中数学教师就遇到一个潜能生这样反问："老师，什么是圆心？"乍一听，不可思议。再一想，就不觉得意外了。对于潜能生而言，知识上的漏洞何止一个"圆心"？不会的越多，就越有压力。他们索性给自己建立一道"防火墙"：反正学了也不会，那就不学了。这就不难理解，在课堂上睡大觉的孩子们的心理：不睡觉干什么？听不懂、不让干别的、也没地方可去，那就睡觉吧。听不见，心不烦，彼此不打扰挺好。另外，高频率的考试对于大多数学生而言都是体力和心理的挑战，更何况是对潜能生。有的潜能生还没有完全摆脱上一次考试失败的心理阴影，就不得不为下一次考试而担心。如果不能及时缓解长期的、过度的焦虑情绪，他们就会出现生病等躯体反应，如每逢考试前就肚子疼，找各种理由不上学、不考试。久而久之，学业水平必然落后。虽然后进，但尝到了"生病"的甜头，不用考试了。

3. 教师的教育观念、方法的偏差

教师作为学校教育教学工作的具体实践者，不可避免地会受到片面追求升学率的指导思想的影响。基于此，有的教师把工作重点放在优秀生身上，对优秀生呵护有加。相反，认为潜能生不可救药而置之不理，致使潜能生在"落后"的道路上越滑越远。有的教师工作方法简单；有的教师对待潜能生不是耐心开导，而是拿狠话威胁、恐吓，动不动就罚写、罚站甚至叫家长等。这些行为使得学生终日神经紧张，提心吊胆，久而久之容易养成怯弱无能、胆小自卑的性格。教师上述的不正确态度和行为，极易使潜能生产生对抗心理，也极易让潜能生滋生自暴自弃的心理。更有甚者，因为潜能生的存在影响了自己所教学班级或学科的成绩，有的教师转而对潜能生冷嘲热讽或者是歧视、怨恨潜能生，这又造成师生之间关系的进一步紧张或恶化。"厌其师"，进而"恨其道"，潜能生不愿意听教师的教育或学习教师所教的学科，最终必然导致落后。

4. 同伴群体的压力

潜能生也有尊严，也希望在班级、同学中有被接纳的归属感。但由于潜能生在个别教师眼里是拉班级后腿的落后分子，是集体荣誉的破坏者，即使他们有过勇于改正错误的表现，也常常难以得到重视、信任和鼓励，这也影响他们在班集体中的形象及与他人的关系。因此，潜能生为了吸引大家的注意力，可能有怪异言行甚至做出有违道德品行的事，为了排遣自己是潜能生的孤独感，还可能主动接近其他潜能生。

(三)社会

无数事实表明，社区环境、居住环境、网络世界与青少年儿童的身心发展有着十分明显的相关性。有学者认为，学生的观念、想法是每时每刻都在形成与变化的，单单在上学和回家的路上，他所受到的教育就比在学校里待上几小时所受的教育强烈、鲜明得多。而且，这种影响之所以有力，是因为它们无处不在且被学生亲眼所见、亲身体会。课堂到处都有，教育也无处不在。商店、公交车、饭店是课堂，社区环境、邻里关系也是课堂，网络更是课堂。现在的中小学生感知世界的途径已经由书本、教师、父母变成了网络、游戏、同伴。在这些课堂里，既有正面的榜样，也有负面的言行；既有高尚的行为，也有卑贱的举止。对于缺乏识别与判断能力的潜能生来说，如不加以正面引导，他们极易受到错误思想、低俗行为蛊惑，进而偏离健康成长的道路。

(四)学生自身

1. 对学习意义存在认知偏差

潜能生对学习不用心、不肯下功夫，很大一部分原因是他们觉得学习没有用，不知道学习对自己的重要性，也很少思考未来的事情；学习，不过就是应付老师和家长布置的学习任务，是不得不做的事情。产生上述想法与他们的认知水平、社会经验不足有密切关系。

2. 学习动机缺失

学习动机是直接推动学生学习的心理动因，是学生需要的动力表现。学生只有具有一定的学习动机，才能发挥学习的自觉性、积极性和主动性，并使学习达到完善的地步。"学习动机缺失，一是指缺乏正确或明确的学习动机，二是指学习动机强度小，缺乏内部推动学习的心理力量。"[1]潜能生觉得中考、高考目标有些遥不可及，或是即使自己考上了一个好的学校，以后会怎么样还不知道，也就丧失了学习的动力。

3. 意志力薄弱

意志力顽强的学生善于控制自己的感情、支配自己的行动，能保持充沛的精力去克服困难，能忍受身体的疲劳和痛苦，能抗拒诱惑，能自觉地完成学习

---

① 陈安福：《中学心理学(新编本)》，323 页，北京，高等教育出版社，2004。

任务。反之，意志力薄弱的人，易被诱惑干扰，屈服于不良习惯，对自我行为的约束力差。其实许多潜能生也都知道学习的重要性，有的也想努力学好，也想注意听讲，也知道应该做作业，但就是控制不住自己。另外，还有一些潜能生上课听不懂、听不进去，就忍不住放纵自己，这都不同程度地表现出他们意志力薄弱的特点。

4. 自信心不足

处于小学阶段的学生，由于思维水平有限，当发现在某些方面的能力不如其他学生时，如果不能正确认知、大胆面对，就很容易产生自卑情绪，而一旦受到这种情绪的影响，他们会在未来的学习和生活中都认为自己就是做不好，一味地退缩，不敢尝试，不去锻炼自己，从而形成一个恶性循环。

三、潜能生的转化策略

每个学校、每个班级都会有这样或那样的潜能生，怎样才能让这些潜能生有所转化，这是几乎所有的班主任都需要认真研究的问题。班主任怎样用适当的教育方法和教育机智成功地实现潜能生的转化呢？

(一)对潜能生的不良心理、行为特点要有充分的心理准备

"得天下英才而教育之"是教育工作者的美好愿望，而现实是，"英才"与潜能生往往同时存在。可是，并不是所有的教育工作者都能理性地看待并愿意接受潜能生这一必然存在的群体，也不能做到使全体学生共同提高，结果往往是潜能生更差，进而引发很多教育问题或社会问题。有的教师一提起潜能生，在心理上或多或少就容易产生烦躁情绪，有的教师最后干脆放弃对潜能生的教育。事实上，从遗传的角度说，学生的心理发展水平总是存在个体差异，加之后天家庭环境的影响以及成长经历的特殊性，还有可能使这种差异扩大或者产生新的差异。即使是潜能生本人，也不愿意做潜能生。毕竟，向善、向上是天性，他们只是暂时无法达到优秀而已。因此，无论班主任是否愿意，都必须接受潜能生必然存在这个教育现实。从心理上接受潜能生必然存在的事实，了解他们的特点并因材施教既是班主任的职业操守，也是消除班主任对潜能生的厌烦情绪的最好办法。正如全国特级教师、优秀班主任魏书生所言："咱们不要埋怨学生难教，教师埋怨学生难教，就像医生埋怨患者难治一样，医生埋怨患者得的病太重，就不给治了，那他的医术不会高。医生的医术是在治疗疑难杂症的过程中提高的。教师的教育水平也是在把难教的学生教好的过程中提高的。从这个意义上讲，'后进学生'帮助了咱们，帮咱们提高了教育水平。当然

咱们也帮助学生提高了自我教育能力，所以咱们这个组织叫互助组。"①

(二)客观分析潜能生落后的原因，对症下药

俄国教育家乌申斯基说过："如果教育家希望从一切方面去教育人，那么就必须从一切方面去了解人。"每一个学生都是独一无二的，每个学生都有自己的特点、兴趣、情感、需要和不同的发展水平。潜能生也是各种各样的，其表现程度、形成的原因和问题的症结各不相同，班主任教育潜能生不能采取一刀切的方式，要摸清情况，分析原因，对症下药，有的放矢地做好潜能生的转化工作。用"十年树木，百年树人"形容人的培养的艰巨性十分恰当，而潜能生的转化更是难上加难。了解是转化的基础，班主任要用心观察、深入研究潜能生的言行举止和家庭状况，全面分析他们后进的根本原因。如果是由家庭教养方式不当所致，那就要纠正其不当做法并指导父母如何教育孩子，形成教育的合力；如果是孩子自身的年龄特征使然，如逆反、认知水平不够，那就耐心等待，因势利导，绝不轻言放弃。

(三)关心、爱护潜能生，在"用"中增强其自信心

潜能生也有自尊心，但由于经常犯错误，潜能生往往会受到父母的训斥、教师的批评和同学的嫌弃。久而久之，自尊心受挫，他们与班主任、父母、同学等产生隔阂甚至产生对立情绪，对班主任和父母的教育、同学的帮助表现得敏感、存戒心、有敌意，常常主观地认为大家就是轻视、厌弃甚至要伤害自己。一旦存有这种心理状态，班主任再好的教导也犹如纸上谈兵，难以收到实效。消除潜能生的抵触情绪，不是一件轻而易举的事情，最有效的办法就是以真诚的爱、实际的行动去感染他们，让他们实实在在地体会到班主任的善意和真诚，赢得他们的信任。只有与潜能生情感相通、心理相容的班主任才能打开他们封闭已久的心灵闸门。所以，一方面，班主任要善于、及时发现潜能生身上的细微变化，并对他们取得的成绩和进步给予中肯的表扬和鼓励，满足他们的尊重需求和自我价值的实现欲望；另一方面，班主任一定要善于、敢于用潜能生，最大限度发挥潜能生的聪明才智，让潜能生在被"用"中找到自信，在被"用"中感受到被信任。

(四)抓住转化契机，及时引导、鼓励潜能生

美国心理学家埃里克森认为，孩子对于学习天生是勤奋的，当考试出现，某一孩子反复排名最后，其基本的自卑感就会上升，就会厌恶学习，从而抵制学习。主体丧失了自信心，也就失去了前进的力量。如果在个体最需要鼓励和

---

① 魏书生：《班主任工作漫谈》，5页，桂林，漓江出版社，2021。

理解的时候给予点拨，就有可能收到事半功倍的效果。在教育潜能生时，班主任要做有心人，善于发现契机并及时转化。下列情况的出现通常就是转化契机：一个无心善举得到老师的肯定、同学的认可时，一个对于大多数同学而言微不足道的进步出现时，一个真实案例触发思考时……班主任唯有耐心等待、用心寻找，才能不错过任何一个教育契机。当然，班主任也可以创造教育契机，比如，引入某个与潜能生有相似情况而最终逆袭的真实案例等。

（五）持之以恒，不轻易放弃潜能生

潜能生的落后是相对的，也可能是暂时的。作为发展中的个体，他们的思想行为都是变化的，有向好的方向发展的潜能。"冰冻三尺非一日之寒"，潜能生通常的不足是意志薄弱、自制力差、学习习惯不良，如果班主任认为通过一次谈话或一次教育就可以让潜能生发生根本的变化，未免有些不切实际。潜能生在转变过程中出现反复是一种正常的现象。对此，班主任要给予最大的耐心和恒心，切忌操之过急或灰心丧气；要认真分析出现反复的主客观原因，寻找突破口，小步慢跑。即使多方努力还是没有明显的进步，那就欣然接受事实，因为保持现状、没有变得更糟糕也是一种进步。

（六）利用各种力量，合力促进潜能生转化

影响潜能生发展、转化的因素不仅仅是教师和学生两方，还包括潜能生所生活的家庭和接触到的社会环境。目前，社会上流传着一种说法："5＋2≤0""2＞5"。换言之，五天的学校教育努力可能被周末两天的社会或家庭消极影响抵消掉，甚至不如两天的家庭教育的作用大。也就是说，如果家庭教育和学校教育方向相悖或是配合不利，对潜能生的转化教育很难达到理想的效果。例如，一个潜能生上课不认真听讲，课后也不完成作业。班主任与孩子父亲沟通情况后，父亲这样说："老师，孩子不学就不学吧，我也没打算让他上大学。他初中毕业了，就跟我一起养殖海参。"这位父亲说得很现实，但对孩子的教育而言，无疑是与学校相悖的。所以，转化潜能生必须先做好家长的工作。首先，班主任可以通过家访、家长座谈会、线上沟通等多种途径广泛、深入地与家长进行交流。一方面，及时将孩子在学校的近期表现反映给家长，尤其是进步。这样做，既可以让家长对孩子的教育产生信心，也可以消除家长一接电话就是听批评、告状的戒备心理。另一方面，向家长了解孩子在家的表现以及家庭现状、教育困扰等。一个学业表现欠佳的学生，在家里可能是干家务的小能手；一个学生在同学眼里个人卫生习惯不好，可能是由家庭生活环境所致。其次，班主任还要利用多种形式，普及家庭教育知识。例如，开展专家讲座、进行潜能生转优典型分享、成立"特殊孩子"家庭互助组等，切实解决家长教育困

扰，提高其教育孩子的水平。最后，以班主任为牵引者，发挥学校教育的资源优势，各科教师积极配合，形成教育合力。

(七)关注并帮助潜能生解决其心理困扰

潜能生因为难以得到教师、家长的认可，久而久之，容易产生自卑、逆反、厌学、退缩等不良心理与行为，而这些心理反过来又可能成为潜能生进步的绊脚石。所以，学校应该通过心理健康教育课程和专业心理辅导的方式等消除潜能生的各种情绪困扰，纠正其不良行为。班主任可以通过多种线上沟通形式与潜能生进行一对一的沟通，让他们把当面说不出来的话或问题表达出来，这样既可以缓解他们的情绪，又可以与他们建立稳定的信任关系；更重要的是，创设和谐、宽容的班级氛围，鼓励大家互相欣赏、互相帮助，把"一个都不能少"当作班级共同发展的目标。批评会让人有压力，而爱会让人放松。也许潜能生在学业表现方面一时半会儿不会有明显的进步，但其不会因此而自卑、自暴自弃何尝不是一种美好的教育愿望与追求。

===== **他告别了厌学**[①] =====

我曾经遇到这样的学生——小周，对学习无兴趣，上课开小差，小动作不断，经常不带书本和作业本，不抓紧时间完成作业，只有老师或家长盯着才勉强动笔。与老师和家长经常处于关系紧张的状态。小周对学习虽然无心，但是平日对学校的卫生劳动特别感兴趣，不管多脏多累，他都乐意抢着去做。为了帮助小周克服厌学的心理，我开始对他进行个别辅导。

与他建立良好的关系。我开始做的第一件事就是设法让小周能够接受我。我注意到小周平日在校对卫生劳动特别感兴趣，我和他第一次交谈就是从这里开始的。我问他："你这么勤快又有条理，是跟谁学的?"他的回答却出乎我的意料："平日观察奶奶学来的。"我赞赏地边点头边说："哇!原来你这么聪明。""我爷爷也这么说。可是我爸爸、妈妈说我笨得像头猪。""噢，那你自己认为呢?""我有时聪明有时笨，尤其是读书时，我特别笨。""何以见得?""我一碰到读书就会反应不过来。""其实，你是个很聪明的孩子!""真的吗?"在我再次肯定后，他滔滔不绝地跟我聊了起来……

············

行为矫正。我对他进行行为矫正的第一个方案是自我暗示。我让他找几张小卡片，和他一起在上面分别写上"专心听讲""不要走神""少壮不努

---

① 吴增强：《学校心理辅导通论　原理·方法·实务》，104～105页，上海，上海科技教育出版社，2004。收入本书时有改动。

力，老大徒伤悲"等，然后让他把它们放到自己平时容易看见的地方，如铅笔盒里，或贴在家中书桌前的墙上，或夹在课本里。这样，无论上课听讲还是回家写作业，他只要一看到它们，就会提醒自己别走神，从而抑制自己的不良行为。第二个方法是运用代币制。我得到家长的支持和配合，给他设计了一套行为价值与报酬计划，目标是上课认真，作业按时完成，学习生活有规律，不良习惯有改进，制定一个合理的代币交换系统，采取奖券强化法。具体操作：每天根据小周的语文、数学、英语等作业情况及行为规范遵守情况，如实地进行评分，让小周换取不同等级的五角星，然后用奖券获得实质性的报酬。例如，放学后可以玩半小时，晚上可以看一会儿电视、听一段音乐或买一些喜欢的东西等。如果表现出不合格的行为，即依照规定扣回代币，以制止不合格行为的发展。果然，在以后的一段日子里，他渐渐改变了学习态度，看得出，他在努力地表现出自己好的一面，上课不但能听讲而且能举手发言，作业按时完成，语文、数学、英语学习成绩不再开"红灯"，还经常受到老师们的表扬。他终于告别了厌学。

【本章小结】

个别教育是特指班主任以个别学生为对象进行的有针对性的教育。一般而言，个别教育主要是针对优秀生、中等生、潜能生等的教育。优秀生的教育策略：正确认识，表扬与批评相结合；区别对待，有针对性地引导；不断激励，提高受挫能力；期望适当，增强自我教育能力。中等生的教育策略：树立正确的学生评价观，多维评价中等生；心里装着中等生，于细微处体现；发挥积极因素，创造机会促其转优；培养其良好学习习惯，增强其学习自信心；倡导合作学习，调动学习积极性；协调各方面力量，促进中等生全面发展。潜能生的转化策略：对潜能生的不良心理、行为特点要有充分的心理准备；客观分析潜能生落后的原因，对症下药；关心、爱护潜能生，在"用"中增强其信心；抓住转化契机，及时引导、鼓励潜能生；持之以恒，不轻易放弃潜能生；利用各种力量，合力促进潜能生转化；关注并帮助潜能生解决其心理困扰。

【思考与练习】

1. 优秀生易出现的心理偏差有哪些？
2. 中等生的主要特征有哪些？
3. 潜能生形成的原因是什么？
4. 如何针对不同群体进行个别教育？

【综合案例分析】

和后进生组成互助组①

我在日记本上写了这样一句话，"赠张军同学：坚定信心，多做实事、享受学习中的乐趣。你的班主任"。

张军长得膀阔腰圆，很结实，很有力气，运动会参加的项目是推铅球。他每天上学不光听英语课是外语，听数学、物理、政治好多课都像听外语。他说："老师，我一上课头就疼，像受罪。"我听了，设身处地想一想，也真够他难受的。我们听某位老师讲课，倘若内容听不懂，上一节课都觉得是在受罪；张军却能一节又一节，一天又一天，一周又一周，一月又一月地熬着，耐心地、无可奈何地、很守纪律地在那里坐着，从这样的角度思考，我不能不佩服张军坚强的毅力，这么苦，这么难，他都能忍受。

我便想引导他将受罪改为享受，发现学习的乐趣。先品尝学会一个字、一个英语单词、一个公式的乐趣，然后将一堂课又一堂课的陪坐时间具体落实为学一个字、一个单词的计划，施加一个快乐的意念：我是在享受超越自己的乐趣，我是在享受完成计划、做实事的乐趣。当快乐地做实事的时候，别的忧虑、烦恼、拖拉的情绪等都先往后靠靠，待做完实事再说。总用这样的心态引导自己，时间长了，快乐地做实事的脑细胞就兴奋起来了，逐渐形成一个牢固的兴奋中心了，那忧虑、烦恼、懒散的脑细胞就逐渐淡化了。

我还请张军经常再现自己读书以来最辉煌的时期。我问："你学习最好的时候是哪一年级？""小学二年级。""好到什么程度？""那时我期末考试总分全班第二名。""到三年级呢？""还能排十多名。""四年级呢？""能排三十多名，到五、六年级就开始倒数了。"

"为什么三年级下降了？""那一年我转学了，换了老师，老师生病，又不停地换老师。老师管得也不严，我就不爱学习了。"

"你现在觉得自己能不能取得好成绩？"

"我总觉得自己不行，不如别人，已经倒数这么多年了，努力也不行，也晚了。于是，本来能学会的知识也不愿学了。"

"对！问题就出在这，你总给自己输入不行的意念，输入我不如人的意念，结果你当然就不如人了。现在你这样改变自己：每天早晨，每堂课前，每天晚间都全心全意地想一想当年排在班级第二名时的情景，再现那时的信心、感情、对学习的态度，这样想会激发你的勇气和力量。经常这样施加意念给潜意识，时间长了，潜意识就能起作用，将你改变为一个自信、上进、勤奋、积极

① 魏书生：《班主任工作漫谈》，186～188页，桂林，漓江出版社，2021。收入本书时有改动。

的学生。"

最后我引导张军制定了作息时间表和一周学习计划，接着又指导他写《奋斗10天，无悔无憾》的日记，离初二期末考试还有10天时间了，张军充满了信心。他写道："这10天我要努力奋斗，每天每时都做实事，我尽自己最大的力量学习，对得起自己，也就无悔无憾了。"

互助组的建立，密切了师生的感情，增强了学校的凝聚力，后进学生对学校更热爱了。

解析：

这是魏书生老师对后进生进行转化工作的一个片段，从中我们能感受到魏老师对育人工作的热爱与创造性。如何转化后进生是班主任工作的难题，魏老师用他的教育智慧成功破解。他通过鼓励的方式，进行有针对性的激励、指导等，取得了非常好的效果。

【本章参考文献】

1. 孙蒲远. 美丽的教育——写给年轻的班主任：修订本[M]. 北京：朝华出版社，2010.

2. 何万国. 现代班主任工作研究[M]. 成都：西南交通大学出版社，2009.

3. 周达章，等. 21世纪班主任工作案例精粹[M]. 宁波：宁波出版社，2004.

4. 陈安福. 中学心理学：新编本[M]. 北京：高等教育出版社，2004.

5. 韩东才. 班主任基本功——班级管理的基本技能[M]. 广东：暨南大学出版社，2009.

6. 吴增强. 班主任心理辅导实务：中学版[M]. 上海：华东师范大学出版社，2009.

7. 钟启泉. 差生心理与教育[M]. 修订版. 上海：上海教育出版社，2003.

8. 刘莉. 浅谈班主任工作中的个别教育[J]. 教育艺术，2010(4).

9. 王莉萍. 正确认识后进生　做好后进生的转化工作[J]. 才智，2010(18).

10. 王慧强. 倾注爱心　促进成长——做好后进生转化工作的实践与探索[J]. 甘肃教育，2010(13).

11. 王勤. 中等生——被爱遗忘的第三世界[J]. 新课程学习（基础教育），2010(10).

12. 孙锡林. 让沉默的金子绽放光芒——谈"中等生"的心理辅导[J]. 教学月刊（中学版下），2008(8).

13. 林祝. 关注遗忘的角落——班主任如何关心和解决中等生的心理困惑[J]. 中小学心理健康教育，2005(5).

14. 庄玉昆，李娜. 小学班级管理案例的教育审视[J]. 教学与管理，

2023(5).

15. 马学果. 学优生的心理剖析及教育对策[J]. 教学与管理，2009(7).

16. 董志伟. 优秀生教育管理中的问题及对策[J]. 河北教育（综合版），2008(9).

17. 张兴. 班主任工作中的个别教育[J]. 教学与管理，2001(11).

18. 齐林超. 中等生的心理及教育[J]. 科技信息（学术研究），2007(13).

19. 王碗，马建富. 浅谈班主任对转化后进生的时机的把握[J]. 教育探索，2010(10).

【阅读链接】

1. 熊华生. 做一个老练的新班主任［M］. 北京：中国人民大学出版社，2015.

2. 李镇西. 做最好的班主任［M］. 桂林：漓江教育出版社，2014.

3. 管建刚. 一线带班［M］. 福州：福建教育出版社，2018.

4. 陈宇. 班级管理课——班主任专业技能提升教程［M］. 上海：华东师范大学出版社，2021.

5. 魏书生. 班主任工作漫谈［M］. 桂林：漓江教育出版社，2021.

第六章

非正式群体教育

【本章学习提示】

班级内的学生群体按其组织方式不同，有正式群体和非正式群体之分。正式群体是在教育者有目的、有计划的组织下形成的团体组织，如班委会、团支部、班级课代表等。非正式群体是由学生自愿结合、自发形成的小团体组织。理论和实践都证明，要做好班级工作，班主任必须具有非正式群体的知识和教育技能。本章围绕非正式群体的概念、特点、种类、形成原因及教育策略等问题展开阐述。

【本章学习目标】

1. 理解非正式群体的概念。
2. 了解非正式群体的特点、种类及形成原因。
3. 掌握非正式群体的基本教育策略并能灵活运用。
4. 能在纷繁复杂的班级管理中深刻体会育人工作的价值。

第一节　非正式群体概述

班级是由不同个体组成的群体，它反映正式组织层面与个人属性层面的需求，在结构上存在正式群体与非正式群体。非正式群体与正式群体总是相伴而生，构成了班级中人际关系的总和。非正式群体在班级里虽然不占主导地位，但是也影响着学生个体的成长，对班级的管理也具有重大作用，如何对待这些非正式群体，是班主任不容忽视的问题。

一、非正式群体的概念

非正式群体的概念来源于管理学领域的非正式组织，非正式组织是正式组织的对称组织，最早出现在 20 世纪 20 年代后期，是美国学者梅耶提出来的。梅耶认为，所谓非正式组织是指企业成员之间由共同的价值标准而自然形成的无固定形式的社会组织。自霍桑实验揭示了非正式群体及其作用的存在以后，学者对这一问题进行了深入且广泛的研究，有关的论著也相继问世。在学校中，班级组织也有非正式群体，班级中的非正式群体是指班级里存在的以情感为纽带、以兴趣为黏合剂、以满足成员的心理需求为主要功能的小群体。班级的非正式群体是客观存在的必然现象，它的存在满足了一部分学生在社交、精神、情感等方面的需求。

二、非正式群体的特点

(一)形成的自发性

非正式群体的形成不是学校或教师有意安排和组织的，而是学生以个人兴趣为黏合剂，以共同性或互补性的心理需求为基础，自我选择、自动组织在一起的。其成员间彼此交往频繁、气氛融洽，因有共同的话题而交流顺畅、无戒备。

(二)规范的不明确性

有不成文的规范，是非正式群体的一个典型特征。一般来说，非正式群体的行为规范没有明确的条文，但不等于就没有行为规范，只是这种规范是隐形的，处于其中的每个人都愿意自觉遵守，若有违反，会产生无形的心理压力，严重者，可能不得不退出这一群体。

(三)以情感为纽带

由于非正式群体都是自发形成的，没有外部的强制与干预，因此成员间往往带有情感色彩进行互动。如果说正式群体是按照规则行事，那么非正式群体则以增进感情为导向。通过这种内在的情感纽带聚在一起的成员，具有很强的凝聚力、向心力。

(四)核心人物自然产生并有一定影响力

班干部往往是班级同学选举产生或者班主任任命的，但非正式群体的核心人物角色则是自然产生的。他们并不一定被赋予权力，但他们的确对其群体成员有实际影响力。

(五)内部信息传递的多样性和随意性

非正式群体由于其规模较小，因此成员之间的交往和关系极为密切，只要校内外、班级内外发生一点事情，尤其是大家共同感兴趣的话题，群体内就会迅速传递和交流，直到人人知晓。与此同时，由于这种信息的传递带有明显的情绪色彩，因此随意性较大，甚至与事实有很大偏差。

(六)结构的封闭性与不稳定性

"班级中的学生非正式群体具有巨大的权威性和向心力,局外人很难了解到群体内部的真实情况,表现出极强的封闭性特征。"[1]但同时,由于生理、心理处于急剧变化期,中小学生具有思想变化快、情绪不稳定的特点。因此,自发形成的非正式群体在其存在和发展过程中极易受到外界因素的干扰,成员不确定,组织边缘模糊。它的维系在相当程度上取决于成员在共同活动中形成的共同语言。当外界因素冲击群体存在的基础时,群体就会解散,但也可能组成其他的非正式群体。

(七)成员的交叉性

每个非正式群体从其构成人数看,一般为二三人至六七人不等。就某个个体而言,他可能同时参与两三个这样的群体,特别是那些兴趣广泛、个性活泼、人际交往能力强的学生,可以同时为几个群体所接纳。在一个几十人的班级里存在几个、十几个非正式群体是不足为奇的。这些群体成员相互交叉,你中有我,我中有你,如 A 群体的成员中,同时又有 B 群体的成员或 C 群体的成员;正式组织的成员同时又是某一个或某几个非正式群体的成员等。

三、非正式群体的种类

班级中的非正式群体的类型,可以按不同的标准进行划分。

按形成原因,班级非正式群体主要划分为利益型、情感型、爱好型、亲缘型。因某种共同的利益关系而结合形成的非正式群体称为利益型,如为迎接考试而自发形成的补习班或自习小组;由满足彼此情感交流需要而结合形成的非正式群体称为情感型,如"我的秘密只有你们几个知道";由某种共同的爱好而结合形成的非正式群体称为爱好型,如自发形成的游戏小组等;由父母、朋友等关系而结合形成的非正式群体,称为亲缘型。

按产生的社会效应,班级非正式群体划分为积极型、消极型、破坏型三种。[2] 积极型是与班集体的正式组织活动目标相一致,对正式目标实现具有促进作用的亲社会非正式群体,在班级管理过程中是应该加以利用的;消极型是与正式组织目标时而不一致或者相对立,但尚未违反班级规则的中间性非正式群体,对待该群体要时刻注意他们的思想与行为动向,因为该群体极易发生两极分化;破坏型则是与正式组织目标完全或部分对立,是有意违反班级规则的

① 吴宏梅:《学生非正式群体形成原因及教育对策》,载《陕西行政学院学报》,2010(2)。
② 徐胜三:《中学教育心理学》,350 页,北京,人民教育出版社,1993。

反社会性非正式群体。一般情况下，他们人数不多，但危害极大，应坚决取缔。

四、非正式群体的形成原因

一般来说，班级中非正式群体是多种因素共同作用的结果，其形成的主要原因表现在以下几个方面。

(一)需要的相似性

由于学生的需要是多层次、多方面的，正式群体往往很难一一满足他们丰富、复杂的需要，学生通过组成一些非正式群体的途径可以获得一定满足。于是，各种各样公开或不公开的非正式群体就自然生成。从心理学的角度来说，学生的非正式群体基本上都是为了满足正式群体之外的某些心理需要而自发形成的，换言之，绝大部分的非正式群体都是建立在共同的兴趣与爱好的基础上。尤其是随着社会开放程度的不断提高，学生对新鲜的事物越来越感兴趣，不再仅限于课堂、书本上的知识。例如，班级中喜欢某位艺术家的学生较多，他们就会共同收集这位艺术家的资料、关注他的作品，甚至一起观看其演出等，进而一起开展其他活动。而对这位艺术家没有兴趣的学生则很少有机会进入他们的圈子并与之共同讨论、共同活动。这就是班级中的一种典型的非正式群体。

(二)交往的开放性

随着互联网的深入发展，社会开放程度扩大，学生的交往范围不再仅限于同学之间、师生之间、亲子之间，他们与社会的接触、交往越来越广泛和频繁，有机会找到各种朋友、同伴，如游戏伙伴等。朋友、同伴因为有共同的话题与爱好，往往谈得来，而且与自己相近或相同的人交往，可以消除自卑感，言谈举止比较自由，情感体验积极、放松，个性也不会受到太多的束缚，这也是非正式群体形成的原因之一。

(三)主体意识的增强

从出生开始，个体在家庭、学校、生活中一直都处于被教育、被塑造、被雕刻的客体地位。随着年龄的增长、知识的增加、心智的成熟、交往与活动范围的扩大，他们觉得已过了人生的心理断乳期，再也不是父母眼里的宝宝了，不再满足于传统的"你讲我听，你说我干"的顺从地位，在日渐增强的主体意识、独立意识和参与意识的驱使下，对话语权、自主行动权的要求越来越多。这一方面使他们想在正式群体如班级、各类小组的活动中显示自己的价值；另一方面，由于学习负担重，课余时间少，学校的集体生活不能满足所有学生的娱乐、休闲、交往等的需要，同时学校和班级等正式群体的规范和统一要求的约束也与学生要求实现自我发生矛盾。这些就促使了他们在非正式群体中寻求能充分表现自我的天地。

(四)模仿心理的催化

模仿是一种普遍的社会现象，是在没有外界控制的条件下，个体有意、无意地主动效仿他人而引起的相似的活动。一般来说，儿童的模仿对象总是由近及远，由小及大。最初模仿的对象是家人，而后是教师、同学，最后发展到社会范围内的英雄、先进人物等。模仿这种行为或出于好奇，得到心理上的满足；或是为了消除焦虑，更好地适应环境；或是为了获得进步。各种不同的社会动机，驱使个体产生各种模仿行为。模仿受到许多因素的影响，如年龄、地位和相似性等。一般来说，年龄较小、地位较低以及具有相似人格特质或生理特点的个体，更容易产生模仿行为，如有的小学生看了动画片后，就按照动画片中人物的行为方式说话、办事。不同个体由于喜欢同一事物，经常在一起交流信息、互相影响，久而久之也容易形成非正式群体。

五、非正式群体的影响作用

虽然非正式群体是自发形成的、不稳定的和易变的，但它是学生学习、娱乐、生活和交往所必需的。一般来说，任何非正式群体对学生发展都有正反两方面影响。具体到某个非正式群体的影响来说，是积极的还是消极的，衡量标准是看该群体的价值与正式群体的社会目标是否一致。一致的话，其影响就是积极的；反之，其影响就是消极的。也就是说非正式群体对学生个体发展的影响主要通过其对正式群体所起的作用体现出来。

(一)非正式群体的积极影响作用

1. 使学生获得需要的满足

非正式群体是为满足个体自身心理需要而产生的。由于学生正式群体活动是为满足总体需要而组织的活动，这些活动无法满足每个学生丰富、复杂的心理需要，于是为弥补这一不足，学生的非正式群体自然形成。非正式群体的这种积极功能突出地表现在两个方面。

首先，满足精神生活的需求。每个学生都有自己的思想、志趣、情感以及在这些观念形态指导下的行为，他们不但在日常学习、生活中表现出来，而且希望引起他人的共鸣，并获得同情、理解和支持。而在正式群体和组织中表达这些精神需求，往往没有适当的机会和渠道。一方面，成员在非正式群体中处在平等的位置上，所以能自由自在地展现自己。打破了以前被动、压抑、提心吊胆的身心状态，不用老是担心因说错话而受到同学的歧视或因表现不好而受到教师的斥责。另一方面，由于成员的组合是自主自愿的，因此也不会存在相互竞争问题，同样就不会因为输赢而焦虑或受到排挤。于是，那些不适合在正式公开场合与渠道显露的事情、思想、情感，在非正式群体中就可以表达、宣泄出来。这样既可以减轻心理上的压力，消除紧张状态，保持心理平衡，调适精神生活，又可以沟通、交流信息与情感。

其次，丰富个体的业余生活，使其有效地安排闲暇时间。爱玩是天性，学习之余的时间怎样度过？做自己喜欢的事情，与自己喜欢的人做彼此都喜欢的事情自然是首选。尤其是在紧张、繁忙的学习过后，跟水平差不多的同学相约打个球、组队完成角色扮演等是最美好不过的事情了。

2. 增强学生的群体意识

任何群体的存在都以群体成员遵守一定的行为规范为前提。非正式群体的行为规范一般是由学生约定俗成的、无形的，但成员都能自觉遵守本群体的规范，没有什么强迫性。如果谁违反了这种规范，会受到强烈的舆论谴责，甚至被孤立、被排挤，这就是学生非正式群体规范的非条文性、无形性以及较强的约束性特征。正是这些特征使非正式群体把群体观念等传递给每个成员，使之意识到自己是群体一员而且必须以群体的利益为主，应该自觉遵守群体的行为规范，进而化为群体每个成员自己的信念和价值观。加上群体内部的群体压力和一定的赏罚（多为心理上的），从而增强每个成员的群体观念和意识。学生的这一群体观念和意识有助于学校中正式群体的形成、巩固和建设。

3. 为学生提供一定的援助

当学生遇到困难挫折时，较早提供援助的往往是各种类型的非正式群体，这是因为非正式群体有较高的情感维系性。在日常生活中，个人的烦恼、生活的困难等不可能都依靠组织来解决，正式组织也难以解决每日每时发生的各类问题。一般来说，非正式群体提供的援助有两个特点。一是及时性。由于非正式群体成员之间交往密切，彼此信息灵通，一人有了困难很快会被了解到，同时解决问题不像正式组织那样层层批报，故而及时。二是比较全面。朋友、同学之间感情深厚、亲密友好，所以提供经济和物质上的援助多是无条件的、非偿还性的。这种援助既有物质和经济上的，也有精神和心理上的，如当某个学生遇到挫折时，如果能及时得到同伴的安慰和支持，这就有助于该学生解决困难、缓解压力、减少烦恼、消除挫折感。

4. 有利于学生之间相互学习

学生在非正式群体中，由于彼此交往频繁，了解透彻，既可以看到群体内其他成员的能力、知识水平和品格个性，又可以了解到别人对自己的评价、反映。这会使学生加深自己对别人更加全面和正确的认识，也清楚地认识了自己，因此易于及时发现自身的缺点和他人的长处，从而取长补短，不断进行自我完善和提高。另外，非正式群体是不受正式行政组织约束的，大家自愿结合，成员的交往与行为依靠情感道义等来维系，没有固定的规章制度和严格的组织纪律，无绝对权威，成员可以无拘无束地发表自己的思想、言论和观点，行动自由，这有利于学生个性的和谐发展和良好心境及愉快情绪的保持，从而促进学生人格发展。

5. 促进学生的社会化

社会化就是指个人通过学习知识和技能、学习各种社会规范，从而发展成为符合社会要求的人，取得社会成员的资格，更好地适应社会生活的过程。中小学生处在不断发展、变化之中，是不断走向成熟的人。在走向社会的过程中，中小学生只有不断与周围的世界进行交往、互动，才能更好地发展。影响中小学生社会化的因素很多，除了社会的因素、家庭的因素、学校的因素等，非正式群体也是一个重要因素，它对中小学生的社会化有着显著的影响。

=====影响社会化的客观因素[①]=====

社会环境是社会化的客观条件，是个体社会化的关键性影响因素。所谓社会环境是指影响和作用于个体的全部社会因素。主要包括：家庭、学校、同伴群体、大众传播媒介等。

家庭 家庭是社会的初级群体，对社会化具有特殊价值。儿童不仅在父母及其监护人的拥抱、爱抚中建立了最初的与他人亲密的情感联系，又从父母那里学会了吃饭穿衣等生活技能，同时习得进一步社会化的手段——学习语言、算数，学会思考和独立的方法。父母要教育和传授给孩子爱护财物、尊敬长辈、分辨对错、克制自己等各种社会规范。家庭、地区等社会特征和父母的经济收入、财产、生活方式、心理特征等又不断地影响孩子，对他们的人格形成有深刻影响。

学校 当儿童进入学校后，学校和教师的影响作用逐渐上升，成为社会化最主要的社会环境因素。学校是有一定的教育方针、培养目标，有组织、有计划、有步骤地向学生系统传授社会规范、道德价值和知识技能的社会化机构，学校通过各种教材、教师威信和人格、教育方式、考试与考核、各种学生组织和兴趣小组以及学校文化等对学生的社会化产生影响，

---

① 俞国良：《社会心理学》，121～122 页，北京，北京师范大学出版社，2006。收入本书时有改动。

其中教师的作用尤为重要。

同伴群体　亦称同龄群体，指年龄与社会地位相似的人结合形成的群体，如同学、朋友等。他们成长于相同的社会环境和生活条件下，有相似的价值观，趣味相投，感情融洽，他们强调参与者的平等和一致，同心协力、互相容忍、共同享受、一同参与。这种同伴群体在中小学、大学、工作单位普遍存在，它的影响力常常高于家庭和学校。

大众传播媒介　在现代信息化社会中，大众传播媒体在个体社会化过程中发挥了越来越大的作用。社会文化作用于个体的社会化，大都借助于各种大众传播媒介——书籍、报刊、广播电视、电影戏剧、录音录像、网络、远程通信等来实现。其功能有储存性、新闻性、知识性、舆论性、教育性、娱乐性、审美性等，并可以监督社会规范和准则的实行，使社会目标、信仰、价值、理想和意识形态等达到一致。例如，影视暴力对个体的攻击性行为就有举足轻重的作用。

(二)非正式群体的消极影响作用

非正式群体对学生以及班级的影响并非总是积极的，在有些时候可能是消极的，甚至还会具有破坏性。

1. 可能产生不健康的、危害班集体和社会的行为

维系非正式群体生存的重要纽带是成员之间的情感，这点在学生非正式群体中表现得更为明显，因此很容易导致他们因重感情、重友谊而对事物缺乏理智和冷静的分析判断，这样他们就不可避免地产生偏激、冲动和极端的思想和行为。尤其要指出的是，中小学生易把感情、友情等误认为忠诚，从而使他们所在的非正式群体具有更大的消极性和破坏性，进一步发展会导致一些违法行为发生。比如，小群体中一人受到批评或打击，其他人群起而上，出手相助等，这些行为都不同程度违反了班级、学校和社会的行为规范，有的甚至触犯法律，使正式群体的正常活动受到阻碍，遭遇挫折。青少年犯罪团伙多是从以上消极的非正式群体演变而来的。

2. 可能削弱正式群体的凝聚力，使其处于松散状态

较强的凝聚力是学生非正式群体存在的一个重要特点，这又突出地表现在学生的自卫性上，他们一般谨慎地对待别的同学或师长对自己群体的介入，时时提防他人的干预和"损害"，有时甚至盲目地排斥群体外的一切人。由于学生非正式群体存在于学校、班级等正式群体中，因此如果这些正式群体中有若干个自卫性很强的非正式群体，就很容易出现相互对立、相互排斥的局面。这样，正式群体和组织就可能成为一盘散沙，应有的凝聚力严重下降，应有的组织活动也难以开展和维持。尽管这只是一种可能，但是在学校中的确有这种消

极影响，这主要是由非正式群体的影响增大，正式群体的作用难以充分发挥所致。

3. 可能成为小道消息或谣言的传播者、制造者

非正式群体中成员频繁地交往和沟通，很容易传播和扩散信息，且受各个成员感情好恶的影响，流动的信息很容易失去其真实性，直至成为谣言、流言，客观体现出非正式群体成员起到了制造和传播谣言的作用。这仅仅是无意的，还有为维护本群体的利益，故意制造并传播一些小道消息和谣言的情况。无论是以哪种形式流传的谣言，都会给正式群体和组织埋下不安的种子，造成人心浮动，使正常信息的传播渠道受限。在学校里，班主任常可发现学生中小团伙散布的一些小道消息或谣言使班级出现混乱的情况。这些对班集体的建设、班主任工作、同学之间的团结都有很大危害性。

4. 可能造成学生心理与行为的整体偏离和失误

非正式群体中的核心人物是自然形成的，具有极大的权威性，群体成员对他在很多方面绝对拥戴和服从。因而当这些核心学生做出无论是对还是错的决策时，群体成员在理智上和情感上都会无条件地服从于他。一旦核心学生的意见和决策产生偏差，这一群体内的所有成员就会随之产生行为偏差。这样，非正式群体的行为就可能使正式群体以至整个学校和社会蒙受重大损害。

5. 可能抵消正式群体的正面教育作用

由于非正式群体与正式群体同时存在，彼此出现相互对立的现象实属正常。在学校中主要表现为如下几个方面：非正式群体的利益和目标与班集体等正式群体的利益和目标发生冲突或不一致时，会对正式群体的利益和目标起干扰作用；非正式群体与正式群体的行为规范发生冲突时会削弱正式群体规范的威严和约束力；在群体活动组织方面，非正式群体在与正式群体发生矛盾冲突时，可能会使正式群体的活动难以进行；不同非正式群体的核心人物的冲突可能会带动整个群体相互对立、攻击。当上述情况发生时，非正式群体中的个体会出现心理冲突，即左右为难。当理智无法战胜情感时，他们就极有可能做出有违正式群体规范的事情。

6. 可能产生去个性化行为

处在群体中的个体有时会跟群体一起表现出一些攻击行为，而这种行为在个体单独行事时不会表现出来。此类现象在心理学上称为去个性化。去个性化产生的条件有两个。一是匿名性。即个体的所作所为被群体所掩盖，不易被发觉。二是责任分散。当一个人成为某个群体的成员并与群体一起行动时，他的行为责任是由群体成员共同承担的，也就是说他的责任被群体成员分担了。既然参加者人人有份，惩罚的可能性变小，他也没有内疚感，就放心大胆地去做

了。当有这些想法的学生聚集到一起时，他们就容易产生情感上的共鸣，进而导致行为上的"共振"，班级规范对他们的约束力大大减弱，他们出现违纪行为也就十分正常了。

第二节　非正式群体的教育策略

非正式群体与班级正式群体一起构成了班级丰富多彩的班风、班貌、班级文化。非正式群体是学生人际交往的重要渠道，班主任要正视这一客观事实，不要过分限制那些无损于班级、正常发展起来的非正式群体，更不要把它看成影响教学和班级团体的"小团体"而给予压制，甚至强行解散。这样不仅不能使学生信服，反而使学生产生逆反心理和对抗情绪，形成更大的凝聚力专门与班主任对抗。

一、正确认识并深入研究非正式群体

班级中的非正式群体是与正式群体并存的，也就是说只要有正式群体和组织存在，非正式群体必然存在。加之非正式群体的作用是双重的，因此，班主任不妨先从心理上接纳他们，然后深入研究并分析各种非正式群体的形成原因、核心人物、活动内容、成员特征及其动向等，为进一步对其进行有效的引导、教育，发挥其积极作用寻求事实依据。

二、加强对非正式群体的目标引导

当非正式群体的目标与学校教育的要求、正式群体的目标相适应和一致时，非正式群体是积极的、有益的；如果非正式群体干扰、阻碍甚至破坏了学校教育活动，这时非正式群体就有可能表现出破坏性力量。因此，班主任要努力把非正式群体的目标纳入正式群体目标范围内，使各自的目标差距缩小乃至趋同，就会减少整个班级力量的内耗。如何实现？首先，班主任要在全面了解非正式群体的目标的基础上努力寻找其与正式群体目标的共同点或者交叉点，肯定积极面、淡化消极面。比如，某个非正式群体的成员都喜欢某个人物，班主任可以先引导他们思考如下问题：喜欢他的哪些地方？他身上的哪些优点值得学习？这些问题的思考具有极强的心理暗示作用，即追求美好。然后，肯定他们为了追求自己喜欢的人与事而去努力的做法，如收集并分享资料等，这与为了取得学习的进步所付出的努力是一样的。其次，利用非正式群体成员之间情感融洽

的特点，引导他们互相帮助，以克服学习上、生活中的困难。正所谓"独乐乐，不如众乐乐"。

三、区分非正式群体的不同性质，有针对性地采取应对措施

班集体中的非正式群体多种多样，性质各异，按照非正式群体的作用，可将其分为积极型、消极型、破坏型。积极型非正式群体的目标与学校教育目标一致或基本一致，是以正确的志向、观点和正当的兴趣爱好形成的非正式群体，能够直接促进学校教育目标的实现，使群体成员或群体外成员都获得发展。这类非正式群体的成员绝大多数是班级各种活动的骨干分子，他们有较明确的人生目标，思想进步，上进心强，对学习、活动认真负责。消极型非正式群体的目标与学校教育目标基本不一致，多是由一些比较自卑、性格内向，或因学业表现不佳在班级、学校中遭受冷遇的学生组成。破坏型非正式群体的目标与学校教育目标有根本的利害冲突。其活动具有破坏性，其成员有作恶行为，这类非正式群体占学生非正式群体总数的极少数，其成员由一些各方面表现差、有劣迹行为、受过处分、单亲家庭（缺少家庭的关爱或缺少必要的家庭教育）又自暴自弃的青少年学生组成。班主任应正确认识和对待学生的自发群体，对不同类型的非正式群体采取不同教育方法；辩证地看待学生自发的非正式群体，既不能肯定一切，也不能否定一切；具体情况具体分析，根据不同的情况采取不同的对策，做到因材施教。

对积极型非正式群体，因为其能够直接促进教育目标的实现，所以班主任要大力扶持，不仅要鼓励其存在，而且可以向他们提供一定的经费、场地、活动时间，引导他们成立正式的社团组织，吸引更多的学生参加，发挥其教育人、熏陶人的作用。

任何一个学生都有其积极向上的一面，即使是消极型非正式群体的成员。因此，对消极型非正式群体的教育应从如下三个方面进行。首先，防患于未然。如果在其刚刚形成、尚未稳定时就及时引导、教育，就会大大减小工作难度。其次，默默关注小群体成员的言行举止，努力发现他们的亮点与好的行为，以此消除他们的戒备心理，赢得与他们进一步沟通的信任基础。最后，他们一旦出现消极行为，班主任必须及时指正，打消他们的侥幸心理，防止事态进一步恶化。

对破坏型非正式群体，由于其活动具有破坏性，班主任要联合各个方面的力量，综合管理。对于违反校规、校纪的要给予纪律上的处分，但应以教育为目的；对一时误入歧途或被胁迫参加的成员，既要对他们的违规行为进行严肃批评教育与处理，又要耐心帮助他们，给他们改正的机会。

四、抓住对非正式群体核心人物的教育

非正式群体的成员，一般有其公认的核心人物，核心人物在这一群体中有着领袖般的地位。核心人物在非正式群体中的威望与他在正式群体中的地位有时会不一致，也就是说，这些"领袖"在班级里不一定是班长、团支部书记，也许连小组长都不是，但他们在非正式群体中的影响，可能会胜过父母的赞许、老师的评价、同学的认可。因而，有效地利用非正式群体中核心人物的作用，必然会收到以点带面，牵一发而动全身的效应。所以，在班级管理过程中，班主任要注意对非正式群体的核心人物进行正面引导，使他们增强辨别是非的能力，树立正确的人生观和价值观，把"核心"的积极性调动起来，然后通过"核心"对其他成员起到监督、管理和影响作用。例如，班主任可以安排非正式群体的核心人物担任班级干部，让他们在正式群体中实现个人价值，使得两种群体自然融合。教育转化核心人物的工作要细致、有条理，不可急躁，转化时要找准契机，消除其对立情绪，然后再委以重任，并采取相应的措施帮助其完成任务，使他们在成功的激励下顺利转变。

五、发挥非正式群体的积极作用

在非正式群体中，由于成员参与群体的目的不同，该群体的外部环境、核心人物素质、群体价值取向不同，因此各种群体的活动取向与效果各不相同。班主任应该认真做好非正式群体的思想工作，加强引导，力求发挥其积极作用，促进其健康发展。

首先，创设条件，进行目标引导。正处于青春时期的中学生身心发展变化较大，精力旺盛，但缺乏一定的社会活动经验、必要的判断力和分析是非的能力。因此，他们的群体活动往往带有一定的盲目性，如不加以引导，他们很容易受社会不良风气影响而沾上坏习气。事实证明，对起消极作用的非正式群体，班主任只要进行积极、有效的改造，并创造条件进行目标引导，就能够转移小群体的兴趣，改变他们的心理意识，使他们的活动走上正式群体活动的轨道。

其次，对症下药，进行非正式群体心理疏导。所谓非正式群体心理疏导就是要根据非正式群体心理发展规律和活动的特点对各群体之间的关系进行疏通引导，使群体之间特别是正式群体和非正式群体之间形成目标相同、和谐融洽的关系。对偏离班集体轨道的非正式群体，班主任要加强教育管理，在及时肯定他们长处的同时，积极引导他们抛弃消极的价值标准和行为模式，充分利用班集体和积极的非正式群体的力量来关心、帮助他们，以消除他们的心理障

碍，引导其找到正确的生活方向。对逆集体的非正式群体，班主任要及时掌握其活动动向，加紧疏导，配合家庭、学校进行综合管理，切实做好转化工作。

最后，提高预防意识，防微杜渐。非正式群体成员关系融洽，对其成员在学习、生活上的困难往往较集体发现得早，帮助较具体，解决得更及时，这对集体凝聚力的形成具有极大的作用。如不引导非正式群体的成员正确看待这一点，个体就可能过分相信非正式群体的作用，排斥正式群体对他们的帮助，从而造成混乱。

六、开展生动活泼、积极向上的活动

中小学生有各种各样的需要，这些需要如果在班集体等正式群体活动中得不到满足，他们就会另谋出路，而非正式群体正是满足这种需要的重要渠道。所以，正式群体要最大限度去满足每一个学生的需要，尽最大可能让每一个学生在正式群体里有充分表现自己的机会。例如，自愿建立兴趣小组和互助团队、进行特长展示、互相找亮点等活动，给他们锻炼自己的机会，让各种非正式群体，如喜爱音乐、体育、文学等的小群体显示出各自的特长，让他们在努力参与的过程中体验作为班级正式群体中的一员的快乐。同时，班主任要拓宽听取学生意见的途径和渠道，在日常管理中灵活运用各种方式与学生谈心、交心，用自己的人格魅力吸引学生，使他们融入班集体。这样做不仅可以使非正式群体扬长避短，而且增强了正式群体的吸引力和凝聚力。

七、学校、家庭、社区协作，充分发挥各方育人优势

2023 年年初，《教育部等十三部门关于健全学校家庭社会协同育人机制的意见》提出："明确学校家庭社会协同育人责任，完善工作机制，促进各展优势、密切配合、相互支持，切实增强育人合力，共同担负起学生成长成才的重要责任。"

社会大环境直接影响学校这个育人小环境。做好学生非正式群体的思想政治工作单靠学校一方的努力是远远不够的，相关部门要调动全社会的力量齐抓共管，形成良好的社会风气。学校要贯彻党的教育方针，坚持社会主义办学方向，调动师生积极性，优化小环境。社会宣传、新闻、文艺部门特别是影视、音像部门传播媒介也要重视教育影响作用。家庭更应该本着对社会、对祖国下一代负责的态度，积极支持和主动配合学校搞好对学生的教育。对极少

"小团体主义"帽子
不要随便扣——
善待班级中的
非正式群体

数屡教不改、教育无效且有破坏行为并产生不良后果的非正式群体成员，学校处罚已不能奏效，社会治安综合治理部门应大力协助，严惩不贷。教育挽救与处罚相结合，才能奏效。

【本章小结】

班级中的非正式群体是指班级里存在的以情感为纽带、以兴趣为黏合剂、以满足成员的心理需求为主要功能的小群体。非正式群体具有形成的自发性、规范的不明确性、以情感为纽带、核心人物自然产生并有一定影响力、内部信息传递的多样性与随意性、结构的封闭性与不稳定性、成员的交叉性等特点。班级中的非正式群体的类型，按其形成原因，可以划分为利益型、情感型、爱好型、亲缘型；按其产生的社会效应，可以分为积极型、消极型、破坏型等。非正式群体的形成是学生需要的相似性、交往的开放性、主体意识的增强、模仿心理的催化等使然。非正式群体的作用具有双重性，积极作用主要表现在：使学生获得需要的满足，增强学生的群体意识，为学生提供一定的援助，有利于学生之间相互学习，以及促进学生的社会化等；消极作用主要有：可能产生不健康的、危害班集体和社会的行为；可能削弱正式群体的凝聚力，使其处于松散状态；可能成为小道消息或谣言的传播者、制造者；可能造成学生心理与行为的整体偏离和失误；等等。对非正式群体的教育可采取如下策略：正确认识并深入研究非正式群体；加强对非正式群体的目标引导；区分非正式群体的不同性质，有针对性地采取应对措施；抓住对非正式群体核心人物的教育；发挥非正式群体的积极作用；开展生动活泼、积极向上的活动；学校、家庭、社区协作，充分发挥各方育人优势。

【思考与练习】

1. 非正式群体的特点、形成原因是什么？
2. 非正式群体的功能有哪些？
3. 非正式群体的教育策略是什么？

【综合案例分析】

肯定的力量[①]

刚接班，就听到同学反映，我们班里有四个"女将"，人称"四大金刚"。这不仅是因为她们个个都是班里的"头儿"，中队主席、语数外三门课的课代表全都被她们包了，而且是因为她们四个人"亲密无间"。我问同学们为什么不向她

---

① 赖华强：《班主任工作案例教程》第 2 版，125～126 页，广州，暨南大学出版社，2008。收入本书时有改动。

们提意见，几个同学瞪大了眼睛说，她们手中掌握着"大权"，个个凶得不得了，谁提意见就没谁的好日子过。我简直无法相信这是事实。疑惑成了强大的动力，促使我对她们的表现去进行细心的观察。一天，两天，一周，两周……时间在不断地流逝，我对她们的情况也有了比较详尽的了解。事实证明，同学们反映的基本上是客观的。"四大金刚"确有长处：对班里工作敢管、敢抓，做事果断、有点子。但是她们也确实有许多缺点：圈子太小，以身作则不够，听不得不同意见。尤其是语文课代表，外语默写常常不能及时完成，全靠其他三个人在早读课上"帮"她堂而皇之地过关。我感觉，她们虽然都是班干部，但实际上又是一个有威无信的非正式群体。怎么解决这一问题？全盘否定，不行！因为她们在班级管理中是做了不少工作的，而且发挥着实际的作用；全盘肯定，当然也不行，因为她们在工作中又确实夹了许多私心。我思索了许久，觉得唯一的办法是对这一特殊的非正式群体加以优化，使之成为班集体的真正核心。根据这一思考，我针对这一问题连砍了"三斧头"。第一斧，抓住默写作弊的事实在班里公开批评了她们。第二斧，另派一个同学协助语文课代表工作。第三斧，分别找这四个同学谈话，肯定她们的成绩，说明批评她们的原因，指出搞小圈子的危害。"三斧头"在班里引起了很大的反响，大部分同学说，先抓干部的风气抓得对，这样我们心服口服。也有一部分同学在那里主观地猜测，说"四大金刚"要被撤职了。"四大金刚"的心理压力当然很大，有点威信扫地的感觉。趁着大家都在思考这一问题的那股劲，我对四个同学逐一进行了家访。一进家门，她们几乎都很紧张，心想，大概老师来告状了。然而，我在整个家访过程中只是出乎她们意料地做了两件事。一是在她们的家长面前称赞她们的能力；二是征求她们对班里工作的建议，请她们谈谈怎样发展同学间的友谊，怎样建设好我们这个班集体。看着老师真诚的目光，她们绷紧的脸松弛了下来，阻塞的思绪像闸门一样被打开，她们不但积极谈建议，而且对自身建设也提出了许多改进措施。从此，她们的心胸似乎开阔了许多。自我批评使她们巩固了友谊，增强了带领全班前进的自觉性。在此基础上，她们还组织了一次关于搞好班级人际关系的主题班会，我也趁这个机会向同学们介绍了处理班级人际关系应当遵循的一些原则和基本方法。班里原有的一些小群体都开始了扩大友谊圈子的活动，与班集体的目标靠得更近了。

解析：

全面了解学生是进行非正式群体的引导与管理的重要前提，每一个学生都既有优点又有缺点，班主任善于发现优点，以此为突破口进行教育是赢得学生信任的有效手段之一。

【本章参考文献】

1. 杨兵. 魅力班会是怎样炼成的[M]. 北京：中国轻工业出版社，2010.

2. 田丽霞. 田丽霞班主任工作法[M]. 石家庄：河北教育出版社，2006.

3. 俞文钊. 管理心理学[M]. 3 版. 上海：东方出版中心，2002.

4. 钟启泉. 班级管理论[M]. 上海：上海教育出版社，2001.

5. 韩东才. 班主任基本功——班级管理的基本技能[M]. 广州：暨南大学出版社，2009.

6. 赖华强. 班主任工作案例教程[M]. 2 版. 广州：暨南大学出版社，2008.

7. 李庾南. 班主任工作艺术一百例——触及心灵的足音[M]. 北京：人民教育出版社，2007.

8. 张民杰. 班主任工作理论与实务[M]. 上海：华东师范大学出版社，2008.

9. 徐胜三. 中学教育心理学[M]. 北京：人民教育出版社，1993.

10. 张德. 社会心理学[M]. 北京：劳动人事出版社，1990.

11. 苏东水. 管理心理学[M]. 4 版. 上海：复旦大学出版社，2002.

12. 沈晓艳. 青少年学生非正式群体问题探析[J]. 湖州师范学院学报，2003(2).

13. 易松春. 试谈中学生非正式群体及其引导[J]. 中学政治教学参考，2002(8).

14. 龙伯良. 谈谈班级中的非正式群体[J]. 黄冈师范学院学报，2006(S1).

15. 王意娟. "反班级型非正式群体"转化工作之我见[J]. 湖南教育（教育综合），2007(10).

16. 张雷，吴娜. 对班级非正式群体的研究现状及其展望[J]. 四川教育学院学报，2009(1).

17. 安秋玲，王小慧. 班级内青少年非正式群体认同发展研究[J]. 心理科学，2006(1).

18. 江承福. 班级非正式群体管理策略[J]. 新课程（教育学术版），2007(9).

19. 屠永永，尤炜. 论班级中的"非正式群体"及其教育策略[J]. 现代中小学教育，2008(4).

20. 唐春，李莎. 初中学生非正式群体对学生个体发展的影响及调控[J]. 重庆文理学院学报（社会科学版），2007(1).

21. 杨志贤. 班主任如何对待学生中的"非正式群体"[J]. 广西教育，

2004(14).

22. 沈卫兴. 直面班级中的非正式群体[J]. 湖北教育（综合资讯），2011(3).

23. 姚本先. 论中小学学生非正式群体功能与教育管理[J]，中国教育学刊，1992(5).

24. 陈艳丽，李化树. 非正式群体——班级建设中一个不容忽视的因素[J]. 继续教育研究，2007(3).

【阅读链接】

1. 郑学志. 班级管理 60 问[M]. 上海：华东师范大学出版社，2012.

2. 李伟胜. 班级管理[M]. 2 版. 上海：华东师范大学出版社，2021.

3. 刘儒德. 班主任工作中的心理效应[M]. 北京：中国轻工业出版社，2012.

4. 俞国良. 社会心理学[M]. 北京：北京师范大学出版社，2006.

第七章

偶发事件的处理

【本章学习提示】

在班级中，偶发事件因其突发性和难以预料性，常常令班主任措手不及。偶发事件虽然出现的概率小，但往往影响很大，处理不好常常造成十分严重的后果。及时、妥善地处理偶发事件，既关系到学生个人的生理健康、心理健康和思想品德的发展，也关系到班集体的巩固。本章围绕偶发事件的特点、形成原因以及如何应对等内容展开介绍。

【本章学习目标】

1. 理解偶发事件的内涵、特点、类型。

2. 掌握偶发事件的处理原则、方法、注意事项。

3. 知道偶发事件也是教育时机，能发挥工作智慧处理偶发事件，助力学生全面、健康发展。

第一节　偶发事件概述

一、偶发事件的内涵

偶发事件是指偶然发生的、出人意料的，影响学生个体或班集体的利益与形象，扰乱正常教学秩序甚至危及学生安全的事件。这类事件，一般以损坏公物、打架、偷窃、人际冲突、恶作剧、逃学甚至自残等具体方式出现。偶发事件总带有突发性和紧迫性，需要班主任迅速做出判断，并做出相应处理。正确处理偶发事件是班主任的一项基本功。

二、偶发事件的特点

(一)诱因多样，难以避免

凡是与教育教学活动有关的因素都有可能导致偶发事件的发生。在班级管理过程中，偶发事件主要发生在人际矛盾中。人际矛盾可能是师生之间的，可能是同学之间的，可能是学生与家长之间的，也可能是学生与社会上某些人之间的。起因或者是一些始料不及的事情，或是某种已有的矛盾爆发，或是本已缓和的矛盾再次激化。一般来说，偶发事件的形成是经历一段时间量的积累最终发生的质的变化。在量变到质变的过程中，往往因为某一环节没有处理好，结果演变成偶发事件的导火索。下列状况通常容易成为偶发事件的导火索：学生提出敏感问题、搞个恶作剧，突发意外事故、外界干扰引起的慌乱，教师的疏忽、不当行为造成的群体性情绪激动等。人的情绪是变化的，人与人之间的互动也是变化的。所以，偶发事件出现的时间、方式以及出现之后其发展过程、趋势、实际规模、影响程度等是难以完全预测的。

(二)突然发生，出人意料

在正常运转的班级中，偶发事件出现的概率很小，但其出现常常是突然的、爆发性的、出人意料的。师生也许本来处在晴朗的"教育天空"下，就突然被置于阴云密布的矛盾旋涡中；也许本来还处在教师乐教、学生乐学的融洽气氛中，就突然陷入剑拔弩张的人际对立的局面。例如，某班学生正在准备开班会，一个学生到楼下教师办公室取班会所需资料，其他学生在教室内等待，可是等了好长时间也不见这个学生回来。于是，班主任派另一个学生去找，才发现这个学生下楼时不小心扭伤了脚、不能动弹，又恰逢上课期间无人发现。这样的事件既是非常少见，又是出人意料的。下楼梯是多么常见而普遍的行为，偏偏他出问题了。谁能说清楚为什么？谁又能预料到？

(三)影响较大，具有一定破坏性

一般来说，教师开展的教育教学活动是在预先计划的指导下，有条不紊、按部就班地进行的，而偶发事件则会打乱原有部署，使原本井井有条的活动无法按计划进行，活动的效果也会受到影响，甚至背道而驰。同时，由于偶发事件的起因比较复杂和难以预料，班主任处理起来会有相当的难度，一旦处理不当，就会造成混乱和难以预料的后果；或师生关系紧张、对立，或同学矛盾加深，或学生心理受到挫伤，或班集体受到破坏，或学生身体受到伤害。

(四)发生时间紧迫，但部分可防

通常情况下，只要有充足的时间并能进行深入地思考，再棘手的事情，处理起来都不会有多大难度。但偶发事件的处理恰恰不会给你认真思考、充分准备的时间。偶发事件一旦出现，如果不马上进行恰当的处理，教育教学活动就难以为继，学生心理就难以打通，师生关系就难以理顺。尽管偶发事件往往是突然爆发且爆发前并没有明显的征兆，但不是不可预防的。比如，人在激动状态下易出现过激言行。基于此，班主任不仅要善于控制自己的情绪，而且要善于识别学生的情绪状态，当发现学生情绪激动时，尽量避免与他发生正面冲突。另外，班主任平时要通过对班级内外部环境可能存在的隐患进行细致的观察，采取有效的措施及时消灭可能存在的隐患。

（五）作用双重，可成为教育契机

偶发事件在给学校、班级和个人带来负面影响的同时，也可能成为教育的契机，产生积极的效应，收到意想不到的效果。偶发事件的当事者和同这一事件有直接关系的其余学生，往往会产生一种强烈的需求，受到某种强烈的刺激，心理暂时失去平衡，思想矛盾特别激烈。这样，就形成了思想品德发展的一个"燃点"，引起学生内在因素的矛盾斗争，成为实施德育的有利时机。在这种时候，学生特别需要教师的关怀、慰藉、帮助和引导。正因如此，这时教师的态度和行为对学生的影响要比在通常情况下的影响深刻许多，往往使学生刻骨铭心，永世难忘。正确处理偶发事件，就是把思想政治教育和解决实际问题结合起来，产生的教育效果是空洞的说教（哪怕是充满诗意和激情的说教）所无法企及的。

=====做"四有"好老师①=====

每个人心目中都有自己好老师的形象。做好老师，是每一个老师应该认真思考和探索的问题，也是每一个老师的理想和追求。我想，好老师没有统一的模式，可以各有千秋、各显身手，但有一些共同的、必不可少的特质。第一，做好老师，要有理想信念。第二，做好老师，要有道德情操。第三，做好老师，要有扎实学识。第四，做好老师，要有仁爱之心。

三、偶发事件的形成原因

偶发事件的形成原因主要有如下四种。

第一，外在干扰。班级及其活动不可能完全地与外界的干扰隔绝开来，比如，教室内正在组织活动，忽然室外轰隆隆地作响，一看，原来是割草机正在"努力"地工作；一只猫作为不速之客溜进教室，走来走去；临近中午，某个同学肚子咕咕叫等。这些情况的发生，无疑会分散或转移学生的注意力，干扰正常的教育教学秩序。

第二，教师的不当行为。偶发事件看上去是学生的问题，实际上往往与教

---

① 摘自习近平总书记同北京师范大学师生代表座谈时的讲话。

师也有关系。有些偶发事件就是教师方面造成的，如教师因工作准备不充分、缺乏组织管理能力、滥用惩罚甚至不负责任而造成教育教学失误时，就有可能激发矛盾、引发冲突。

第三，个别学生寻求关注。有时候，学生表现出来的不良行为只是为了赢得老师或者同学的关注。寻求关注是人的一种基本需求。有些学生在学习上无法成为大家的关注点，往往故意在班级中制造一些麻烦，以引起老师和同学的注意，显示自己的存在。有的甚至不惜一切，满怀敌意地反抗老师，并且企图在班上拉帮结派一起对抗老师，以便重新确立个人地位。[①]

第四，个别学生的情绪问题或异常行为。一方面，焦虑、恐惧、忧郁、嫉妒等不良情绪容易使学生表现异常；另一方面，个别学生生理、心理出现异常行为等都可能引发其他学生的过度关注，从而影响正常教育教学活动的开展。

第二节　偶发事件的处理策略

一、正确处理偶发事件的意义

大多数偶发事件都会给班集体、师生关系、同学关系等带来一定的影响，甚至是消极、负面的影响。因此，班主任必须学会及时、妥善地处理好偶发事件，为班集体消除隐患或不稳定因素，防止某些不良影响的蔓延。正确处理偶发事件也是班级教育工作的重要组成部分，它对形成健康的班集体和促进学生的全面发展以及提高教师的教育能力等具有直接且重要的意义。

（一）有利于防止事态的进一步发展和意外事故的发生

偶发事件的发展过程，本身就伴随着矛盾的进一步激化和恶化的过程。偶发事件如果不及时处理或处理不当，就会进一步激化所引起的矛盾，引起一系列连锁反应。特别是打架之类的恶性事件或同学矛盾之类的棘手问题，倘若处理不当，就容易把问题闹大甚至危及人身安全。偶发事件处理得好，会增进当事人之间的友谊和团结，全班同学也可从中吸取教训，受到生动而现实的教育。一位班主任在处理同学之间的冲突时是这样做的：

两个男生找到班主任，边哭边互相指责。班主任注视他们几秒后，继

---

① 黄希庭：《心理学基础》，284 页，上海，华东师范大学出版社，2008。

续做自己的事情。待学生安静后，班主任要求他们以"我"为开头说说发生了什么事，一方说，另一方不能打断。甲流着泪说："他刚才……"班主任马上盯着他，甲愣了一下，说："我，我……"班主任鼓励："就只说我做了什么，至于他怎样，他自己说。"甲说："我和乙打乒乓球时，他……"班主任马上用手指向另一个男生，乙说："我就去看他们打球，可有一个球他没接到，本来我想告诉他怎样打，可他……"班主任又用手指向甲，甲接着说："我很生气，他当着这么多人的面损我，我就用拍子打了他一下。"讲到这里，甲的声音低了很多，似乎意识到什么，自动停了下来，望着乙。乙接着说："我当时也很生气，我好心帮他，可他却……""是这样吗？"班主任问。两个男生不约而同地点头，"后来我打了他。""我也打了他。"了解冲突原委后，班主任说："你们现在再用'你'开头给对方提建议，说自己希望对方当时怎样做。"甲说："你观看时，不要随意当众说别人，让人难堪。"乙也说："你也不要动不动就打人。"最后，班主任引导："再用'我'字开头说点什么。"乙抢先说："对不起，我不应该打人的。""我也不对。"班主任问："还需要我评理吗？"学生交换了一下眼神，不好意思地摇摇头。①

(二)有利于增强班集体的凝聚力，使班集体在考验中健康地发展

班级不可能不出状况，班集体也是经受了多方面的、多次考验之后才逐渐形成的。偶发事件的发生和处理过程，本身也是提升班主任管理能力、提高班集体凝聚力、进行集体教育的过程。班主任如果能够抓住偶发事件这一契机进行巧妙的处理和有针对性的教育，可以使全班学生从中受到深刻启发，从而使班集体更充满生机和活力。

(三)有利于使学生明辨是非，认清行为后果

说服法是教育的基本方法，但未必最有效。仅仅依靠简单的说教并不能让学生从内心发生改变。但偶发事件的出现，则给了大家一个澄清认识、触及心灵的机会，正所谓"百闻不如一见"。班主任当着当事者和全班学生的面把偶发事件处理好了，并且借偶发事件进一步引起大家的思考、辩论，最终明确：什么是对的，什么是错的；什么是应该提倡的，什么是必须制止的；如果冲动、不克制会出现什么情况等。班主任在平时反复强调这些问题，就会让学生豁然开朗并铭记于心。

---

① 谢慧怡：《中小学生冲突问题的社会学观照——兼论班主任处理冲突的策略》，载《中小学班主任》，2021(7)。收入本书时有改动。

(四)有利于提高教师的教育机智水平以及教师在学生心中的威信

班主任的教育能力，集中表现在机动灵活的教育机智上，教育机智又主要表现在选准教育突破口、抓准教育时机、掌握教育分寸上。教育机智是教师在教育教学过程中的一种特殊能力，是指教师对学生活动的敏感性，能根据学生新的特别是意外的情况迅速且正确地做出判断，随机应变地及时采取恰当而有效的教育措施解决问题的能力。在教育工作中，班主任随时需要这种教育机智，而在处理偶发事件时，这种教育机智更能得到最充分的发挥。班主任每一次对偶发事件的机智处理，都是其个人教育能力、人格魅力的展现，而这也是班主任威信形成的基础。

二、偶发事件的处理原则

(一)沉着冷静原则

遇事沉着冷静既是班主任不可缺少的心理品质和个人修养，也是班主任处理好偶发事件的前提条件。许多偶发事件是在学生情绪激动、理智感下降的情况下发生的，个别班主任一听到或遇到偶发事件，就火冒三丈、出言不逊，这样很可能使原本并不难处理的事情变得一团糟，造成师生关系紧张，甚至产生更严重的后果。相反，遇到偶发事件后，班主任若能善于制怒、冷静思考，对学生采取宽容、谅解的态度，发挥自己的教育机智，给学生一个台阶下，效果可能大不一样。最重要的是，偶发事件发生后，在场的所有学生都十分关注班主任的态度和情绪。班主任如能沉着冷静，不仅能够稳定事态，使学生的情绪趋于平静，为处理偶发事件确定一个良好的开端，而且是对学生进行情绪控制、机智处理问题的示范教育。

(二)因势利导原则

所谓"势"，是指事情发展所表现出来的倾向性。因势利导就是处理偶发事件时，要注意及时发现和挖掘事件本身所表现出来的积极意义，或顺势把学生引向正路，或逆势把学生拉向正轨。因势利导建立在全面了解学生的基础上。班主任平时就要注意多观察、多沟通，一旦发现征兆及时制止。即使没有及时制止，因为对学生比较了解，也能够找到开启学生心灵之门的钥匙。因势利导，还与融洽的师生关系、生生关系密切相关。海德的态度平衡理论告诉我们，人际关系对于态度转变有重要作用。具体来说，人际关系好，态度转变的可能性就大，如同"看在咱俩感情的份上，我也支持你一回"；人际关系不好，就难以说服对方改变态度，如同"咱俩也不是朋友，我凭什么听你的"。因此，若想在关键时刻赢得学生的信任、配合，听从指示，班主任就要在平时互动中让学生真切感受到老师、同学间的真诚、爱与信任。良好师生关系、生生关系的建立就要求班主任平时组织各种活动，通过活动，一方面可以听取学生的建议与心声，调解学生的矛盾，排解学生的心理压力；另一方面可以在活动中增进彼此的感情，体会到相互体谅、相互支持的乐趣与价值。当偶发事件发生后，班主任还要善于与学生沟通，善于取得集体舆论的支持。这样就会让学生乐于与班主任配合，使学生从心里接受班主任的临时安排，使偶发事件更容易得到处理。

(三)面向全体、教育为主原则

偶发事件多半是比较孤立的事件，也多半发生在少数学生身上，但处理偶发事件却要着眼于大多数学生。除了极个别的偶发事件涉及个人隐私、不宜公开处理，大多数的偶发事件都可以用来"借题发挥"，作为教育的内容。班主任处理偶发事件，不仅要解决某个具体的矛盾，教育某个具体的学生，而且要通过偶发事件的处理，使大多数学生总结经验，提高认识，受到教育。教育的艺术在某种程度上说既是发现的艺术，也是创造的艺术。偶发事件，好些都是学生的"创新灵光"，这对班主任有很大的启发作用，能推动班主任深思，让班主任在学生提供的"创作素材"的基础上进行再创造。偶发事件处理得好，对于提高和发展学生的能力，培养学生的好品德、好作风，提高学生对待各种问题的实际能力等都有极大的推动作用。

(四)时效统一原则

处理偶发事件，要讲求时间和效率的统一。既抓紧时间，又不偏离教育教学目的，不中断教学进程或者正常班级活动，这是处理偶发事件的重要前提和原则。班主任在处理偶发事件时应力求做到：一要尽力缩短处理时间；二要尽力限制、减少、消除偶发事件的消极影响面，能单独处理绝不当着大家的面进行；三要点到为止，见好就收，只要阻止、平息偶发事件即可，不要没完没了，借题发挥。

(五)借助集体原则

在一个班级中，班主任由于其特殊的地位，是班集体的领导核心、组织核心、心理指向核心、舆论的核心。所以，班级中的人员调配、组织安排、舆论的导向等均属班主任的控制范围，班主任在偶发事件发生后，要善于利用自己在班集体中所处的优势地位，充分运用集体的力量来对偶发事件做出正确的处理。班集体力量通常分为两部分：一是班集体的组织力量，二是班集体的舆论力量。在借助班集体的力量来处理偶发事件的过程中，班主任应使全体学生从偶发事件中受到教育，扩大教育面，使处理事件的过程转化为教育过程。但班主任也需要注意，并不是所有种类的偶发事件都适宜运用集体的力量来处理，通常在校内发生的偶发事件中，适宜运用集体力量处理的主要有：个别学生不遵守纪律，在课堂上打闹、争吵，或个别有不良行为的学生用暴力手段欺负弱小的同学，意外的伤病事件和一些调皮学生的恶作剧等。运用集体的力量对这些偶发事件进行正确的处理，不但可使事件得到及时妥善的处理，而且通过处理事件的过程，可使全体学生受到教育，增强班级凝聚力，强化是非观念。但对一些偶发事件的处理，班主任要慎重运用或尽量不运用集体力量。比如，当偶发事件属于个别学生与教师之间发生的冲突时，这类偶发事件虽然也存在是非和对学生的教育问题，但是事件发生后，从当事学生来看，这是教师和自己个人之间的事，如在事件未得到解决前，教师借助班集体的力量，常会被学生认为教师以势压人，反而对从根本上解决问题和对学生的教育不利。另外，地震、火灾等可能会产生次生灾害的偶发事件，也不宜让学生参与。

（六）重在预防原则

偶发事件看似是偶然的、意料之外的，但偶然之中往往隐含着必然的因素。一方面，学校、班级工作组织不严密，对学生缺乏全面的了解，班主任的自身素质欠佳等，都容易增加偶发事件发生的概率。例如，学生携带小刀等尖锐物品或具有伤害性的玩具到学校，往往是造成伤害性偶发事件的原因；楼梯扶手过低，或扶手顶部过宽、过平，常是造成学生意外坠落伤害事件的原因；学校门卫制度不严或围墙破损往往是校外不良分子闯入校园的原因等。另一方面，通常情况下，学生的不当行为在发生之前往往会有一些征兆，而这些征兆，有的较为强烈，有的则比较轻微。对于较为强烈的征兆，班主任常常能及时发现并及时制止，把矛盾冲突尽可能地消灭在萌芽状态。而班主任容易忽略的恰恰是在成人看来比较无聊的鸡毛蒜皮之类的小事，这些小事往往却容易酿成大的矛盾冲突，甚至造成不可想象的后果。"千里之堤，溃于蚁穴。"作为老师，尤其是班主任老师，必须有一双善于发现问题的敏锐的眼睛，对任何可能酿成矛盾冲突的事情，哪怕是在学生看来小得不能再小的事情，班主任也丝毫不能放松警惕，要及时进行说服教育，指出事情的危害性及可能造成的极大伤害，预防不良后果的发生。

预防通常有普遍预防与重点预防。所谓普遍预防，就是根据班级情况的较大变化，针对大多数人可能出现的思想问题，事先进行教育，避免问题大面积产生。学生发生共性的问题，一般是在学期初、假期结束的时候或者学校要开展大型活动的时候，由热门话题、思想热点开始，发生许多议论。这时，班主任必须及时针对刚刚出现的问题和可能发生的问题进行解释、引导、教育，把学生的思想、议论导向正确的方向，避免大量思想问题的产生。因而，普遍预防是十分重要的，运用得好，能避免不必要的曲折和损失。重点预防，就是对突出的人和事以及关键时期可能出现的问题，及时进行事先教育，防患于未然。在班级里，学生的经历、性格、爱好、学习情况是不同的，心理也是千差万别、千变万化的，这就需要班主任善于根据客观环境和学生情绪、言行的变化去分析情况，判断可能发生的问题，把教育工作做在前面。但是班主任不可能，也不需要对每一个人、每一件事进行分析和判断，只能抓主要矛盾，也就是说抓住关键的人、关键的事、关键时刻进行重点预防。普遍预防和重点预防是一般和个别、普遍性与特殊性的关系，班主任一定要结合起来进行。普遍预防解决共性问题，重点预防解决重点问题，共性问题解决不好，就容易转化为重点问题，重点问题解决不好，就有可能转化为共性问题，所以班主任要把两者结合起来，这样才能达到事半功倍的效果。

三、偶发事件的处理方法

(一)冷处理法

发生偶发事件后，学生多半头脑发热，情绪不稳，因此很难心平气和地接受教育。班主任也容易心理失衡，较难有充分的教育准备和冷静、细致的分析。这样就形成了学生和班主任准备不足的状况，如果贸然"热处理"，就难免发生失误或难以取得最佳的教育效果。因此，对待偶发事件，常用的办法就是冷处理。冷处理，首先是情绪的"冷"处理，即让情绪先冷静下来；其次，是指遵循教育规律的处理原则，即班级管理中偶发事件的处理一定有别于生活中矛盾、冲突等的处理，一切服从于教育目的。实施冷处理，并不是对事件不做处理，也不是拖拖拉拉不及时处理，而是尽量减少偶发事件的负面影响，争取调查了解的时间，等待最佳的教育时机，为全面、干净、彻底解决偶发事件做好充分准备。例如，某个学生做完课间操回到教室，刚坐到座位上，忽然发出扑哧的声音，原来有人在其椅子上放了一块橡皮泥。这时候，教师是立即展开调查、查找搞恶作剧者并严厉批评一顿，还是稍作处理开始上课？毫无疑问，应该选择后者。教师可以先安抚一下学生的情绪，再让他简单处理一下，就开始上课。课后，教师可以跟这个学生单独讨论橡皮泥事件的原因，让他谈论感受，询问他的处理方法，总之一切以淡化"恶"意为目的；也可以借此机会召开"橡皮泥能解决问题吗？"的主题班会。通过集体讨论，每一个学生都能够认识到这种行为的不当之处以及可能引发的严重后果。至于谁是始作俑者以及他能否主动承认错误就变得不重要了。

(二)变退为进法

在班级管理工作中，难免会有这样或那样的问题等着你：有时会让你"炸毛"，有时会让你开怀大笑；有时会让你措手不及，有时会让你受益匪浅；有时会让你惊魂未定，有时会让你如鱼得水。种种突发的尴尬事件，常常使一些教师，特别是年轻教师，感到十分头痛和烦躁。这类事件，他们从未遇到过，也没有想到会发生。由于知识经验不足，事到临头，他们往往不知所措，难以应对或错误应对。一旦遇到尖锐而后果又不十分严重的问题，一时间找不到正确答案或不知道怎么回答更合适，应该怎么办？班主任可以不必急于解答，更不能厉声制止。一要真诚，不弄虚作假，不能不懂装懂，更不能胡乱回答，欺骗学生，可以巧妙地反过来把问题抛给学生思考，发动大家一起开动脑筋，再综合大家的意见来得出结论。比如，一位教师在讲《小蝌蚪找妈妈》一文时，提问："同学们，你们觉得小蝌蚪见到妈妈说的第一句话是什么？"一个小学生回答"呱、呱、呱"，这使全班同学哄堂大笑，教师也怔住了。有的学生听了这个答案后，纷纷议论，这时，这位教师说："对于这一问题，既然大家这么有兴趣，那课后都好好想一想，他说得对不对。然后，下节课咱们再一起讨论。"二要寻找最恰当的方式，用最短的时间，把学生的思路引向疑难问题的"结局"，尽快导入正常教学。三要注意保护学生的好奇心，鼓励学生提出问题。四要兑现许诺，如果课上说课后解决某问题，那就一定要认真、准时兑现。有些问题的处理结果学生可能并不关心，但更在意班主任的处理态度与方式，如是否存在偏袒行为、是否守信用。

(三)移花接木法

班主任在处理偶发事件时，可能会遇到这样的情景：所处的情景、所要完成的任务和时间都不允许着手进行对偶发事件的调查和处理，而不处理又无法平息个别学生的情绪；或是这样的事件原本也不必弄个水落石出，过一段时间，这样的事件就不再成为"事件"。对此，班主任可用移花接木的方法，利用学生身上的某个闪光点，根据学生注意力容易发生转移的特点，巧妙地把对偶发事件的处理转移到另一件事情上去。例如，课间，两个学生发生口角。上课铃响了，班主任劝他俩进教室。一个学生很快进去了，另一个学生因吃了亏，不愿进教室。班主任没有硬拖他进去，而是根据这个学生平时乐于助人的优点，亲切地对他说："你看我双手拿着这么多东西，你能帮我把这摞作业本拿进教室吗？"这个学生看了看班主任，顿了一下，就接过作业本走进教室。班主任进入教室，马上对大家说："刚才两个同学吵了架，情绪都很激动。但是他俩都能顾全大局，一个同学自己静悄悄地走进教室做好上课的准备，另一个同学还帮老师把作业本拿进来,我相信他俩都能平复情绪上好课,咱们有委屈课后再解决。"

像这样的偶发事件,班主任经常碰到,其实事件已从学生之间吵架,转为一个学生不愿进教室。中小学生中的冲突、矛盾、纠纷,是学校生活中不可缺少的一部分。且大多数纠纷,是可以让学生自己解决的,班主任不必事事插手,插手过多反而影响学生交往能力的形成和社会化进程。但这个例子中的事件恰恰发生在上课之前,造成尴尬的局面。这位班主任这样处理,应是最佳的方案。采用移花接木的方式,关键是要找准一个"支点",转化要非常自然,不露斧凿的痕迹。

(四)幽默化解法

有些偶发事件,原不必争个曲直长短,但形成了尴尬的局面,或是如果非追究下去的话,结果只能是越来越糟。遇到这种情况,聪明的办法就是用幽默来解决。运用幽默,不仅能调节情绪、缓解冲突,而且它本身就是教育的"武器"。幽默是智慧的表现,也许能将一场冲突消于无形。例如,一位教师刚刚推开虚掩着的教室门,忽然一个本子从门上方掉了下来,不偏不倚,正好落到教师的头上,教室里笑声一片,这分明是学生的恶作剧。这位教师并没有发脾气,而是轻轻地拿下本子,自我解嘲地笑着说:"看来有同学想跟我讲悄悄话又不好意思,就用这种含蓄的方式表达。这说明平时我对大家的了解、关注不够。从今天开始,欢迎大家随时'骚扰',因为被你们信任与需要是我的幸福。"这位教师面对学生的不礼貌行为以幽默的话语带过,既显示了教师的诙谐大度,又让自己摆脱尴尬境地,还为学生创设了自我教育的氛围。

(五)营造宽松氛围法

宽容是处理课堂偶发事件的心理基础,但爱与宽容绝不意味着放纵、无原则的偏袒与迁就。教师的宽容、班级的宽松氛围能给每一个学生提供一个真实的体验、思考、选择、成长的心理空间。在宽松的班级氛围里,有担当会受到一致赞许;在宽容的班级氛围里,逃避责任会有强烈的内疚感;在宽容的班级气氛里,同理心更容易被激发;在宽容的班级气氛里,大家积极向上,身在其中的每一个学生都会被感染、被滋润,久而久之就会做出正确的选择。今天的社会开放度越来越高,诱惑也越来越多。为了能让孩子健康成长,无论是家庭还是学校,都在其思想、行为未出现偏差时严防死守;将要出现偏差时堵漏补缺,全力遮挡;出现偏差后严惩不贷,不留余地。的确,个体的成长过程离不开约束、管教和指导。但是,学生如果每时每刻和事事都在他人的管教和指导之下,是不大可能学会自控和自我成长的。班主任如何做到宽容?天天把"我都是为了你们好"挂在嘴边、一遇到事情就"碎碎念"甚至大吼大叫绝对不是宽容。反过来，从内心去信任与理解，用点点滴滴的言行举止使学生真切感受到教师的仁厚和良苦用心才是真正的宽容。

例如，一位班主任走进教室，发现讲桌上放着一张字条，上面工工整整地写着："你以为你是老师就可以压服我们吗？你整天板着脸，说吼叫就吼叫，搞得班级气氛很压抑。你就不能心平气和地说话？多笑一笑会少块肉吗？"落款是："来啊，互相伤害啊。"看完字条上的内容后，这位班主任陷入了沉思：我错在了哪里？我不都是为他们好吗？以此为契机，她与身边的优秀教师，尤其是比较受学生欢迎的教师进行了深度交流。几天后，她在自习课上宣读了字条的内容，并感谢这个学生给自己的"暖心"提醒，接着给学生布置了一篇题为"我心目中的班主任"的作文，让学生提意见、写真话。为了让大家放下思想包袱，她让学生把作文发到她的邮箱。同时，让学生随时监督她说话时的语气、表情。因为此事，学生改变了对她的看法，也对其虚心、宽容感到由衷的钦佩，从而形成了和谐的师生关系。

(六)爱心感化法

偶发事件经常发生在一些潜能生身上，他们十分渴望得到教师的信任和尊重，即使有了差错，也希望得到原谅。班主任应坚信每个学生都是可以被教育好的。在处理偶发事件时，班主任应注意把严肃、善意的批评与信任和鼓励结合起来，把尽量多的要求与尽可能多的尊重结合起来，切不可感情用事，用训斥加批评甚至是体罚或变相体罚等方法简单粗暴地处理，以免激起师生之间的矛盾，造成师生之间情绪的对立。这正如苏霍姆林斯基所说："教育，首先是关怀备至地、深思熟虑地、小心翼翼地触及年轻的心灵。在这里，谁更有细致和耐心，谁就能获得成功。"

(七)巧妙暗示法

暗示是在无对抗条件下，通过手势、语言和行动等形式，使他人的态度、情感和信念发生改变的过程。在教育教学过程中，暗示是无声的教育，是润物细无声的教育。正如苏霍姆林斯基所说："任何一种教育现象，孩子在其中越少感觉到教育者的意图，他的教育效果越大。"处理偶发事件，教师可采用暗示的方法，旁敲侧击。有些课堂偶发事件，特别是不显著的、影响不大的、涉及面不广的偶发事件，教师不要因其而中断教学进程，停止讲课来处理，最好是采用暗示的方法，在无声无息中处理。例如，通过语调的变化、目光的注视、走到学生身边轻轻拍一下他的肩膀、让他回答问题等，点到为止。这样，既可使学生的问题行为得到纠正，又不影响整个课堂，不影响其他学生，更保护了学生的自尊心。长此以往，教师就会树立起自己的威信，赢得学生的尊敬和爱戴，并为解决其他偶发事件打下良好的心理基础。正如一个曾经爱搞恶作剧的学生说的那样："老师的语气很温和，但目光很坚定，属于那种不怒而威型的，酷！很庆幸，也很感谢她没有当众点我的名，没让我下不来台。也正因为如此，我才觉得自己做的事真不对。以后可不敢了。否则太对不起她了。"

总之，由于各方面因素的影响发生的偶发事件是层出不穷的，处理偶发事件是一个灵活、复杂的过程，班主任要迎难而上，要有满腔的热情、万分的耐心，一切从学生的发展出发，应用现代教育心理学知识，不断提高处理偶发事件的艺术性与实效性。

四、处理偶发事件的注意事项

(一)以保护学生自尊为前提

每个正常的人都有自尊的需求，中小学生的自尊需求尤为明显，容不得别人轻易侵犯。事件发生后，责任者往往是受批评的对象，其自尊心也处于受威胁的状态。此时，如果一味求严而置其自尊心于不顾，往往不会取得最佳效果。2021年3月1日开始实施的《中小学教育惩戒规则(试行)》明确说明："教师对学生实施教育惩戒后，应当注重与学生的沟通和帮扶，对改正错误的学生及时予以表扬、鼓励。"严格要求是一种态度、手段，但绝不是目的，严格要求是为了让学生认识到错误并在以后的学习和生活中不犯错误或者少犯错误。因此偶发事件发生以后，班主任要结合学生实际做到：耐心帮助责任者分析事情发生的原因，并认识到后果的危害；鼓励责任者鼓起承担责任的勇气，进行自我检查、反思；启发责任者进行自我教育，通过这件事情吸取经验，以防止类似事件的再次发生。如果对有些学生非需要当众批评不可，班主任也要在措辞上注意分寸，让学生感到"面子"还没失尽，老师严中有爱。例如，有的学生就是喜欢根据外部特征给人起绰号，一次因为给别人起绰号引起了纠纷，双方甚至到了动武的地步。遇到这样的情况班主任应该如何处理？一位有经验的班主任是这样做的：他在了解了事情的起因之后，找到了这个学生，这个学生很紧张，以为肯定会受到老师狂风暴雨般的批评。看到学生的这种反应后，这位班主任并未直截了当地对他进行批评，而是先表扬了他一番，表扬他对人物的观察能力强，能抓住人物的某些特征进行概括说明，这种能力对在学习和生活中发现解决问题的好办法、好点子是非常重要的。这时，这个学生的心理防线就会打开，班主任再趁势让他讲述并分析这次纠纷的整个过程，然后给他点出事态发展的原因，以及如果没及时制止会产生什么后果等。这样一来，他就会认识到事件发生的原因是自己，因此要勇于承担这次事故的责任，班主任进而继续引导分析，这次取绰号纠纷只是其中的一次教训，如果继续给别人取绰号，后面的麻烦可能还会更多；再者，将心比心，如果别人给自己起绰号，自己感受又如何？经过这样的对话，这个学生很容易就认识到了自己的过错，并在一次班会课上主动承认了自己的错误，还表态要坚决改正这个错误，请大家共同监督。反之，如果班主任一开始就单刀直入地批评他不该给别人取绰号，要他承担全部责任，甚至指责他出现这样的事情就是人品问题等。那么，在班主任的严厉批评之下，学生或许会承认错误，但未必能够从心里接受班主任的说教，也未必改正这一缺点；甚至班主任的严厉批评会引起学生的逆反心理，进而使学生顶撞班主任，其效果会适得其反。

(二)以事实为依据，力求公平、公正

无论偶发事件发生在学生与学生之间，还是学生与教师之间，班主任都要充分调查，在全面了解事实真相的基础上，尽可能公平、公正地处理问题。班主任不能偏心，更不能以老眼光看人，要尽量避免受刻板印象的影响。所谓刻板印象，是指人们通过自己的经验形成对某类人或某类事较为固定的看法。当一个优秀生与一个潜能生发生矛盾时，通常情况下，人们会认为一定是潜能生的错，这就是刻板印象。如果遇到这种情况，班主任应在详细调查之后再做处理，以理服人。反之，如果班主任以势压人，理所当然地简单处理了之，不仅会姑息犯错者，对其成长不利，而且会丧失未犯错者对教师的信任，以至于他们"破罐子破摔"。在寻求事件处理办法时，如果时间允许，班主任还可征求学生、家长、校领导的意见，使偶发事件在必然的结果中得到解决。只有做到这一点，才能处理好偶发事件。

(三)灵活运用心理学的规律

个体有自我价值保护倾向，在受到批评、责备时，往往会自觉或不自觉地开始搜寻对自己有利的证据，以此说明自己并无错误或责任不大，就是有错，也是外在原因造成的，这就是心理学上的动机性归因偏差。例如，在一次复习课上，为了让一些丢失了试卷的学生能及时补上试卷，教师把多余的空白试卷分发给那些学生，此时，许多学生围上来，一抢而空，而有的真正丢了试卷的学生却喊没拿到试卷。正在此时，后面传来了两个学生的吵架声，原来一个学生没有丢失试卷，但又拿了一张，其他学生看见后与之争吵起来。此时，他理直气壮地说："别的没有丢失试卷的人也拿了。别人拿了，我为什么不能拿？再说了，不就是一张卷子吗，有什么大不了的？"这就是典型的外归因。从心理学对人性的理解角度来看，这个学生的说辞、做法似乎不无道理。此时，教师

如若依靠权力或其他力量来强迫他承认错误，恐怕会激起他的逆反心理。教师可以顺势这样说："看来你是真爱做卷子啊，好。以后老师多打印几份卷子，多给你一份。但今天不行，没有多余的了，你把那份卷子给没有的同学好吗?"

(四)切忌居高临下

意外的矛盾冲突，有时会发生在师生之间。对于师生间的冲突，不管谁对谁错，从教育学的角度来说，我们认为都是教师的错误。也就是说教师本不该与学生发生冲突，除非是为了保护更大的利益、避免更大的损失，否则就是教师专业行为低下的表现。这样要求也许对教师会不公平，但同样作为教师，我们认为：教师是接受过专门训练的教育工作者，是懂得教育规律的，并要遵循一些职业操守。而学生是在成长中的人，出现问题是正常的，因此也就需要教师的教育、引导与帮助。即使是学生的错，教师也要沉着、冷静，不仅要显示出博大的胸怀和高尚的境界，而且要用实践证明教育与武力管理的不同，不能为维护自身的尊严而凭借职业权势讽刺、挖苦学生，甚至体罚学生，这可能会给学生的心灵带来难以抚平的创伤。如果是教师的责任，教师就要勇于在学生面前解剖自己，这是基本的做人原则，也是教师的职业操守，并且还会使学生生出敬意。著名教育家陈鹤琴说，无论什么人，受激励而改过，是很容易的，受责骂而改过，是不大容易的，而小孩子尤其喜欢听好话而不喜欢听恶言。

(五)发扬积极因素，克服消极因素

处理课堂偶发事件，班主任要变不利为有利，发扬优点，克服缺点。有些偶发事件，表面上看干扰了课堂教学、破坏了课堂纪律、影响了教学进程、打断了教师的教学思路，但其中往往包含一些积极因素，这就需要班主任充分认识和挖掘，并加以利用，化消极因素为积极因素，变不利因素为有利因素，把处理偶发事件变成提高学生认识、激发学生情趣、磨炼学生意志、培养学生品质，以及教育大多数学生的一次机会。特别是对因潜能生的问题行为而引发的偶发事件，班主任更要扬长避短、长善救失，在坏事中寻找积极因素，利用积极因素来进行教育。这样做既处理好了偶发事件，又教育转化了学生。

当年陶行知任育才学校校长时，有一天，他看到一个男同学欲用砖头砸同学，就将其制止，并责令其到校长办公室去。等陶行知回到办公室，见男生已经在等他，就掏出一块糖送给他："这是奖励你的，因为你比我按时到了。"接着又掏出一块糖给男生说："这也是奖励给你的，我不让你打人，你立即住了手，说明你很尊重我。"男生将信将疑地接过糖果。陶行知又说："据了解，你打同学是因为他欺负女生，说明你

基于学生立场
处理偶发事件

有正义感。"陶行知掏出第三块糖给他。这时男生哭了："校长，我错了，同学再不对，我也不能采取这种方式。"陶行知又拿出第四块糖说："你已认错，再奖你一块糖……我的糖分完了，我们的谈话也该结束了。"

【本章小结】

偶发事件是指偶然发生的、出人意料的，影响学生个体或班集体的利益与形象，扰乱正常教学秩序甚至危及学生安全的事件。偶发事件具有诱因多样，难以避免；突然发生，出人意料；影响较大，具有一定破坏性；发生时间紧迫，但部分可预防；作用双重，可成为教育契机等特点。偶发事件可能由外在干扰、教师的不当行为、个别学生寻求关注、个别学生的情绪问题或异常行为所导致。对偶发事件的处理应遵循沉着冷静，因势利导，面向全体、教育为主，时效统一，借助集体，重在预防的原则，可采取冷处理法、变退为进法、移花接木法、幽默化解法、营造宽松氛围法、爱心感化法、巧妙暗示法等进行处理。另外，对偶发事件的处理还应注意：以保护学生自尊心为前提；以事实为依据，力求公平、公正；灵活运用心理学的规律；切忌居高临下；发扬积极因素，克服消极因素。

【思考与练习】

1. 简述偶发事件的内涵与特点。
2. 简述处理偶发事件的原则。
3. 简述常用的偶发事件处理方法。
4. 简述处理偶发事件的注意事项。

【综合案例分析】

山不过来，我就过去[①]

结业典礼那一天，我把一学期来没收的漫画书、玩具、零花钱，一样不落地还到孩子们手中。这些小玩意儿，在老师眼里，小小的甚至烂烂的，也不值什么钱，但在孩子们眼中，这些东西大如天，心里一直惦念着呢。陶行知先生不是说过嘛，您不可轻视小孩子的情感！他给您一块糖吃，是有汽车大王捐助一万万元的慷慨，他做了一个纸鸢飞不上去，是有齐柏林飞船造不成功一样的踌躇。他失手打破了一个泥娃娃，是有一个寡妇死了独生子那么悲哀。他没有打着他所讨厌的人，便好像是罗斯福讨不着机会带兵去打德国一般的怄气。他受了你盛怒之下的鞭挞，连在梦里也觉得有法国革命模样的恐怖。他想您抱他

---

① 许丹红：《小学班主任的 78 个临场应变技巧》，8~10 页，北京，中国轻工业出版社，2011。收入本书时有改动。

一会儿而您偏去抱了别的孩子，好比是一个爱人被夺去一般的伤心。

咱也是从做小孩子过来的，这一点咱内心里一清二楚。最后一天，本就该欢欢喜喜，开开心心。

这顽皮大王晴晴被没收的40元（学校禁止带零花钱）该怎么处理？他的表现真差劲，数学考试特不认真，监考老师反复提醒也没用。是不是该给他点儿教训，悠着点儿再给他？别的孩子的玩具、零花钱都拿到手了，他的40元"巨款"我只字不提。

正当我在办公室休息时，他的同桌子涵来了，说："许老师，晴晴说，你若是不还这40元钱，你今天就别想回家了。"哈哈，好家伙，还敢威胁老师了。

"晴晴，你真在教室里这么说啊，今天，许老师不还你钱，就不能回家了啊？那好啊，我等着你啊！我倒要看看，你怎么不让我回家呢！"我一反常态，故意微笑着问。

"我没说，我没说。"晴晴在我面前，一直不敢"嚣张"。这份威信，一则来自我的严厉，绝不姑息放纵，二则来自我对他的关爱，从不歧视、嘲笑或谩骂，有的只是循循善诱。我知道，他对这40元的回归的期待是那么迫切。40元，在孩子心中是一笔"巨款"了，他的心里有多么期待它的回归。他急，又无可奈何，只能在同桌面前发此狠话，他内心不知道有多憎恨我这位班主任。

"呵呵，想拿钱可以啊，等一下，你妈妈来接你时，让你妈妈来拿啊！"我怕把钱放在他手里，他会独自去外面花光，再者，因为他刚才所说的话，我更想给他一个下马威。

当我整好思路，与全班孩子道完再见后，不见他的踪影了。让学生下去找，他们都说晴晴已回家了。我知道，这孩子不敢与家长说，心里带着那一股愤愤的劲儿回家了。

我理解孩子心头那一份气愤、不平，凭什么其他同学的都还了，就我的没还呢？年少时，我们往往只考虑自己的感受，只觉得世界不公，而不会思考自己的某一种不当的言行。许多孩子与老师的隔阂就是这么产生的。

暑期，我一定要去晴晴家家访啊，把这40元钱亲自还到孩子的手中。走进孩子的心灵不是一件容易事，这可是一个好机会。做老师的，要善于化干戈为玉帛，最忌与孩子一般见识。

暑假的某一天傍晚，我去晴晴家家访，因为路途较远，孩子爸爸开车来接我。我站在公交站台上等候，孩子爸爸开车过来了。孩子也坐在车内，见了我，怯怯地叫："许老师！"孩子妈妈告诉我，孩子多次在家表示，若我去家访，他将跑掉。我与孩子爸爸妈妈愉快交流。孩子一会儿坐到东，一会儿坐到西，手足无措，时不时撑着脸皮，对爸爸妈妈说几句"强硬、剽悍、无谓"的话。我知道，孩子心里不是这么想的，但碍于面子，需要这样的话语来支撑他脆弱的心灵。

我拿出100元，告诉孩子："晴晴，今天许老师来家访，不是来向你爸爸妈妈告状的，主要是来还你的40元钱。"孩子的两只眼睛顿时明亮起来，绽放出了光芒，那一刻，简直可用激动和兴奋来形容他。虽只是一瞬间，但做惯思想工作、经常与孩子打交道的我，分明察觉到了。

孩子的爸爸妈妈很客气，推阻着，不让我还钱。我说，这是老师建立威信、赢得孩子心灵的好时机，一定要还。

这时的晴晴，整个人都温柔起来，他频频点着头。

这一次家访，给孩子童年的心灵烙下了一个美好的印记，就这样，不经意间，他的心门悄悄打开，我与他心灵的美好交往已拉开帷幕。

解析：

这是许丹红老师在班级管理中巧妙处理学生对立情绪的一个片段，充分体现了她的教育智慧，她先是冷处理，在厘清思路后，通过家访的形式，打消学生的疑虑，既建立了威信又赢得了孩子的信任。

【本章参考文献】

1. 邱淑慧. 班级管理与班主任工作技能[M]. 广州：暨南大学出版社，2011.

2. 教育部师范教育司，教育部基础教育司. 班主任工作基本规范[M]. 北京：北京师范大学出版社，2008.

3. 王宁. 今天，我们怎样做班主任：中学卷[M]. 上海：华东师范大学出版社，2006.

4. 范梅南. 教学机智——教育智慧的意蕴[M]. 李树英，译. 北京：教育科学出版社，2001.

5. 高谦民，黄正平. 小学班主任[M]. 南京：南京师范大学出版社，2004.

6. 李茂. 今天怎样"管"学生——西方优秀教师的教育艺术[M]. 上海：华东师范大学出版社，2008.

7. 徐胜三. 中学教育心理学[M]. 北京：人民教育出版社，1993.

8. 魏书生. 班主任工作漫谈[M]. 桂林：漓江出版社，2021.

9. 魏茂盛. 班主任应对班级偶发事件的技巧[M]. 长春：吉林大学出版社，2010.

10. 黄红. 班主任对班级偶发事件处理的技巧[J]. 中国科技信息，2009(5).

11. 谢东云. 浅谈班级管理中对偶发事件的有效利用[J]. 时代教育，

2006(24).

12. 李斌. 课堂偶发事件处理四原则[J]. 新课程(教师版)，2006(5).

13. 朱开群. 课堂教学中偶发事件的类型及其处理艺术[J]. 中学政治教学参考，2003(Z2).

14. 王海燕. 如何处理课堂偶发事件[J]. 中学教学参考，2009(36).

15. 解景晖. 处理偶发事件的两个"小窍门"[J]. 黑龙江教育(小学教学案例与研究)，2007(7-8).

16. 姚明运. 如何处理班级偶发事件[J]. 广西师范学院学报(哲学社会科学版)，2010(S1).

17. 张志伟，郝跃军. 课堂偶发事件处理的艺术[J]. 新课程(教育学术)，2010(6).

18. 莫莉. 浅谈教学机变在偶发事件中的运用[J]. 科技信息，2010(13).

【阅读链接】

1. 许丹红. 小学班主任的78个临场应变技巧[M]. 北京：中国轻工业出版社，2011.

2. 罗杰斯. 课堂行为管理指南[M]. 鞠玉翠，刘继萍，译. 4版. 上海：华东师范大学出版社，2019.

第八章

班级活动

【本章学习提示】

班级活动是班级建设不可或缺的环节，对学生成长和发展的作用不容小觑。班级活动是班级德育的重要载体，更是落实立德树人根本任务的基本途径之一。了解班级活动的相关知识，掌握班级活动的实施途径，是成为一名合格班主任的前提。本章主要围绕班级活动及其实施展开介绍。

【本章学习目标】

1. 明确班级活动的内涵、意义。

2. 了解班级活动的类型。

3. 结合案例，深入了解班级活动的实施途径，通过班级活动的开展探寻落实立德树人根本任务的基本途径。

第一节　班级活动概述

一位教师在被选作班主任时，往往会通过开展一些班级活动来凝聚人心。然而，开展班级活动每个人都会，能否让班级活动有一定的实效性，却存在一定的差异。在工作中，班主任如果能够创造性地开展丰富多彩的班级活动，则是达到较高的境界了。这就要求班主任对班级活动有较深入的理性认识，对不同类型的活动熟练掌握，并能遵循开展活动的原则和方法，付诸实施。

一、班级活动的内涵

班级活动是在班主任指导下，有目的、有计划地为实现班级教育目标而设计并开展的师生共同参与的各种教育教学实践活动。它是班集体形成的基础，也是班集体发展的催化剂和实现学校教育目标的重要途径，可分为广义和狭义两个方面。

广义的班级活动，是指在教育者的组织领导下，为实现我国的教育方针和培养目标，完成学校的教育计划，组织班级全体成员参加的一切教育活动。例如，班级的课堂教学活动、思想品德教育活动、课外劳动、各种兴趣小组活动等都可统括其中。这里的教育者不仅指班主任，也指各科任教师或学校其他人员。

狭义的班级活动，是指在班主任的指导下，由学生自己参与组织的，为实现班级教育目标而举行的各种教育活动，是按班级的组织系统开展的一种集体活动。

班级活动和学科教学是整个教育过程中不可缺少的两大因素，它们之间既相互补充、相互促进，又相对独立。学科教学侧重于使学生获得大量的间接经验，具有较强的系统性，是班级活动的基础，为班级活动提供了指导和借鉴。班级活动与学科教学相比，其内容丰富多样，涉及学生学习和生活的各个方面，可使学生通过亲身的实践和体验，获得大量的直接经验，不断完善个性、健全人格。

二、班级活动的类型

班级活动根据不同的标准可以划分为不同的类型。

第一，从活动的经常性上看，班级活动分为常规性活动和非常规性活动。常规性活动，又叫例行活动，目的在于使学生养成良好的生活和学习习惯，如晨检、打扫卫生、升旗仪式等。非常规性活动是根据一定的班级状况而设置的不定期活动，如植树、郊游等。

第二，从活动对象上看，班级活动可以分为个体活动和群体活动。个体活动是组织学生独立完成某种任务而设计的活动，如演讲比赛、围棋比赛等，目的是提高学生独立活动的能力。群体活动是一个班集体的整体活动，如植树、运动会等活动，目的是促进班级整体的改善与发展。

第三，从活动的综合性来看，班级活动可分为单一活动和综合活动。单一活动的内容、任务和目标单一，是指就某一项任务、内容设计的，达到的目标也是与内容、任务相关的。例如，班主任想要增强群体凝聚力，可以设计拔河比赛活动；想加强班级学生的协调一致性，可以组织"多足一起向前走"活动等。综合活动的目标、任务、内容涉及多个方面，是指通过一项活动达到多种目标，如越野赛活动，既是体力与智力的比拼，也是对群体协调性的考验。

第四，从活动的性质来看，班级活动可以分为自助性活动和社会性活动。自助性活动是指学生自理、自我服务的活动，如系扣子、整理书包等。社会性活动指学生参与社会、发展社会性的活动，如帮助同学、与人沟通、爱护桌椅等。

三、成功的班级活动的标志

成功的班级活动是在班主任的指导下，有目的、有计划地为实现班级教育目标而举行的各种教育、教学实践活动。开展班级活动有利于培养学生良好的品德，发展其个性特长，锻炼其意志品质，使其养成良好的行为习惯。班级活动是班集体形成的基础，是发展的催化剂。班主任要想开展成功的班级活动，应注意以下几个方面。

（一）教育性

班级活动的教育意义是多方面的，它可以是提高学生思想道德水平的，可以是开发学生智力的，可以是提高学生实际操作能力的，可以是增强学生审美情趣的，还可以是强健学生身体的，等等。好的班级活动应发挥教育的综合功能。在制定班级活动目标时，班主任要寓教于乐，最大限度地发挥班级活动的教育作用。

（二）生活性

班级活动的内容要紧贴学生生活，即从学生的角度看自己的内心生活、校园生活、社区生活、时代生活。内容选择要"新""实"。所谓"新"就是根据新的形势，结合最新信息、热门话题，聚焦热点，确定活动内容。这样容易激发学生的兴趣，增强活动的吸引力。所谓"实"，就是因时制宜、因地制宜、结合学生思想实际，针对学生年龄特点开展活动。这样做能让学生感到实在、实用、实惠，从而调动学生参加活动的积极性。

（三）多样性

班级活动要达到理想的教育目的，就必须注意活动内容、形式、组织方式的多样性。首先是活动内容的多样性。开展班级活动要兼顾学生德智体美劳各方面的素质，使活动既有教育性，又有趣味性。活动内容多样性能使不同程度的学生都有施展的机会，从心理上获得成功的体验。其次是活动形式的多样化。学生喜欢求知、求新、求实、求乐，因此，班级活动形式要丰富多彩、变化新奇，让所有参加活动的学生都能体验到快乐。最后是活动组织方式的多样化。除了集体活动，班级活动还可以是小组活动、社团活动，甚至是三五个人自由结合的活动。班级活动的多样性能兼顾学生的兴趣、爱好、发展需要，让活动更有实效性。

（四）整体性

整体性是指班级活动的内容、活动的全过程、活动的教育力量都要成为一个系统，用整体的教育思想指导整体的教育活动。从活动内容看，班级活动要有整体教育的考虑，要包含德智体美劳诸方面活动，形成全面的信息网络，使学生得到多方面的教育和发展。从教育力量看，班级活动要尽可能地发挥学校、家庭、社会的整体教育功能；要争取科任教师的支持，向他们咨询，请他们协助；还可以经常请家长参加班级活动，如邀请家长出竞赛题、给学生写信、参与班会发言等。外出活动，也可以请家长委员会来参与准备、管理，创设开展活动的条件。在争取社会力量配合时，班主任可采取"请进来""走出去"的方法。教育力量的整体性，能够使班级活动由封闭转为开放，家庭、社会教育力量的介入，能有效地提高教育的效果。

（五）易操作性

开展班级活动要注意易操作性。首先，要注意班级活动的规模。从规模上看，班级活动有日常的活动，也有主题突出的活动。其次，要注意活动的频率。一学期里，班级主题活动的次数不能过多，也不能没有。活动过多，学生在活动上花很大精力，必然会影响学习，会造成一些人静不下心来学习的局面。活动过少，学生会感到枯燥、乏味，滋生的一些不健康思想得不到有效的控制，班主任会疲于应付偶发事件。至于活动多少为宜，要依据具体情况具体分析。最后，要形成自动化操作。例如，上操、查卫生、主持"每日一说"、读"班级光荣簿"等，每天有专人负责，在固定时间进行，操作就简单了。每一次大的班级活动，班主任事前要制订详细的方案，谁主持、谁发言、谁表演、谁负责录音和投影、谁总结都要事先安排，这样，操作起来才能有条不紊，使班级活动顺利进行。

班级活动是班主任育人工作的重要部分，并不是所有的活动都可称为班级活动，当班级活动具备了以下几个要素时，班级活动才有了其自身的价值和地位。一是要全员参与，二是要有一致的活动动机，三是要有明确的目的性，四是要有周密的计划性，五是要有内容和形式的多样性。只要充分发挥学生主体的积极性，遵循以上几个要素，班级活动就会如春风化雨一样，滋润学生心田。

四、班级活动的意义

（一）班级活动是学生掌握知识、发展能力不可缺少的条件

班级活动可以提高学生的认识能力。学生参加各种活动，从不同方面打开了视野，获得了许多书本上没有的知识。在各种活动中，学生要通过自己的感官去观察、去倾听、去感受，更要通过自己的大脑去思考。因为每一项活动都

是有明确的目的的。活动为学生提供了很多信息，这些信息经过大脑的分析、加工，就会使学生得出新的认识。这正是活动内容"内化"了，学生的认识能力当然得到了提高；新的认识，成了学生知识结构的新的补充，增加了学生今后认识活动的基础。

班级活动促使学生提高实践能力。学生在参加活动时，不仅要看、要听、要想，而且要说、要做。社会调查、劳动、参观、访问、文艺、体育、科技等活动，都需身体力行，即使是准备一次班会的发言，也必须收集材料，撰写发言稿。而且，由于学生的成就动机，他们总是想说要说得好，做要做得像样。在说和做的过程中，学生获得了愉快心理体验的同时，也获得了能力的发展。

(二)班级活动是促进学生良好行为习惯养成的土壤

有的学生娇生惯养，以自我为中心，自己动手做事的习惯意识不强，遇到一点挫折又特别容易灰心绝望以致走极端，存在眼高手低、心理脆弱的特点。

开展班级活动，可对学生进行挫折教育、成功教育和行为习惯养成教育，锻炼学生在大庭广众之下展示自己的胆魄，提高学生应对各种情况的心理承受力，锻炼学生面对各种环境的意志品质。

(三)班级活动有利于学生身心健康发展

世界卫生组织认为"健康"是指不但没有躯体上的缺陷，而且要有完整的生理、心理状况和社会适应能力。现在的学生家庭活动也比较少，家长常常为了追求学业而剥夺了学生的课余时间，使学生越来越封闭。班级活动的开展可以使学生处在一个动态的群体中，人际交往最直接、最频繁，学生通过互助合作，取长补短，共同发展，从而改变自我封闭的状态，在交往中调整自己的心态、促进健康心理的发展。例如，在班级中开展心理游戏活动，对于改进学生不良的心理状态、纠正偏差、增进学生间的相互了解、改善人际交往隔阂等具有显著的作用。[①]

(四)班级活动是促进学生全面发展的有效途径

班级活动包含促进学生全面发展的多种方式，能让学生广泛地接触自然、社会、科学技术、文艺体育等领域，如富有教育意义的主题班会、社会调查、参观访问、社会服务及社会交往等，活动空间广阔，为学生的全面发展与成长提供了实践的条件和基础。

(五)班级活动是班集体形成的"生命之舟"

一般来说，组织、形成班集体总是以协调一致的集体工作和有益的班级活

---

① 林晓芹：《开展班级活动是凝聚学生合力的有效方式》，载《教学与管理》，2010(22)。

动开始的。一个班级如果不开展或很少开展活动，是永远也不可能成为一个真正的集体的。

第一，班级活动有助于实现班级的教育目标。班集体的奋斗目标是通过一个个班级活动实现的，每完成一个活动，就是向目标前进了一步。

第二，班级活动有助于形成正确的集体舆论和良好的班风。在健康、有益的班级活动中，正确的、合理的行为得到肯定、弘扬，错误的、不良的行为则被摒弃。于是，正确的舆论和班风就会逐步形成、发展起来。

第三，班集体的组织机构及其功能是在班级活动中发挥作用的。在活动的组织实施过程中，通过分工协作，班干部得到充分的锻炼，形成坚强的领导核心，班级组织机构得以完善。

五、班级活动的内容

班级是社会的一个细胞，班级活动是社会活动的缩影，因此，班主任要把班级活动融入社会发展之中，使活动的内容体现时代气息和时代色彩，让学生在活动中受到时代教育的熏陶。

第一，班级活动内容要体现社会生活的时代性。社会生活的变化引起学生生活不同程度的变化，班主任在工作中遇到了新的问题、新的矛盾，如学生上课带手机、毫无节制地上网、染发等，班主任就应结合学生的变化求变、创新来组织班级活动，主动解决出现的新问题，同时要结合时代的发展，优化传统教育的内容，使传统理念的精华在新形势下得以发扬光大。

第二，班级活动内容要体现发展性。班级活动的内容应有利于学生的全面发展，有利于对学生未来的发展给予必要引导，使学生具有未来社会和经济发展所必备的素质，具备现代人应具备的理念、意识、知识和能力，为学生的健康成长打下基础。在新时期班级活动中，班主任要适度重视和增加科技意识教育、环保意识教育、竞争意识教育和合作精神教育的活动内容。

按照上述思路，班级活动的内容应该包括以下几个方面。

德育活动。德育活动指引导学生从我做起，从小事做起，学习礼仪规范，践行文明知识，培养其健康的人格，使其成为遵守社会公德的公民的活动。

学习活动。学习活动指扩展学生的知识领域，提高学生学习积极性的活动。主要活动方式有学习方法指导、学习经验交流会、知识竞赛、课外阅读等。

文体活动。文体活动是指丰富学生的课余生活，活跃班级气氛，增进团结，提高学生的艺术修养，增强身体素质的活动。主要活动形式有联欢会、诗歌朗诵会、游艺活动、故事会、体育竞赛等。文体活动能培养学生勇敢顽强、团结协作、拼搏进取、机智灵活的品质。

科技活动。科技活动是指让学生完成科学实验或设计一些作品等的活动。开展科技活动，可以巩固学生在课堂上所学的基础知识和基本技能，丰富和开阔学生的视野，满足学生的求知欲和多方面的兴趣爱好。主要活动形式有科技参观、科技班会、各种科技兴趣小组活动等。

劳动活动。劳动活动指有计划地开展植树、爱护公物等活动，对于培养学生的劳动习惯，树立学生的劳动观念非常有益。主要活动形式有自我服务性劳动、社会公益劳动等。

社会实践活动。社会实践活动指班主任有计划地组织学生到社会中，接触工人、农民和社会各界人士，以培养其社会责任感和义务感的活动。主要形式有参观访问、社会调查、社会服务、远足、游览等。

心理健康教育活动。心理健康教育活动是指班主任为解决学生出现的心理困惑，帮助学生学会调控自己的情绪，提高学生的心理健康水平而组织开展的活动。主要形式有辅导与咨询、团体心理拓展训练、心理剧表演等。

六、班级活动的环节

第一，设定活动目标。在活动之前，班主任要和学生一起设定活动目标。

第二，确定活动主题。根据目标确定活动的主题，如父亲节来临，可以"我爱父亲"为主题，开展活动。

第三，选择活动形式。根据活动主题和活动目标确定活动的形式，形式应该新颖，吸引学生积极参与。

第四，制订活动计划。这是实现教育目标、提高活动效果的重要保证。制订活动计划就是要构思大体的活动步骤、框架，确定活动时间、地点、人员数量及需要的活动工具等，以防因活动忙乱而出现疏漏。

第五，落实组织准备工作。本环节要认真落实各项工作的人员安排，准备活动场地和活动工具，还应做好与活动相关的常识与技能培训，如野炊活动，需要掌握火候及饭菜制作流程和技巧等。

第六，活动的具体实施。班主任要指导学生按计划有序进行，如遇突发事件，班主任要头脑冷静，及时处理，使活动顺利进行。

第七，活动总结。在班级活动结束后，班主任要进行再研究。主要是听取学生的意见，听取意见的渠道主要有：班级日记、周记、班级活动纪实等。班级日记由全班学生轮流写作，班主任鼓励值日生将对班级活动的感受、建议写下来，与全班同学交流。周记，是对班级一周的各方面情况进行的记录，班主任将记录情况在全班公布，并让学生找出问题所在，商讨解决方案。班级活动纪实，要求每开展一个活动，都由活动主持人执笔完成，班主任稍加修改后发给全班学生。总结是为了吸取班级活动中的经验和教训，找出存在的问题，不断改进，积累经验，提高质量。

第二节　班级活动的具体开展

班级活动是班集体形成和发展的生命线。在管理班级时，班主任应充分研究和探索班级活动的组织与开展，让班级活动在学生成长中发挥其应有的作用。

一、班级活动的设计

(一)班级活动设计的理念

班级活动是学生认识客观世界、认识他人与自我、适应学校生活与社会生活的重要途径，也是建设良好班集体的重要组成部分。班级活动的有效开展，设计是关键。活动设计得好，就会为开展活动提供良好的开端。在进行班级活动设计时，班主任应根据班级活动的特点，从以下几个方面着手。

1. 以学生发展为本

以学生发展为本是开展班级活动的基本取向。心理学家研究表明，学生学习的动力机制来源于内外两个因素：外在因素表现为家庭、学校、社会等对学生的要求和引导，学生的学习大多是被动的；内在因素表现在学生自我发展的兴趣、动机和需要，学生的学习表现是主动的。因此，在选择活动主题和设计班级活动时，班主任要充分考虑学生发展的内在需求、动机和兴趣。

2. 面向学生的生活世界

学生的生活世界是班级活动内容开发的源头活水。学生与自然、社会、他人等生活世界具有不可分割的联系，这种联系既是多样的，也是长久的，伴随学生一生。"生活即教育"，班级活动要坚持面向学生的完整生活世界，引导学生不断地回归自然，回归生活世界，认识生活世界，建立与生活世界的有机联系。学生在活动中获取直接的生活经验，认识自我、认识生活，逐渐形成对生活正确、完整的认识，提高认识生活的能力。在选择班级活动主题时，班主任最好从学生真实生活世界中发现并提炼出问题，通过班级活动寻求解决问题的办法。

3. 班级活动环节的预设理念

在开展班级活动时，班主任要改变以往班级活动随意性较大、头痛医头、脚痛医脚，"哪里痒就抓哪里"的局面，增加班级活动的预设特征，在分析当前学生教育需要的基础上，对班级活动进行规划，形成活动课程。

4. 突出学生的体验感悟

在设计班级活动时，班主任要摒弃只围绕主题演几个节目，如相声、小品、朗诵等传统班级活动形式，加强对体验感悟型班级活动的设计，寓教于乐、寓教于动、寓教于生活，实现促进学生成长的价值，否则班级活动的内涵就会出现缺少深度开发，不能给学生带来内心的感受，不能触及学生心灵的局面。

(二)班级活动设计的原则

班级活动是集体形成的基础，是个体发展的催化剂。因此，班主任要精心设计班级活动，增强班级活动的教育性。设计班级活动，应注意以下几个原则。

第一，目标性。班级活动的设计要体现学校教育目标和班级阶段性发展目标。

第二，新颖性。班级活动的设计要做到有新意、有时代气息，能够引导学生在活动中创新思考，发展创新思维。

第三，可操作性。班级活动的设计要有可操作性，能够让学生以自己的水平很好地完成班级活动的全部，并达到预期的效果。

=====一句话带出一个活动[①]=====

2011 年暑假，我接到了班主任工作研究基地的第一份作业——读书。从一长串的书名中，我挑选了一本《好老师在这里》。书里，台湾学者林文虎先生叙述了台湾山区小学教师和他们的学生的一个个故事。其中一句话让我为之一震："请重新认识自己的孩子，教育从'看得到孩子不同的样貌'全新开始。"他还说："要相信一个班可以有三十个'第一名'。"

这时，我突然明白，校长在解读学校育人目标时说的"一切教育皆建立在对学生的尊重之上，要让学生的个性得到充分展现和发展，让学生的生命更加精彩"这句话的内涵。对呀，虽然孩子在学习上显得比较稚嫩，但仔细想想，我们在每个孩子身上都能找到属于他们自己的闪光点，如果

---

① 张文潮：《立德树人——上海市中小学班主任德育案例》，10～11 页，上海，华东师范大学出版社，2019。收入本书时有改动。

能将这些闪光点放大，不但能让这些孩子自信起来，而且能带动其他方面的发展，同伴间也会相互影响，共同进步。

于是，一开学我就在班里发起了一项活动——"43个第一"。活动很简单，让每个孩子回去找找，自己在哪方面可以在班里做到最好。我设计了一张漂亮的卡片，请大家把自己的亮点填写在卡片上并美化好。卡片上还留了空格——"我更出色了"，是让孩子们在这些方面取得新进展以后再来填写的。考虑到刚升入二年级的孩子自我审视能力较弱，我让他们回去和爸爸妈妈讨论讨论再填写。

第二天，卡片回收上来一大半，粗略翻一翻，其中大约一半的孩子找了和学习有关的内容，平时老师观察到的比较出色的方面他们并没想到。于是，我又启发大家，从每一天走出家门、走向学校开始想，每一个细节都不要遗漏，哪个环节、哪件事是自己做得最好的，或者说能争取做到最好的，哪怕是早晨进校时和老师热情地打招呼、早操踏步有精神这样的小事，都可以记下来。

(三)班级活动主题的设计

班级活动的主题是班级活动的灵魂，是班级活动成功的关键。班主任应结合学校教育计划和本班的实际情况来确定活动的主题。

1. 以学生的困惑为载体

一是学生成长的困惑，二是在学生成长的每一个阶段出现的依靠自己不能解决或者不能正确解决的问题，三是学生的好奇心。

2. 善于选择活动素材

①从重大节日中选择素材。一年中有许多节日、节气、纪念日，班主任可以通过各种方式来开展庆祝、纪念活动。

②从学习和生活中选择素材。

③从时事中抓素材，如从冬奥会等时事热点中挖掘素材。

④从电视、网络中抓素材。目前电视、网络中的内容很丰富，有健康的，也有非健康的，班主任可以从中搜索健康的素材开展班级活动。

⑤善于捕捉学生的兴奋点。丁榕老师曾说：善于捕捉学生兴奋点的班主任老师，你的班主任工作能产生磁性，能深深地吸引住你的学生。

⑥以本地资源为载体。班主任可以选择本地的人文特色作为设计班级活动的载体，如文化古迹、名胜风景等。每个地方都有自己的资源，都可以作为班级活动的素材，进行热

班级活动的设计
与开展举要

爱家乡、珍惜生活、缅怀革命先烈等教育活动。

二、班级活动的组织

几个水平相当的班级，开展同一项活动，效果不会相同。原因有很多，但主要原因在于活动的组织是否有效。

(一)组织班级活动的原则

班级活动的目标、内容、方法和形式不一，每种活动要达到预期的效果还应遵循一些基本的共同的要求，以保证班级活动的整体水平和质量。这些要求是开展班级活动的基本原则。

第一，目的性原则。班级活动的组织与指导一定要有目的、有计划地进行，寓教育于活动中。

第二，针对性原则。班级活动的开展要有针对性，针对性越强，收效越大。一要针对学生的年龄特点和身心发展需要，二要针对班级存在的问题，三要针对当前社会中影响学生发展的重要因素。

第三，自主性原则。班级活动的组织应体现以学生为主的原则，计划的制订、内容和方式的选择、活动的组织管理等，应放手让学生自己研究与操作，以最大限度地调动他们的积极性，让他们在活动中展示才华，体验成功的快乐。

第四，多样化原则。学生正处在花季年龄，他们有很多想法，班级活动应围绕学生各种健康的需求展开，以满足学生合理的需要。因此，班级活动的内容和形式都要遵循多样化原则。

第五，整体性原则。班级活动是一个完整的过程，因此，每一次活动，应有计划、有准备、有实施办法、有实施过程、有检查总结、有评估分析等，构成一个整体。

第六，协作性原则。由于班级活动内容广泛，需要的条件、手段多样，这就要求多方面力量的大力支持和密切配合。为此，班主任要善于调动一切能调动的力量，如社区、家长、科任教师等，协作开展班级活动。

(二)组织班级活动的基本方法

组织班级活动的成败，与能否选择最佳活动项目主持人、最佳活动形式、最有效的管理方式、创设良好的活动情境等紧密相关。

1. 班级活动项目主持人的选择

主持人的基本素质表现在如下方面：一是仪表端庄，举止大方，有主持好班级活动的热情与信心；二是有一定的口头表达能力，且语言幽默、诙谐；三是有一定的组织协调能力；四是有一定的处事不惊的应变能力。班级活动的主持人，可以是一个，也可以是多个。

2. 班级活动形式的选择

班级活动形式的选择要注意考虑两个方面的因素：一方面要与活动内容相适应，另一方面要考虑活动形式的吸引力和为学生提供的积极参与面。需要对某一现象进行辩论时，可用讨论、辩论的形式；需要树立榜样，号召大家向某人学习时，可用报告会、讲演、编演的形式；总结成绩、弘扬先进的内容，可用汇报会、展示会等形式；促进师生、生生之间的了解与交流，可用联欢的形式；需要学生了解社会，可用社会实践活动形式等。总之，班主任要根据不同的班级活动内容选择不同的活动形式。

3. 班级活动情境的创设

班级活动情境的创设，可使学生在特定的时空，感受到更真切、更形象、更深刻的教育。班级活动情境的创设，可分为两种情况：一是利用自然环境和社会环境，如游览名山大川、祭扫革命烈士墓等；二是创造环境，如搞模拟法庭、新闻发布会、晚会现场布置等。

(三)不同形式班级活动的组织与指导

1. 班会的组织与指导

班会是班集体全体成员的会议，是班主任管理班级、进行班集体建设、对学生实施德育的主阵地，是班主任对全体学生进行教育的重要形式，也是学生民主管理班级和实行自我教育的重要途径。班会活动的实施需讲四性：活动开始要讲目的性，活动内容要讲教育性，活动过程要讲参与性，活动形式要讲多样性。班会一般包括班级例会和主题班会两种形式。

(1)班级例会

班级例会是一种定期召开的以对学生进行常规教育为主的班级会议，是比较固定的班级活动，主要通过晨会、周会时间来完成。班级例会具有实效性和灵活性的特点。周会的主要内容有：实施学校工作计划，研究确立班级整体目标和班级工作计划；对照学生守则，日常行为规范，学校、班级的有关规章制度，表彰好人好事，开展批评与自我批评；选举或调整班级干部，评选优秀学生或干部；总结班级工作，批评错误言行和不良倾向；处理班级偶发事件，对学生进行批评教育；组织学生进行时事学习，对不良行为或国内外重大事件进行讨论等。

晨会既是班级教育活动的主阵地之一，也是学生施展才华的舞台，班主任应尽可能地给学生创造表演的机会。晨会形式可根据自己班上的情况而定，内容要丰富多彩。例如，周一"国旗下讲话"，周二"每周古诗欣赏"，周三"故事会"，周四"新闻发布会"，周五"宇宙奥秘"等。这样周而复始，开展常规化的系列活动，既有针对性，又有启迪教育意义。这样的晨会将知识性、趣味性、灵活性、创新性融为一体，既成了学生展示个性、尝试成功的乐园，又培养了学生自我教育、自我管理的能力，对班集体建设起到了积极的推进作用。

（2）主题班会

主题班会是根据教育目标，针对班级的实际情况，围绕一个专题召开的班会。好的主题班会由于主题鲜明，内容丰富，形式多样，寓教育于活动中，可以给学生留下美好的记忆，产生长远、深刻的教育影响。主题班会的形式多种多样，一般采用的主要形式有：主题报告会、主题汇报会、主题讨论会、科技成果展评会、主题竞赛、主题晚会等。主题班会的作用如下。

第一，主题班会能促进学生思想的变化。一次成功的班会，往往能提高学生的认识，加深学生对某一问题的理解，使学生的思想发生明显的变化，使班级出现新的生机，增强班级的凝聚力。

第二，主题班会实现了学生的自我教育。苏霍姆林斯基说：能够促进自我教育的教育才是真正的教育。一次成功的班会必定是多数学生甚至是全体学生都投入的班会，选题、准备、组织等一系列过程都由学生自主完成，这种投入，使学生的多种能力，如组织能力、交往能力、活动能力、创造能力等得到了锻炼和提高，同时也实现了学生的自我教育。

小学阶段的主题班会的主题主要有：小学低年段的纪律教育和安全教育，如"我会过马路"和"防溺水安全教育"；小学中年段的"诚信教育"和"友谊教育"，如"诚信伴我成长"；小学高年段的"爱国教育"和"读书教育"，如"我读书，我快乐"等。初中阶段的主题班会的主题主要有：七年级的情感系列教育，开展"妈妈，请原谅您不懂事的孩子吧，我对不起您！"和"理解是双向的"等主题班会，让学生了解母亲，热爱家庭，尊重长辈，然后上升到"了解同学、热爱集体、尊重师长"，再到"了解社会、热爱祖国、尊重人民"；八年级配合人生观教育，要抓住是非观和价值观等系列来帮助学生度过青春期，开展"新的起步"等系列教育活动；九年级抓理想教育，根据学生发展阶段和自身思想矛盾转化的特点，要抓住远大理想和现实可能性的矛盾，开展系列理想教育活动，如开展以"昨天我立志，今天又达标，明天再追求"为主题的班会，设计理想同时还要听别人对自己的评价，充分认识自己、认识别人。

第三，主题班会不断完善了班级建设。班会是班级活动的一个重要形式，其设计和进行过程中，产生一种凝聚力，使学生心往一处想，劲往一处使，不仅能增进团结，还能增强彼此间的情感。同时在班会活动中，由于组织得好，学生的兴趣和主动性被调动起来，可以使班会有很强的吸引力。吸引力的延伸，可以促进学生对班级的热爱，形成建设良好班集体的基础。

第四，主题班会提供了了解学生的机会。班会活动既给了学生加深相互了解的机会，也有利于班主任进一步了解学生。在班会活动中，学生作为主体参与，积极投入，因此这是学生最显本色的时候。班主任只要留心观察，就会发现学生真实的一面，为日后有效地教育学生提供方便。

总之，主题班会的内容是广泛的，形式是生动活泼的；上好每一节班会课，培养学生的集体意识和主人翁意识，有利于班集体良好氛围的形成，是推动班级建设的重要一环。

每学期初，班主任要根据学校的德育工作计划和班级管理目标的要求，有意识地让学生去集思广益，精心设计适合学生年龄特点的主题班会，制订一学期的主题班会活动计划。

一是针对时令开展主题班会教育活动。例如，每年三月，班主任可组织"学习雷锋叔叔的助人行为""人人来植树"等主题班会；四月可组织"扫墓活动"等主题班会；五月可组织"我为妈妈做点事"等主题班会；六月可组织"才艺展示""我们一起欢乐"等主题班会；九月可组织"老师，您辛苦了！""中秋节传统节日会"等主题班会；十月可组织"我爱祖国，我爱家乡"等主题班会。

二是根据日常行为养成教育开展主题班会活动。例如，班主任可组织开展"生命与我""快乐夏令营""体能训练营""关爱生命"等活动，还可以组织开展"儒雅少年""在书的海洋里畅游"等系列主题活动。

开好主题班会，班主任应注意做好以下几项工作。

第一，选好主题。选好主题是开好班会的前提和基础。主题的选择应该根据班级的具体情况，考虑学生的年龄特点和思想实际，体现针对性和时代性，富有教育意义。学生富于幻想，有强烈的好奇心和求知欲，他们通过各种媒体了解到大量的外界信息，这使得他们更倾向于接受新颖、具有时代气息的教育内容。像"我和网络交朋友""到宇宙去旅行""知识经济时代与我"这样的主题，能较好地激发学生参与的积极性，也更符合当代青少年的思想实际。

第二，充分准备。主题确定之后，准备便成为开好班会不可缺少的重要环节。在准备的过程中，班主任要特别重视调动学生参与活动的积极性和主动性，发挥他们的主体作用，使班会从准备到实施都成为学生主动参与、自我创造、自我教育、不断提高独立工作能力的过程。为此班主任应开好班委会，启发、引导班干部们分析思考，和他们一起讨论，设计班会的具体内容、活动方式和步骤，安排好人员分配、会场选择、环境布置、活动器材备置等各项事宜，形成初步的活动方案，同时广泛征求全体学生的意见，增强他们的认同感和参与意识。经过对活动方案的修改，制订出周密的工作计划，然后按计划发动班干部和其他学生各负其责，分头准备、演练，班主任要经常检查督促，并及时帮助学生解决在准备工作中遇到的问题和困难。

在各项准备工作中，班主任还要注意主持人和发言同学的挑选、指导以及会场的布置。所挑选的主持人要善于控制班会气氛，能用语言调动起其他学生参与活动的积极性。主持人的串词和发言同学的准备稿要有启发性、感染力，以引导更多学生加入活动过程。开班会前，班主任要指导学生根据主题精心布置会场，或庄严肃穆，或欢快谐趣，或紧凑明快，以起到烘托班会气氛，增强班会效果的作用。

第三，班会过程中的组织与指导。经过充分的准备，班会如期召开，在班会的进行过程中，班主任要注意观察，根据情况及时给予必要的指导，鼓励、点拨主持人和发言、表演的学生，使他们抓住有利时机，把会议气氛推向高潮，以收到理想的活动效果。此外，班主任还要处理好偶发事件，如发言离题、表演失误、电教仪器出故障等，以确保班会顺利进行。

第四，做好总结，深化教育效果。主题班会结束时，应主持人邀请，班主任要对班会做出画龙点睛般的小结，肯定班会成绩，指出不足和今后的努力方向。会后，班主任要及时检查班会的教育效果，并注意效果的巩固和深化。班主任可通过让学生写作文、记日记、谈感想体会、办墙报等形式，指导学生从思想上总结自己的收获，提高思想认识和觉悟程度，并在此基础上，引导学生将思想感情的变化落实到今后的行动中去。

一位刚任职不久的班主任这样描述一次失败的班级活动："在一次活动中，按照学校要求，每班要出两个集体节目参加比赛。一小部分普通话较好的同学组织了诗朗诵这一节目，全班同学又准备了一支合唱歌曲《红旗飘飘》。因为对文艺活动的不重视，所以我一开始就未积极地投身到这一活动的组织中去，以致班长与团支书在节目的排演上产生了严重的分歧，甚至发生了不愉快的小摩擦。此时，我方知问题的严重性，可由于自身缺乏组织文艺活动的经验，最终导致班级在比赛中惨遭失败。这一事件严重影响了班干部之间的团结与协作，也极大地削弱了学生的热情与士气。"

针对这种情况，这位教师吸取教训，进行总结反思："我未能组织有效的动员工作，以致学生对这一活动缺乏兴趣，未能全身心地投入这次活动中。在接下来的第二年的合唱活动中，我按照学校的要求，事先在班级进行了活动的宣传和发动工作，要求全体同学积极参加这次活动，争取取得好成绩。在本次活动中，我与同学及音乐老师精心选择了适合同学们演唱的合唱歌曲《走进新时代》及集体朗诵的诗歌。全班同学推选了两个普通话较好的同学领读。全班同学积极配合，不厌其烦地进行了一遍又一遍的练习，我则在一旁负责监督指导，同时还特地请来了专门教普通话的老师给同学们进行了专业的辅导和指点。果然，经过老师的悉心指点和同学们的刻苦训练，大家的朗诵水平有了显著的提高。同学们也看到了自己的进步，从中获得了成功的喜悦，训练起来更加认真、刻苦。经过同学们的共同努力，我班最后以绝对性的优势取得了第一名的好成绩。听到比赛结果后，全班同学欢欣鼓舞，热情高涨。"

2. 外出活动的组织与指导

外出活动是比较重要的一种活动类型，很受学生的欢迎，其中重要原因在于外出活动的真实性与体验性。首先，外出活动使班级活动由封闭转向开放，从校内走向校外，把大自然、社会变成了学生的真实课堂。其次，学生所处环境发生变化时，学生的思想、观念和行为也会发生变化。外出活动给学生提供了探索真实世界的机会，使学生能发现课堂以外的天地，把自己看到的世界与在校园内、在家里学到的东西进行比较，从而实现从认知体验到情感体验的飞跃。

(1) 外出活动及其功能

外出活动，顾名思义，就是班主任有计划、有目的地在学校以外开展的活动。外出活动有不同的划分类型：从活动的目的来看，可分为以休闲放松娱乐、增进情感联系为主要目的的游玩活动（如春秋游、野炊活动），以丰富知识、扩大视野为目的的参观活动，以增长见识、提高社会实践能力为主要目的的社会实践活动，以及专门作为学生教育活动的延伸与扩展活动的外出活动，等等。春游、秋游是班级传统的外出活动，常去的地方有动物园、公园、植物园、蔬菜基地、农庄。参观活动是为开阔学生视野或作为学生教育活动的延伸，如去超市、工厂、农庄、博物馆、革命烈士纪念馆都可以作为参观类活动。社会实践活动，是为学生增长见识、认识社会而开展的活动，如与福利院儿童的共建活动、去敬老院给老人演出、去公园捡垃圾以维护公园卫生等社会实践活动。

外出活动的主要功能包括教育功能和娱乐休闲功能。外出活动的教育功能包括多个方面，如增长见识，培养热爱大自然的情感和社会责任感，增强探索欲望，增进师生之间的情感交流等。娱乐休闲功能是一般外出活动自然所具有的功能，包括放松心情，享受快乐。

(2) 外出活动的策划、组织与指导

外出活动的成功与否，主要取决于能否做好活动的策划。外出活动的策划环节要落实好以下几个方面的工作。

第一，外出活动的目标定位。班主任先要考虑的问题是外出活动的目标是什么，是休闲放松娱乐、增进情感联系，还是丰富知识、开阔视野，或者是增长见识、提高社会实践能力等。班主任还要考虑通过外出活动，准备给学生提供哪些感知活动和操作活动，希望学生接触哪些行业、人物、工作场景等，期待学生获得哪些具体经验和真实体验。

第二，外出活动地点的选择和计划的拟订。在选择活动地点上，班主任可以发挥学生的智慧，综合考察外出活动地点。不管是何种目的的外出活动，其活动地点应该满足两个方面的条件，一是安全、卫生、不拥挤、不杂乱，二是能丰富学生的真情实感。例如，春游、秋游的地点可以有多种选择，如动物园、公园、植物园、蔬菜基地、农庄等。班主任应和学生一起拟订外出活动计划，如出行时间、集合地点、人数、行进路线、准备的物品、活动项目内容、安全预案等。

第三，外出活动的准备。在初步拟订活动方案后，班主任还需要做好具体的准备工作，并根据准备工作情况对原先拟订的活动方案进行调整，以有利于活动的顺利开展。

提前勘查活动地点。班主任在带领学生外出活动前最好亲自前往活动目的地进行勘查，包括对行进路线、活动目的地都要进行全面考察，对去过多次的同一地方，也应再次勘查，勘查的重点主要放在安全、与以往外出活动相比时的变化之处。

活动准备。班主任和学生一起设计班级外出活动标志，将学生分组，向学生说明外出活动注意事项，准备好外出活动用品、水、医疗药品等。如果需要演出节目，学生还要提前排练和准备节目，出发前注意活动当天的天气情况等。

外出活动的进行。在外出活动进行过程中，班主任可引导学生欣赏沿途美景、风土人情等，向学生提出开放性、启发性的问题。在活动地举行的活动，按事先准备好的内容有序进行。在进行参观类活动时，班主任要提醒学生注意听解说员的讲解，认真观看。无论是在出发途中，还是在活动目的地以及返回途中，班主任或相关人员要经常清点人数。

第四，外出活动的延伸。每次外出活动归来，学生一般都有很多感受，班主任可组织学生展开讨论，有意安排各种各样的表达、表现方式，如常见的表达、表现方式有口头讲述、绘画、表演等，学生可以绘制外出活动路线图，画出外出活动中感兴趣的事物，表演外出活动中看到的事物和场景。

（3）外出活动的评价

在外出活动进行当中，班主任要及时进行反思和对活动进行调整。外出活动结束后，班主任也要对外出活动加以反思，制定评价表，既要评价外出活动所蕴藏的教育目标的达成程度，又要评价学生在外出活动中多通道认识世界的参与程度，为设计新的外出活动做好准备，并考虑延伸性的教育活动。

(4)外出活动的安全工作

外出活动的安全工作特别重要：一是因为学生在外出活动时显得很兴奋，这增加了活动的不安全因素；二是由于外出活动涉及众多方面的安全因素，如车辆安全、交通安全、饮食安全、场地安全、活动安全等。因此，对于外出活动，班主任要特别做好安全方面的工作，以确保活动的安全进行。

对于外出活动的安全工作，班主任要注意以下四点。第一，活动开始之前，相关人员要对乘用车辆、活动场地、活动器材等进行安全检查，及时消除不安全因素。使用的车辆应是有服务资质的，并要签订安全协议，还可以买保险。第二，活动前班主任要向学生强调安全事项，提高学生的安全意识和自我保护意识。第三，活动中班主任适时给予学生安全保护，以免出现不安全因素。第四，制订详细的安全预案，遇到紧急情况，立即启动安全预案。

3. 节日活动的组织与指导

(1)节日活动及其功能

每年的节日活动主要有元旦、六一儿童节、国庆节、毕业典礼等。如果将节日活动进行简单分类，可以分为两类，一类是法定节日活动，另一类是非法定节日活动。法定节日活动包括五一国际劳动节、国庆节、清明节、中秋节、端午节、元旦、春节。非法定节日活动有六一儿童节、三八国际妇女节(以下简称三八节)、教师节、重阳节，校庆、开学典礼、毕业典礼等庆典活动，当地特色的节庆与娱乐活动。

不同的节日活动，其功能有所不同，即使有同一教育功能，其侧重点也有所不同。例如，节日的德育功能方面，国庆节活动的德育功能主要是爱国主义教育，三八节活动可以重点结合奶奶、妈妈等女性的工作、劳动、生活，开展以学生感恩长辈、体贴长辈、关爱长辈为内容的活动。

总体来说，节日活动的功能包括娱乐功能、教育功能、文化功能等。

(2)节日活动的设计、组织与指导

第一，节日活动的设计要紧扣活动的性质、主题。不同的节日活动，其性质和主题有所不同。如五一国际劳动节，设计与组织的活动应紧扣劳动这个主题，国庆节活动应紧扣爱国这个主题，而清明节的活动应体现缅怀先辈或革命烈士的主题，重阳节的活动要体现敬老、孝顺的主题。六一儿童节活动的内容应广泛多样，在内容的选择上要考虑以学生为本，以学生的快乐为本，真正从学生出发，而不是从成人角度出发。当然，开展这些活动不一定非要用一些比较抽象、严谨的概念和术语，对学生来说，尤其是低年级学生，用一些通俗易懂的话来解释即可。

第二，设计、组织的节日活动形式多样、内容丰富。无论哪一种节日活动，其形式都可以多样化，如集中教育活动、游戏活动、生活活动。从内容来看，班主任要注意内容的广泛性。例如端午节活动，教师、儿童和家长共同搜集有关端午节的歌谣等，如"五月五，是端阳；门插艾，香满堂；吃粽子，撒白糖；龙舟下水喜洋洋"，也可以发动学生和家长根据端午节创编儿歌、歌谣，或者将其他歌曲进行改词，通过念歌谣、唱歌等形式的活动，让学生和家长对节日活动有更多、更深的了解和感受。有条件的情况下还可以开展"包粽子"游戏，学生和家长共同包粽子，举办绘画活动"我心中的端午节"，以及围绕端午节来开展的体育活动，参观或观看一些与端午节相关的历史古迹、影像资料等。

第三，注重学生的全过程参与。以节日活动为例，由于节日活动涉及面广，影响范围较大，在节日活动的参与性上要体现学生全过程的参与，且从活动的设想、筹备、开展，活动的反馈与评价等方面，都要体现学生的参与，即注重学生的全过程参与。

一般来说，有关节日活动的资料都很丰富，在设计、组织活动时，班主任不能忽视学生的主体地位——让学生参与活动的设计，如中秋节，可以让学生在家与父母亲收集与中秋节相关的图片、影像资料、文字资料、实物、以前庆祝中秋的纪念照片和视频等，让学生讨论如何过中秋。在活动的组织过程中，学生能亲自参与到活动中，而不是充当活动中的旁观者或看客。通过参与活动的设计、活动过程中的亲身体验，学生对活动的体验会更深刻，开展这样的节日活动越多，其教育价值就越大。

第四，将节日活动的精神渗透延伸到平常的教育活动与一日生活当中。从总量来看，一年当中的节日活动数量并不多，班主任应设法将这些活动所体现出的精神、象征意义渗透到平常的教育活动与一日生活当中，扩大节日活动的教育功能，延长节日活动对学生的影响时间，而不是让节日活动仅仅停留在短暂的、有限的"节日"时间里。

例如，有的班主任将三八节所在的这一周定为"爱妈妈"主题活动周，通过一系列活动，将三八节活动延长一周，且活动范围从学校扩大到家庭、社区，让学生从多个角度、多样、多次的活动中感受到妈妈的爱，进一步激发爱妈妈的情感。

第五，让学生初步了解节日的来源、象征意义、纪念意义等有关常识。对学生来说，初步了解各类节日的来源、象征意义、纪念意义及有关该节日活动的基本常识，是开展各类节日活动的基本内容。不同的节日，其节日活动的来源、象征意义、纪念意义各不相同，班主任可以通过多种形式的娱乐活动和教育活动，使学生得以初步了解。对于不同年龄的学生，同样的节日活动，其要求也应有所不同。

（3）组织节日活动的注意事项

第一，事先要做好充分的准备。要想活动有序、高效、安全开展，活动紧凑而有节奏，班主任事先的策划和具体的准备工作必不可少。

第二，在策划过程中，班主任不要把活动安排得过多、过密，活动量不要太大。在具体活动组织过程中，班主任要善于观察，根据活动的效果灵活应变，不拘泥于计划，及时做出调整。

第三，在实施过程中，要注意安全。班主任要注意做好安全预案工作，存在安全隐患的活动要注意避免。

第四，活动安排要体现娱乐性。过于规则性的、知识性的、技术性强的内容不要在活动中出现，否则，其娱乐性功能将大打折扣。

第五，注重参与性。受时间和场所的限制，不可能人人都有表现的机会，但班主任也要充分考虑并设计相应的环节，为尽可能多的学生提供参与的机会。

（4）以六一儿童节活动为例，对班级活动的具体指导

六一儿童节作为儿童的特殊节日，备受儿童喜欢，通过形式多样的娱乐活动，引导儿童庆祝自己的节日，可以发挥多方面的教育功能。

六一儿童节可以安排丰富多彩、各种各样的活动，从组织形式上，活动可分为集体的、小组的和个别的；从内容上，活动可以分为表演类、歌唱类、朗诵类、制作类、运动类、智力竞赛类、绘画类等。

六一儿童节活动可以让学生认识"六一"，并获得感受与体验。庆"六一"活动班主任要做好以下指导工作。

第一，做好活动准备。班主任先要确定活动主题与活动形式。确定后，就要做好各种准备，如人员安排、准备活动用具、布置活动场景等。

第二，过程的组织与指导。班主任应熟悉六一儿童节活动的整体安排和主要活动，然后根据活动计划，做好各项活动环节的衔接。如果人手不够，可以充分利用家长这一资源。

第三，在活动中，班主任要创设轻松愉快的环境，让学生感到快乐、有趣，没有任何心理负担。将教育理念渗透其中，如时装秀，渗透美育；智力问答，渗透智力教育等。调动一切积极因素，让学生能够积极参与，增强活动中的互动因素，让更多的学生投身于活动中，体验快乐。

4. 心理健康教育活动的组织与指导

现代科学研究表明，心理健康和生理健康相互联系、相互影响、相互制

约，是缺一不可的两个部分，健康的心理寓于健康的身体，健康的身体有赖于健康的心理，两者是辩证统一的。一方面，健康的生理有助于心理机能的正常发展和健康心理的形成，一个心理健康的人，往往精力比较充沛，情绪比较稳定，适应能力比较强。另一方面，心理健康的水平也会直接影响生理健康，也就是说心理健康有利于身体的健康。

(1)心理健康教育活动的内涵

心理健康教育活动是指班主任运用心理学、教育学和社会学的有关理论，根据学生身心发展的规律，通过游戏、活动、辅导等各种教育途径，帮助学生获取对心理健康的初步认知，唤起学生自我认识、自我保健的初步意识，并为已经出现心理偏差或形成心理障碍的学生提供一些简易、有效的心理服务，以促进学生身心正常发展，提高学生心理健康水平的教育活动。

(2)心理健康教育活动的目标

总目标：提高学生的心理素质，充分开发他们的潜能，培养学生乐观、向上的心理品质，促进学生人格的健全发展。

具体目标：使学生不断正确认识自我，接纳自己，管理自己，提高调控自我、承受挫折、适应环境的能力，培养学生健全的人格和良好的个性心理品质，对少数有心理行为问题和心理障碍的学生，给予科学的心理咨询和辅导，使他们尽快克服障碍，调节自我，形成健康的心理品质，提高心理健康水平。

(3)心理健康教育活动的组织与指导方法

班主任要结合学生的心理特点，在对他们实施心理健康教育时注意采取多种方法，开展丰富多彩的活动，在生动有趣的活动中让学生受到教育。

①故事法。

对学生进行自律、耐挫折教育时，班主任可讲述英雄人物的故事，举行故事会，陶冶学生的情操，培养学生良好的意志品质。班级里自律能力不强、耐挫性差的学生多，班级的纪律往往不好，而管理班级纪律不能靠警告、禁令和各式各样的惩罚来维持。对此苏联教育家马卡连柯说："只用禁止的方法来表现的纪律是苏联学校道德教育最恶劣的方式。"我们反对那种消极的限制和约束，提倡管得正确，管得合理，这样才有利于学生的身心健康。把学生训练成毫无生气、低眉顺眼、唯唯诺诺的"驯良之辈"不是教育的成功。靠"管"来巩固所谓班级纪律，还会导致另一种后果。班主任管得越紧，学生也越会想出办法来对付。结果由此养成学生的一种极坏的品质——弄虚作假，丧失真诚。还有的班主任用"看"的方式来维持班级纪律，如站在窗外窥视上课纪律情况、暗中指派一个学生干部"汇报"等，这种方式同样也是培养不出自律的学生的。空洞的说教对学生来讲太枯燥乏味，很难引起他们的兴趣，讲故事可以说是一种行之有效的方法。班主任可以为学生讲述张桂梅的故事，让学生学习张桂梅老师为祖国教育事业扎根贫困山区无畏奉献的精神；还可以请先进人物来做报告，真实生动的例子往往会给学生们幼小的心灵打下深刻的烙印，激发他们主动培养自己良好的意志品质。

②游戏法。

对学生进行合作教育时，班主任可采用游戏法，结合所学课文做游戏，精心设计合作式游戏项目，通过游戏让学生明白，合群、合作、交往的重要性，应克服妒忌、自傲、孤独等心理；可设想野外探险遇到危险，只有一个出口，必须在极短时间内离开应该怎么办，都去争抢先出去行不行，让学生参与游戏，找到出路，学会镇静，与同伴合作，共同获取成功。

③表演法。

学生的表现欲很强，教师应根据他们的这一特点，对小学生进行心理健康教育，给他们提供广泛参与和表现自己的机会。例如，对学生进行自理教育时可采用表演法，编排小话剧看看谁的自理能力强，将学生在家的表现搬到小舞台上，让学生自己评判对与错，找出问题，明确学习的目标。

④娱乐法。

学生天性活泼好动，然而有许多家长望子成龙心切，给孩子增加了许多心理负担，有的教师也推波助澜，在学生面前总是板着面孔，从不露一丝笑容，使课堂里"弥漫着防卫型气氛"，致使学生们小小年纪心理负担加重，上课注意力难以集中，学习效率不高。聪明的班主任要学会让学生放松，使学生的心境进入愉悦状态，以淡化直至消除不良的情绪。在课间休息时，班主任可让学生听听音乐、看看动画，为学生讲讲笑话，这些都有助于放松学生紧张的神经，使学生变得乐观、积极。

⑤行为指导法。

行为指导是心理咨询矫正中较为常用的方法，也适用于班主任的工作中。针对目前有的学生缺少爱心、心理承受能力低、禁不住半点的委屈等特点，班主任可设计相应的行为指导课。例如，面对误解：放学后，同学们踢足球，小明不小心将王奶奶家的玻璃砸碎了，他很害怕，就跑掉了，而小刚却主动去给王奶奶家换玻璃，这时别人误解是小刚砸碎了玻璃。班主任出示问题：你遇到类似的事怎么办？通过讨论引导学生正确对待误解、委屈，宽容地对待他人。

════行为指导法的妙用① ════

彭艳是个女孩子，可是脾气暴躁，经常与同学发生矛盾，做作业时动作很快，思想很不集中，回家做作业片刻就可以解决完（直接抄袭答案），书写相当潦草。每天不是科任教师就是学生向我告状。于是，我找她谈话，希望她能遵守学校的各项规章制度，以学习为重，按时完成作业，知错就改，争取进步。她开始是一副爱答不理的样子，后来口头上答应了。可她又一如既往，毫无长进。此时我的心都快凉了，算了吧，或许她是块"不可雕的朽木"。但又觉得身为班主任，我不能因一点困难就退缩，不能因一个潜能生无法转化而影响整个班集体，我必须面对现实！我内心一横：不转化你，誓不罢休。

有一次在课堂上，我提问别的同学问题，她在旁边讥笑别人。我立刻请她作答，她当时就一副不屑一顾的样子，回答得还不如别人，这是"五十步笑百步"啊！可是她不服气的神情就没有把我这个班主任放在眼里，我可以想象到，平时为什么其他老师也不喜欢她。同学们也是敢怒不敢言啊！

我当时就没有和她计较，下午放学，我把她叫到办公室给她讲了一个故事。夜深了，一位巴格达商人走在黑漆漆的山路上，那晚没有月亮也没有星星，年轻人在崎岖漆黑的山路上，看不到前行的方向，也分辨不出东南西北，就在他绝望的时候，一个声音在他身边回响："年轻人捡几颗石子吧，天亮会有用的！""年轻人捡几颗石子吧，天亮会有用的！"他不知道这声音是从哪里来的，也不知道是谁在跟他讲话，更不知那个声音重复了多少遍，年轻人非常害怕，加快了脚步，心想，这是什么声音，怎么这么令人害怕。然而，那个声音仍然在坚持着，最后那个声音几乎哀求着说："年轻人捡几颗石子吧，天亮会有用的！"

年轻人心里忽然觉得似乎是母亲的声音，他心软了，心想：捡几颗吧，也许会有用的。于是，年轻人就弯腰随便捡了几颗握在手心，奇怪的是，就在年轻人捡了石子后，前边的路似乎变得明朗了，很快年轻人在黎明前走出了山谷。趁着微微的晨光，年轻人心想，看看手里的石子到底有什么用。当他伸开握着石子的手时，他惊呆了，天哪，竟然是金灿灿的黄金。他忽然明白，原来昨天晚上的那个声音是善意的，那个声音是对我好的。他开始后悔，他非常后悔自己为什么没有多捡几颗，当他再次回头

---

① 王芳、王静：《中小学班主任工作技能实践教程（微课版）（思政版）》，140～141页，北京，清华大学出版社，2023。收入本书时有改动。

时，发现身后黑压压的大山连在一起，根本就找不到那条回去的路了。

她说："这个故事不真实，很荒诞！"

我说："对，也许你觉得这个故事是荒诞的，也许你会说，哪里有这样的事情呢。这个故事的主人公可不是虚拟的，在社会上真实的存在着，不知有多少人已经一不小心成了故事的主角。那个在山里迷路的年轻人，依靠弯腰捡石子走出了大山，这石子好比年轻人应该掌握的知识，一个人有了知识才能在人生的路上不迷失方向，这握在手中的石子就是黄金，黄金是多么珍贵的东西呀！这黄金就是人生的财富，你掌握多少知识就好比你拥有多少财富，一个人掌握了丰富的知识，那就是他拥有了一生最珍贵的财富！因此，在人生的道路上你还是多弯几次腰，多捡几颗石子吧，明天会有用的！"

听到这里她愣住了，她不正是这个故事的主人公！

她说："我爸爸没有多少知识，可是仍然可以当老板，上学到底有什么用呢？"

我说："就像一棵小树苗，如果小树苗生长 3 年就被砍掉，这个小树苗能做什么？只能做篱笆或者是做燃料。如果这棵树苗生长 20 年，被砍掉之后能做什么？可以用作檩条或者柱子，用作大梁，还可以做家具。人也是一样啊，如果你初中毕业就退学能做什么？看大门或者做基本的农业生产工作。如果你上学 20 年，就可以学习一些技术；如果你学习 20 年，就可以设计工程桥梁，甚至可以创造出这个社会需要的工具。你觉得呢？"

她沉默许久，下定决心要好好学习，做对社会有用的人。

5. 体育活动的组织与指导

健康的体魄是学生为祖国和人民服务的前提，是中华民族旺盛生命力的体现。班主任要树立健康第一的指导思想，切实加强班级体育工作。

(1)体育活动的意义

体育活动一方面是班主任工作的组成部分，另一方面是学校体育工作的重要组成部分。所以，开展课外体育活动具有很重要的意义。

第一，体育活动可以培养学生个性。体育活动的空间广阔，内容丰富，形式多样，能够吸引学生参与，它的灵活性、选择性能较好地满足不同兴趣爱好、不同基础水平学生的不同要求，对发展学生的个性，提高学生锻炼的积极性、自主性和创造性，形成个人个性心理特征有着积极的意义。

第二，体育活动可以强健学生的身体。体育活动基本上都在室外进行，能充分利用自然因素(阳光、空气、水)，有效促进学生的正常发育，提高学生身体基本活动能力、运动能力以及对客观环境的适应能力，使学生取得动态平衡，有利于学生增进健康、增强体质。

（2）班级体育活动的组织与指导方法

第一，结合班级实际选择活动内容和形式。不同时期班级有不同的特点，班主任要结合班级的实际情况，开展丰富多彩的体育活动。例如，班主任想提高班级学生的合作意识，可以开展合作性体育活动；想强化学生的运动技能，可开展各种竞技比赛活动等。内容确定后，选择相应的体育活动形式，如运动会或趣味运动会、跳绳或拔河比赛等。

第二，帮助学生做好身体的准备与放松活动。在活动之前，班主任应帮助学生做好充分的准备工作，尤其应让学生活动一下身体的上肢关节和下肢关节。而在体育活动结束之前，班主任也要带领学生进行一些身体的放松活动。总之，班主任要尽量避免学生出现无准备活动和无放松活动的情况，以维护他们身体的健康。

第三，在活动过程中，班主任要有目的地引导和指导。为保证学生顺利地完成体育任务，班主任要注意对学生的活动过程进行观察，了解学生在活动中的需要，发现学生在活动中存在的问题及困难，有目的、有针对性地进行引导和指导，让学生在体育活动中最大限度地收获经验和技能。

第四，体育活动中要注意安全。首先，班主任要有安全意识，同时也有责任和义务帮助、教育学生树立安全第一的思想。其次，积极预防是根本。每个活动项目都存在一定的安全隐患，班主任要关注体育活动中的每一个环节，提醒学生在不同的环节中应注意的安全问题。最后，精心组织是关键。在活动前，班主任应选择合适的场地、安全的器材、适合学生运动的服装，做好活动准备。在活动中，班主任要落实好安全措施。活动后的安全不可忽视。首先，班主任要引导学生做好充分的放松工作，按运动负荷的大小，适当选择放松时间，使肌肉松弛、心率平缓下来。其次，要注意活动器材的收回，使学生安全离开活动场地。最后，指导学生活动。体育活动要有度，要符合人体的运动规律。比如，活动之前必须做准备活动，活动中适量饮水，不可暴饮，活动后不要立即冲凉，饭后半个小时才可以活动，活动不能超过运动负荷（如打篮球时间不要过长）等。这些小事往往被学生忽略，如果不注意可能酿成大祸。总之，只要班主任有高度的安全意识，有高度的责任感，树立"安全第一"的思想，注重对学生的安全教育，在体育活动中认真组织，严格要求，时时关心爱护学生，指导他们科学地锻炼身体，定能减少或避免学生安全事故的发生。

（四）班级活动中班主任应注意的问题

1. 把握班级活动的时机

实施班级活动，要做好必要的准备。必要的准备就是捕捉时机，充分利用时间和空间这两个客观条件。事实证明，在最佳时机开展班级活动，可以使学生在活动中保持饱满的情绪、浓厚的兴趣和高度的注意力。当时机未来时，要善于等待；当时机出现时，要及时捕捉；面对错过的时机，要善于迂回。只有这样，班级活动的实施才能在质上得到保证。把握活动的时机包括：新的学期开始时、享受成功的喜悦时、遭遇困难和挫折时、产生浓厚的兴趣时、不良现象发生时等。

2. 规范班级活动的程序

引起学生对活动的向往，激发学生的活动兴趣，这只是活动实施的开端。开展班级活动，还需要师生共同组织、精心安排。在组织安排中，班主任应引导学生动脑筋、想办法，接受各种锻炼。第一，制订计划。第二，进行组织分工。第三，设计活动步骤，包括准备阶段、实施阶段、总结巩固阶段。第四，选择方法，一般根据活动的目的、内容和班级学生的特点而定。第五，对学生进行一些必要的技巧培训，如组织旅游之前，训练学生识别路标、辨认方向、看懂地图等。

3. 选择正确的班级活动内容

班级活动的内容必须正确、科学、深刻，符合班集体建设和学生个体发展的需要，符合学生的年龄特点——生理特点、心理特点、知识水平、能力水平。这样的活动，必须建立在把握集体发展情况和充分了解学生的基础上。如果没有这样的基础，人家搞爱国主义教育，我也搞爱国主义教育，人家搞"十四岁生日主题班会"，我也搞"十四岁生日主题班会"，难免形式主义，走过场。

4. 采用新颖的活动形式

班级活动的形式必须新颖、活泼，为学生所喜闻乐见。学生不喜欢成人化、程式化的形式，他们愿意创新、求异。他们喜欢"动"起来，而不喜欢不动的活动；他们喜欢辩论，而不喜欢严肃地座谈发言；他们喜欢自己说，自己干，而不喜欢光听别人说、光看别人干；他们喜欢活泼，而不喜欢死气沉沉。因此，针对开展班级活动的方式，班主任要多听学生的意见，发挥学生的想象力和创造力。

5. 注意学生的参与度

活动内容再好，形式再好，没有学生个人施展才能的机会，也是不行的。学生的参与度，一要看集体成员真正动脑、动口、动手的比例；二要看每个成员参与的深度。一次效果好的活动，一定是吸引了绝大多数成员全身心投入的活动。

6. 进行班级活动的准备和总结

在班级活动开展前，班主任要进行精心的准备。活动结束后，班主任要认真地总结，认真分析活动的成败得失，及时总结经验教训，为今后更好地开展活动奠定基础。

总之，有目的、有计划地组织和开展一些有益的班级活动，将其作为学生得以发展的载体，非但不会影响学生的成绩，反而有利于提高学生学习的积极性，两者是相辅相成的。有效的班级活动，对班集体建设及学生个性的健康成长有着不可或缺的功能。

【本章小结】

本章主要围绕班级活动展开讨论，分析了班级活动的内涵、意义、类型、成功标志及具体实施方法，强调了班级活动在班级建设和学生成长中的重要性，认为班级活动是班级德育的重要载体，能够培养学生良好的品德和健全的人格，同时也是落实立德树人根本任务的基本途径。本章对班级活动进行了详细的分类，如常规性与非常规性、个体与群体、单一与综合、自助性与社会性等，并深入解析了成功的班级活动的标志：教育性、生活性、多样性、整体性和易操作性。针对班级活动的具体开展，本章提供了详细的设计与组织方法，尤其强调以学生发展为本、面向学生的生活世界、班级活动环节的预设理念和突出学生的体验感悟。在班级活动中，班主任应注重活动的时机选择、程序规范和学生的全员参与，同时还要创新活动形式，确保内容丰富有趣。总的来说，本章全面且系统地呈现了班级活动的多层次、多维度的内涵与实施策略，为班主任有效开展班级活动提供了理论和实践指导。

【思考与练习】

1. 简述班级活动的意义。
2. 班级活动的类型有哪些？
3. 如何组织与指导户外活动？
4. 自拟主题，设计一节主题班会。
5. 如何通过班级活动更好地发挥立德树人的作用？

【综合案例分析】

搭建阅读大舞台，书香浸润好时光

"给学生一个舞台，还大家一片精彩。"书香班级文化的建设，老师一定要最大限度地为学生搭建各种平台，让每个学生积极置身于良好的发展氛围之中，尽显风采。而丰富多彩的书香活动，就是学生浸润书香文化、融入书香氛围的载体。

（一）每天三分钟，你讲我点评

我既是班主任，又是语文老师，对于书香班级的建设具有独特的优势。我们商定，依照一定的顺序让学生提前做好准备，在每天的语文课前三分钟上台讲故事、读美文、背经典等，其余学生专心听讲，然后进行三五句话的点评，点评包括谈优点和提建议。一个学期下来，每个学生至少都轮到了两次。这样的形式提高了学生的口语交际能力，在一定程度上对学生的阅读习惯的养成也是一种促进。

（二）晨读时光，读书励志分享

每天晨读，领读员打开电脑大屏幕，带领全班诵读关于读书励志的名言。然后，学生自读自背，与同桌交流自己的体会，分享自己看到的关于名人读书的故事，激励大家积极向上，走近书籍，体验感悟。

（三）每天十分钟，共赏经典文

每天的午会时间，我们师生共同欣赏经典好文章。或一起背诵经典小古文，感受中华优秀传统文化的博大精深；或分享哲理小故事，领悟深刻道理；或走近精美小散文，游走于名山大川之间；或赏析文字画面兼美的绘本，在想象中驰骋、在沉浸中品味……通过这样的活动，学生慢慢感悟：要么读书，要么旅行，身体和灵魂总有一个在路上。

（四）每周一小时，阅读专享课

每周三下午一小时的阅读课，是学生非常期盼的阅读时光。在这一小时里，师生共同阅读，或根据同一个主题，或同一个题材，或同一个作者，或同一本书。在这段时间里，每个学生都沉浸在静心阅读中。阅读课最后十分钟，学生在自己的阅读笔记本上，想我所想、写我所写，没有约束、没有要求，围绕所读，畅所欲言，尽情抒发。

（五）每月开展主题读书活动，评选"知书"小达人

一次主题活动，就是提升学生能力的一次大锻炼。主题策划、稿件撰写、编排练习、交流展示，都是全员参与。课本剧的自编自导、故事演讲会、美文诵读比赛、书名串串烧活动、我手写我心等书香活动，让全班每个学生都乐在其中，尽情绽放自己的最炫光彩。通过活动，学生评选出自己心目中的"知书"小达人。

（六）每期一次"好书推荐，分享经典"

读书交流、制作阅读小报、写读后感、师生共读一本书等活动，展示了学生阅读后的脱口秀、简明扼要概括精彩内容的熟练性、独具个性的推荐理由、行云流水的奇特想象等。学生在这样的活动中，不知不觉地浸染着书香的味道，散发出优雅的气息。

（七）同写一本日记，记录成长点滴

"知书苑的那些事儿"是我们班的循环日记本，每天一个学生轮流记录，教

师倡导记录班级的美好时刻，尽量避免使日记本成为学生发牢骚的地方。第一页写上班名、班级目标、班训等内容，请学生进行精美的装饰。教师在第二页寄语阅读的相关内容，引导学生以积极、健康、乐观的心态来书写班级日记。

解析：

班级活动形式多样，班主任不必拘泥于固定的形式和内容，重要的是落实立德树人根本任务。形式丰富多样的班级活动更有助于学生的成长。在飞速发展的今天，读书的重要性常常被人们遗忘，我们应在班级活动中关注起读书的重要性，以丰富多彩的形式激发学生读书的兴趣，养成"爱读书、会读书"的好习惯。

【本章参考文献】

1. 邓艳红. 小学班级管理[M]. 2版. 上海：华东师范大学出版社，2016.

2. 张文潮. 立德树人——上海市中小学班主任德育案例[M]. 上海：华东师范大学出版社，2019.

3. 李冲锋. 班主任工作的50个细节[M]. 福州：福建教育出版社，2011.

【阅读链接】

1. 徐骏. 班会活动须讲究"四性"[J]. 班主任之友，2006(8).

2. 白成社. 班级管理的基本规律及方法[J]. 山西教育（教育管理），2006(5).

3. 丁如许. 班级活动的设计与开展举要[J]. 思想理论教育，2010(6).

4. 楼杭飞，郭峰. 科学组织班级活动，让学生快乐成长[J]. 读与写（教育教学刊），2009(8).

5. 齐学红，马建富. 职业学校班主任[M]. 2版. 南京：南京师范大学出版社，2007.

6. 万玮. 班主任兵法[M]. 上海：华东师范大学出版社，2004.

7. 王芳，唐和英. 优秀班集体的建设与维护[M]. 芜湖：安徽师范大学出版社，2013.

8. 赖华强. 班主任工作案例教程[M]. 2版. 广州：暨南大学出版社，2008.

9. 张新晖，冯世杰. 班主任手记[M]. 杭州：浙江大学出版社，2005.

10. 周鸿辉，马甫波. 中小学班级管理策略集粹[M]. 杭州：浙江教育出版社，2005.

11. 徐群，朱诵玉. 班级活动的设计与实施[M]. 芜湖：安徽师范大学出版社，2013.

第九章

班级心理健康教育

【本章学习提示】

随着新形势下社会环境的变化、人类知识的积累和学生心理的变化，心理健康教育逐渐走进了人们的视野，引起了教育管理者和实践者的重视。处在教育第一线的班级管理者也需要了解和掌握心理健康教育相关知识。班级心理健康教育是班级管理的重要组成部分，影响到班级运作和学生成长的诸多方面。如果我们将心理问题当作道德问题或其他问题对待，不但解决不了问题，反而会给当事学生造成更大的伤害。那么，什么是班级心理健康教育？心理健康教育有哪些途径？如何实施心理健康教育？本章围绕这些内容展开介绍。

【本章学习目标】

1. 理解班级心理健康教育的概念、主要内容和原则。
2. 明确班级心理健康教育存在的问题。
3. 利用各种途径加强班级心理健康教育。
4. 能够设计好一堂班级心理健康教育活动课并且组织实施。
5. 明确教师在班级心理健康教育活动课中的重要作用。

第一节　班级心理健康教育概述

在中小学开展心理健康教育可以满足学生身心健康成长的需要，是全面推进素质教育的必然要求。《中小学心理健康教育指导纲要（2012 年修订）》指出："中小学生正处在身心发展的重要时期，随着生理、心理的发育和发展、社会阅历的扩展及思维方式的变化，特别是面对社会竞争的压力，他们在学习、生活、自我意识、情绪调适、人际交往和升学就业等方面，会遇到各种各样的心理困扰或问题。"心理健康教育是班级管理中的重要组成部分。班级管理中的心理健康教育，即班级心理健康教育，或称班级心育。

一、班级心理健康教育的相关概念

(一)心理健康的概念

心理健康是指个体的心理活动的内在关系协调一致，心理的内容与客观世界保持统一；个体具备正确且积极的自我意识和富有弹性的调控能力，并达到身心和谐状态，从而与社会环境相适应；个体在生活中保持旺盛的精力和愉快的情绪，能充分地发挥潜能并不断完善人格。

关于怎样才算心理健康，人们有不同的看法。综合起来，心理健康有如下标准：智力正常；情绪稳定；意志健全；反应适度；心理和行为与其年龄段相符；人际关系和谐；社会适应良好；自我观正确，了解并悦纳自己。我们可以笼统地把心理健康的水平分为三个等级，分别是：心理异常、心理不健康和心理健康。心理异常包括人格障碍、神经症和精神症。[①] 心理不健康包括心理问题、严重心理问题和可疑性神经症。心理健康则包括适应良好和人格健全。适应良好指的是能较好地适应社会环境，尽管存在某些缺陷；人格健全即全面发展。其中心理异常是最不健康的，人格健全则是最健康的。

(二)心理健康教育的概念

2021年，《教育部办公厅关于加强学生心理健康管理工作的通知》发布，俞国良、王浩认为"从加强源头管理、加强过程管理、加强结果管理、加强保障管理四个方面对高校和中小学着力提升学生心理健康素养作出具体部署。可见，大力加强学校心理健康教育工作，提升青少年心理健康教育水平已成为全社会的共同期盼。"[②]《关于加强中小学心理健康教育的若干意见》指出："中小学心理健康教育是根据中小学生生理、心理发展特点，运用有关心理教育方法和手段，培养学生良好的心理素质，促进学生身心全面和谐发展和素质全面提高的教育活动。"心理健康教育要采取措施消除心理疾病，去除心理障碍，保持、维护受教育者的健康状态，激发其潜能，促进人的全面发展。

(三)班级心理健康教育的概念

班级心理健康教育，指的是以班级为背景，为实现班级管理目标而进行的心理健康教育。班级心理健康教育是学校心理健康教育体系中的一个子系统，其任务是有限的。但需要注意的是，班级心理健康教育的目标与学校心理健康教育的目标是一致的。

---

① 郭念锋：《心理咨询师(基础知识)》，257～283页，北京，民族出版社，2005。

② 俞国良、王浩：《新时代我国心理健康教育的发展方向及其路径》，载《中国教育科学》，2022(1)。

班级心理健康教育与学校心理健康教育不同。学校心理健康教育面向全校学生，解决全校具有的共性问题。比如，设定全校心理班会的主题，统筹全校的心理健康工作。除了有以班级为背景和实现班级管理目标这两个特征外，班级心理健康教育与其他的心理健康教育并无二致。换句话说，班级心理健康教育可以借用学校心理健康教育的手段和方法来为自己服务。班级心理健康教育与德育也不一样。德育的目标是强制学生遵守道德规范，养成良好品质；心理健康教育的目标则是提高学生心理素质和心理健康水平。德育的工作方法是惩戒取向的，心理健康教育的工作方法则是共情取向的。

二、班级心理健康教育的主要内容

班级心理健康教育的内容与中小学心理健康教育的内容有较大的交叉。在有学校层面的心理健康教育的学校，两者应该有所分工。中小学班级心理健康教育应该从教育部规定的中小学心理健康教育的主要内容中选取。

（一）从横向看班级心理健康教育的内容

按照教育部的规定，中小学心理健康教育的主要内容包括：智力因素、非智力因素和心理适应三个主要方面。智力因素方面主要指学习；非智力因素方面主要包括兴趣、性格、意志、自制力和责任心；心理适应方面主要有择业、交往等。每个方面又可分为常识了解、体验、分析、运用等不同的层次。具体来说，中小学心理健康教育的主要内容有：普及心理健康基本知识，树立心理健康意识；了解简单的心理调节方法，认识心理异常现象以及初步掌握心理保健常识，其重点是学会学习、人际交往、升学择业以及生活和社会适应等方面的常识。城镇中小学和农村中小学的心理健康教育，必须从不同地区的实际和学生身心发展特点出发，做到循序渐进，设置分阶段的具体教育内容。其教育内容是思想政治教育的重要组成部分之一，心理健康教育课程教学是开展课程思政的有利条件。二者具有互补性、一致性。心理健康教育也为加强和改进思想政治教育提供了良好的心理基础。[①]

（二）从纵向看班级心理健康教育的内容

从不同的年龄阶段看，中小学心理健康教育的主要内容有以下方面。小学低年级主要包括：帮助学生适应新的环境、新的集体、新的学习生活；帮助学生感受学习知识的乐趣；使学生乐于与教师、同学交往，在谦让、友善的交往中体验友情。小学中、高年级主要包括：帮助学生在学习生活中品尝解决困难

---

① 李睿：《心理健康教育融入思政教育探讨》，载《中学政治教学参考》，2023(11)。

的快乐，调整学习心态，提高学习兴趣与自信心；引导学生正确对待自己的学业表现，克服厌学心理，体验学习成功的乐趣；培养学生面临毕业升学的进取态度；培养学生的集体意识，在班级活动中，使学生善于与更多的同学交往，培养学生开朗、合群、乐学、自立的健康人格，培养学生自主自动参与活动的能力。初中年级主要包括：帮助学生适应中学的学习环境和学习要求，培养其正确的学习观念，发展其学习能力，改善其学习方法；引导学生把握升学选择的方向；引导学生了解自己，学会克服青春期的烦恼，逐步学会调节和控制自己的情绪，抑制自己的冲动行为；引导学生加强自我认识，客观地评价自己，积极与同学、教师和家长进行有效的沟通；引导学生逐步适应生活和社会的各种变化，培养对挫折的耐受能力。高中年级主要包括：帮助学生提高适应高中学习环境的能力，发展创造性思维，充分开发学习的潜能，在克服困难、取得成绩的学习生活中获得积极的情感体验；引导学生在了解自己的能力、特长、兴趣和社会就业条件的基础上，确立自己的职业志向，进行职业的选择和准备；引导学生正确认识自己的人际关系的状况，正确对待和异性伙伴的交往，建立对他人的积极情感体验；提高学生承受挫折和应对挫折的能力，使其形成良好的意志品质。

三、班级心理健康教育的原则

(一)合规律原则

要根据学生心理发展特点和身心发展规律，有针对性地实施教育。首先，要了解和掌握学生心理发展特点和身心发展规律；其次，要根据这些规律制定相应的措施。要了解有关规律，除了多观察，还需要多看书、多思考。之所以要读书，是因为我们通过个人观察所得的知识经验是有限的。

(二)全体性原则

全体性原则面向全班学生，通过普遍开展教育活动，使学生对心理健康教育有积极的认识，使学生的心理素质逐步得到提高。教师的科学辅导应与学生的主动参与相结合，促进全体学生参与。

(三)针对性原则

针对性原则关注个别差异，根据不同学生的不同需要开展多种形式的教育和辅导，提高他们的心理健康水平。中小学生心理的个别差异很大，《教育部办公厅关于加强学生心理健康管理工作的通知》指出："及早分类疏导各种压力。针对学生在学习、生活、人际关系和自我意识等方面可能遇到的心理失衡问题，主动采取举措，避免因压力无法缓解而造成心理危机。注重关心帮助学习遭遇困难、学业表现不佳的学生，教师要及时给予个别指导，鼓励同学间开展朋辈帮扶，帮助学生纾解心理压力、提振学习信心。"因此，在实际工作中，班主任既要注重班级里的普遍问题，也需要把握学生的个别问题。

(四)非指导性原则

尊重学生，以学生为主体，充分启发和调动学生的积极性。要做到这一点必须采取非指导性原则。非指导性原则指的是无条件积极关注、真诚、共情和保密。美国心理学家罗杰斯说，只要采用了这几点，就会开启当事人主动成长之阀门。需注意的是，非指导性原则并不等于放任自流，更不是放纵和溺爱。

(五)发展性原则

遵循预防、矫治和发展相结合的原则，以发展的眼光观察和处理学生所面临的问题。中小学生的根本特点之一是尚未定型，是发展中的人。这就奠定了心理健康教育工作的基调，即促进学生的发展。

四、当前班级心理健康教育中存在的问题

(一)部分心理健康教育从业教师的知识结构有缺陷

目前国内关于班级心理健康教育的研究集中于"模式特征、目标、原则和作用意义的阐释，而结合具体的教育实践如何更好地开展班级心理健康教育，关于'班级心理健康教育'的理论基础的研究还比较少"[1]。班级心理健康教育的实施主要依靠班主任和学校心理健康教师，其中很多教师是由原来的德育教师兼任，或由其他学科教师转任的。他们并非心理学、教育学等专业出身，在知识结构上存在一定的缺陷。北京、上海由于继续教育做得不错，情况稍微好些。班级心理健康教育是一个专业性很强的工作，没有足够的知识做支撑是做不好的。立志从事这方面工作的同学，应该认识到这种情况，不断加强对相关知识的学习。

(二)未处理好班级心理健康教育与其他教育的关系

在当前的基础教育实践中，科任教师认为自己没有必要，也没有责任进行心理健康教育；班主任认为自己事情那么多，顾不过来；学校里的心理健康教师则大多只会做些心理普查、心理辅导。大家各自为政，班级心理健康教育被当作可有可无的东西。这些都是班级心理健康教育与其他教育活动的关系没有

---

① 刘敏：《中小学班级心理健康教育探析——基于马卡连柯的集体教育理论》，载《思想战线》，2013(S1)。

处理好的典型表现。这促使我们从更深层次去思考问题，即如何将心理健康教育、德育、学科教育等统筹起来，使它们一起发挥育人的作用。

(三)存在辅导化、知识化、医学化等不良倾向

有的班主任把班级心理健康教育搞成了班级心理辅导，仅进行心理辅导；有的把它弄成了班级心理健康课，仅仅传授心理学知识；有的则把它做成了班级心理治疗，将其作为一种医学工作。然而，班级心理健康教育有目标、内容和手段三个方面，辅导化、知识化、医学化等做法都只关注到了班级心理健康教育的某一部分。《教育部办公厅关于加强学生心理健康管理工作的通知》明确提出了加强过程管理，分别是做好心理健康测评工作、强化日常预警防控和加强心理咨询辅导服务。造成不良倾向的原因有很多，教师的知识结构不合理、班级管理制度设计不合理，缺乏深入、有效的研究可能是最主要的几个原因。

(四)部分学校对班级心理健康教育重视不够

很多校长对班级心理健康教育抱有无所谓的心态。他们对心理教师，以及作为心理教师的班主任的工作和继续学习不够重视。学校重视不够的根本原因是：心理健康教育不能为学生学业水平的提高作出贡献。这种理解本身是失之偏颇的。实际上，班级心理健康教育不仅能促进学生健康发展，而且可以为学业水平的提高作出贡献。比如，学习辅导和压力缓解是心理健康教育的重要内容，有助于学习。因此，心理健康教育也是学校重要的生产力，从事班级心理健康教育工作的教师应该认识到这一点。

(五)很多教师在工作中没有抓住关键问题

很多教师在进行班级心理健康教育的方式选择上以矫治和预防为主。"在心理治疗中，最重要的除了矫治和预防外，还要促使学生个体的自我发展。如果能使中小学生在班级心理教育过程中，获得一种自助的能力。提高对自我的认识，提高自我心理素质和适应社会生活的能力，将更有利于班级心理健康教育的长远意义。"[1]有的教师将传说中的心理素质作为其工作的目的，不断地想办法提高它们。比如，有的教师不断想办法让学生们快乐。实际上，我们不可能，也不应该时时刻刻快乐，我们在该伤心的时候需要伤心，一个每时每刻都开心的人并不健康。我们的教师反倒忽视了那些很紧要的，令家长和学校都很头疼的重大问题。比如，农村学生的辍学问题，城市学生的网络成瘾问题等。又如，新的社会发展条件下，学生心理有哪些新的特点。这些问题是班级心理

---

① 刘敏：《中小学班级心理健康教育探析——基于马卡连柯的集体教育理论》，载《思想战线》，2013(S1)。

健康教育应该积极关注的。如果以这样的问题为工作目标，班级心理健康教育就可以轻易地赢得各方面的赞赏和支持。

第二节　班级心理健康教育的途径

2023 年，《全面加强和改进新时代学生心理健康工作专项行动计划（2023—2025 年）》明确提出："认真贯彻党的二十大精神，贯彻落实《中国教育现代化 2035》《国务院关于实施健康中国行动的意见》，全面加强和改进新时代学生心理健康工作，提升学生心理健康素养。"班级心理健康教育是提高学生心理健康素养的有效方法之一。班级心理健康教育的途径有很多，不同班级应根据自身的实际情况灵活选择、使用，注意发挥各种方式和途径的综合作用，增强心理健康教育的效果。总的来说，有以下几种途径。

一、专题知识讲座

（一）专题知识讲座的概念

专题知识讲座是一种以讲座形式传播心理健康科学常识的方法。它能帮助学生了解一般的心理保健知识，使学生避免一些由无知导致的问题。除了内容上的差异，班级心理健康教育中的专题知识讲座还遵循一般讲座的原则。

（二）专题知识讲座的要素

1. 内容

适合进行专题知识讲座的内容有：关于学习心理及职业发展的知识、关于自己心理方面的知识和关于人际关系的知识。其中，学习心理与人际关系是重点。

2. 教师风格

教师风格是一个教师的总的精神风貌。每位教师都有自己的风格。教师的口头语言、肢体语言、思维风格、学识素养等构成了他的精神风貌。由于教师精神风貌的差异，我们会看到即使同样的内容，不同的教师讲出来也是不一样的。

3. 流程

通常一个讲座可分成引入、主体、结束等几个阶段，每个阶段都有各自的任务和目标。但在这种安排下，学生需要记住前面的很多内容才能听懂后面的内容，这无疑增加了学生的心理负担。因此，我们建议将讲座的安排扁平化，使讲座中的每个阶段相对独立，以减少学生的心理负担。

（三）进行专题知识讲座的注意事项

1. 防止为考试而讲的倾向

普及心理健康知识是一项基础性的工作，但传播知识不是为了考试，而是为了解决学生面临的实际问题。

2. 防止脱离学生实际需要的倾向

班主任要事先进行调查，了解当前班级学生面临的某方面的共同问题，然后才能组织相应的专题知识讲座。比如，初次住校的初中生就面临想念父母、生活自理等问题，班主任可以组织相应的讲座。当然，讲座不一定都是班主任讲，也可以让表现优异的学生分享他们的经验。

3. 防止故弄玄虚的倾向

讲座所讲内容应有明确的科学依据，不能随意炮制，更不能以讹传讹。这就要求班主任平时注意学习相关知识，掌握科学方法，进行调查研究，注意积累。学生的心理发展变化是一个客观过程，并非玄而又玄、不可言传的神秘现象。只要多学习、多研究，班主任就能把握其特征。

二、心理辅导活动课

（一）心理辅导活动课的概念

心理辅导活动课，又称心理健康教育活动课，是一种试图以一系列精心设计的活动为载体来培养学生心理品质的新型课程。心理辅导活动课是当前中小学开展心理健康教育的主要方法之一。心理辅导活动课是心理辅导思维与传统课程相结合的产物，既具有心理辅导的特点，又具有传统学科课程的某些特征。

（二）心理辅导活动课的要素

活动、体验和分享是心理辅导活动课三个独特的要素。内容、主题、流程等要素则是心理辅导活动课与一般的学科课程共同的要素，它们遵循相同的原则，此处不赘述。

1. 活动

活动是其区别于一般学科课程的本质特征之一。活动是学生在一定条件下可以参与的实践（或行为）过程。活动的作用是为后续的分享和体验搭建一个平台。活动的形式是多种多样的，大致可以分成三类：认知式、情景式和行为训练式。① 认知式活动有：阅读、故事联想、讨论澄清、艺术欣赏等。情景式活动有：情景再现、角色扮演、心理剧表演、空椅子表演、游戏等。典型的行为训练式活动有：示范、奖赏、契约等。对不同年级的学生，活动的内容应该有所不同。

小学低年级、初二年级和高三 年级之间的活动内容对比②

• 小学低年级

1. 适应环境：帮助学生认识班级、学校、日常生活环境和基本规则。

【参考主题】我们的校园；我的小学生活；我的老师；我的新朋友。

2. 认识自我：帮助学生了解自己的外表，初步学会自我控制，树立纪律意识。

【参考主题】我的外表；管住自己我能行。

3. 学习心理：帮助学生进行学习习惯的培养与训练，初步感受学习知识的乐趣。

【参考主题】学习要有好习惯；我是学习小主人；我会专心听课；克服拖拉；善于发现；学习用处多。

4. 自信心理：帮助学生初步认识自己的优点，初步感受乐于尝试的积极体验。

【参考主题】我是一个顶呱呱的人；闪光的我。

5. 人际交往：培养学生礼貌友好的交往品质，在谦让、友善中感受友情。

【参考主题】友善朋友多；主动说对不起；分清"借"和"拿"；学会倾听。

6. 情绪调适：帮助学生了解自己的情绪，学会体验并初步学会表达情绪。

【参考主题】认识我的情绪；拥抱快乐；情绪红绿灯。

• 初二年级

1. 青春期心理：帮助学生分辨喜欢与爱，把握与异性交往的尺度，学会自我保护。

【参考主题】我和青春有个约会；青春的秘密；保卫青春。

---

① 鲍艳双：《心理活动课的三种基本活动途径》，载《中小学心理健康教育》，2003(2)。

② 资料来自《广东省教育厅关于中小学心理健康教育活动课内容指南》(粤教思〔2016〕2号)。

2. 学习心理：帮助学生运用各种策略进行有效学习，正确处理厌学心理。

【参考主题】倾身侧耳，心无旁骛；打开记忆的大门；思维导图；质疑和解疑；学而不"厌"。

3. 人际交往：培养学生人际交往的道德感和责任感，认识网络的利弊，规范青少年上网行为。

【参考主题】坚守原则更快乐；"网海"健康游。

4. 认识自我：帮助学生客观和全面地认识自己、评价自己，提高自我意识水平。

【参考主题】正确评价，接纳自我；认识自我与欣赏自我；我的气质；自豪耀我心。

5. 人格发展：帮助学生提高自控能力，抵抗各种诱惑，学会面对变化的适应策略。

【参考主题】与社会发展同步成长；诱惑面前不动摇；学会自我控制。

6. 情绪调适：学会有效管理情绪，抑制冲动行为。

【参考主题】情绪健康维他命；"同理"有妙招；HOLD住我的冲动。

• 高三年级

1. 自我认识：深入了解自己的人格特质，增强自我效能感。

【参考主题】学会感恩；我的地盘我做主；我行我炫。

2. 学习心理：挖掘自身的学习潜能，凸显优势，激发学习动力。

【参考主题】潜能无限；超越我自己；敢拼才会赢。

3. 情绪调适：剖析考试焦虑现象，掌握克服考试焦虑的考前准备、考中应对、考后调整策略。

【参考主题】打开考试焦虑的面纱；积极备"战"；放松我有"招"；应考的策略；善用考试结果。

4. 价值观：分析"我"在社会中的角色与义务，学会勇于承担和学会负责。

【参考主题】社会与我；我的公民责任。

5. 职业心理：了解自己的学科兴趣和职业倾向，了解社会职业类别和要求，恰当处理自己选择的职业方向与父母选择的冲突，做好职业方向选择。

【参考主题】职业大搜查；我的职业兴趣；我的职业方向标。

6. 职业心理（中职学生适用）：在顶岗实习中，体验职业角色，感悟职业的苦与乐，体会不同职业的要求，引领自身合理定位。

【参考主题】职业角色体验；我爱我岗；未来职业规划。

2. 体验

体验是心理活动课的核心，是由感受、情感、理解、联想、领悟等诸多心理要素构成的。学生对某个事情的体验总是伴随着某种情感、某种意义。在心理辅导活动课的三个要素中，体验起的是中介的作用。没有体验，活动中蕴含的道理就无法内化为学生的心理结构，班主任设计的活动就流于形式，心理健康教育课的目标也就无法达到。体验有积极和消极之分。在心理辅导活动中，班主任既要让学生有积极的体验，也要让他们有消极的体验。体验是一个感性的、朦胧的复合体，既包含着某种情绪感受，也包含着某种认识领悟。

3. 分享

心理辅导活动课中的分享，指的是在一定的条件下，学生把在活动中获得的体验(感受、情感、理解、想法、领悟等)和别人分享的过程。分享的内容来自活动中的体验。分享具有以下作用：第一，分享可以唤醒其他同学的意识活动，进而生成对某事或某物的意义，或形成联想、领悟；第二，分享可以强化那些得到支持和赞赏的体验；第三，分享可以促进学生之间的互动；第四，分享可以使学生对自己的体验和认识进行澄清、升华。

心理辅导活动课教师要让学生在课上出现分享行为，就要做到以下两点：第一，建立充满信任、理解、安全、接纳、真诚的辅导关系；第二，适当地表露自我，为学生树立榜样。

(三)开展心理辅导活动课的注意事项

1. 防止心理辅导活动课学科化

心理辅导活动课是在教师引导下，以活动为载体，让学生在活动中感受、体验、思考、感悟而获得心理成长，形成健全人格和良好心理品质的课程，由此可见，心理活动课绝不能上成心理学课。[①]

2. 防止按照预设的结果进行强制"升华"

在上活动课前，教师在备课时要对这节课的流程有个预先安排。通常，在课程结尾有个"升华"，即一定要让学生领悟到什么道理。事实上，让学生在心理辅导活动课进行过程中收获体验是最重要的。体验很可能是一个较长、较慢的过程，学生在活动课的结尾不一定会认识到什么道理。因此，强制进行"升华"就是揠苗助长。

3. 活动内容的设置既要防止僵化死板，也要防止过于随意

有的教师在设置活动课内容时完全按照书本进行，这就过于僵化死板；有的教师则根据自己的心情随意设置，这就过于随意。正确的做法是，既参考文

---

① 朱雪霞：《莫让心理辅导活动课中的"心理味"变了质》，载《中小学心理健康教育》，2015(15)。

件等内容的规定，又考虑所教班级的实际情况，特别是结合当时学生所面临的突出问题。正因为如此，心理辅导活动课教师应该对学生的心理动态了如指掌。

三、个别心理辅导

(一)个别心理辅导的概念

"个别心理辅导是指心理辅导教师通过人际沟通，对学生进行一对一心理帮助的过程。"[①]心理辅导与心理咨询有很多相似之处，特别是在技术层面。不同之处在于心理辅导的对象主要是学生，而心理咨询的对象则不仅仅是学生；心理辅导主要侧重于成长，而心理咨询则主要侧重于心理困惑或问题。心理辅导与德育的差异则比较大：心理辅导的理论基础主要是心理学，德育的理论基础是马克思列宁主义等；心理辅导的目标是个性化成长，德育的目标则是对学生进行整齐划一的教育；心理辅导的内容是学习心理、青春期性心理、人际交往心理、择业心理等，德育的内容则是热爱社会主义、热爱共产党、热爱祖国、热爱人民、遵纪守法等。

(二)个别心理辅导的要素

1. 辅导关系

辅导关系是辅导过程中的师生关系。这种师生关系是一种新型的人际关系。[②] 其特点是真诚、亲密、安全、共情等。在这种关系中，学生可以自由、安全地探索自我。辅导关系贯穿心理辅导的始终，其质量决定着心理辅导的效果。

2. 辅导技术

建立辅导关系的技术包括：谈心、问题分类、留有余地、话题跟随、细微激励、主动认真、自言自语、直来直去、利用沉默、消除抵触等。

发展辅导关系的技术有：情感识别、情感表露、情感反馈、准确理解、提供信息、给予指导、正面提问、影响与说服、支持与鼓励、自我表露、释义、当面质疑、澄清问题、概括等。

行为改变的技术有：给予指导和建议、确立行为目标、获得承诺、预测情境、评估结果、记录、奖励、提供范例、角色扮演、身体意识训练、放松训练、文体活动、思考与想象、系统脱敏等。

---

① 姚鑫山：《个别心理辅导》，5 页，上海，上海教育出版社，2000。
② 刘华山：《学校心理辅导》，1 页，合肥，安徽人民出版社，2001。

认知调整的技术在不同的心理咨询流派里有所不同。合理情绪疗法中有领悟与质疑、角色变换、最坏假设、认知作业等。贝克认知疗法包括识别自动化思想、辨别歪曲认知、进行真实性检验、注意不良认知、监督焦虑水平等。辅导技术是教师在辅导过程中采用的一组心理技术。郑日昌将辅导技术分为建立与发展辅导关系的技术、行为改变的技术和认知调整的技术三类。[①]

3. 辅导过程

心理辅导需要遵循六个步骤。①收集背景信息。包括学生的基本情况、社会关系和可能出现的心理问题。②建立辅导关系。主要是取得学生的信任。③明确辅导目标。辅导目标的确定并不是件容易的事，有时要花费很多时间和精力。其实质是要找准学生的心理困惑或心理问题。④制订辅导方案并实施。辅导方案包括辅导的方式方法和实施的具体步骤，如时间安排、进程、地点等。⑤追踪与反馈。辅导的结果大致有三种，问题得到解决、问题得到部分解决、问题没有得到解决。可以通过访谈、通信、问卷、复查等方式进行。⑥转介或停止。如果辅导教师遇到自己不能解决的问题，或者自己不方便辅导时，需要转而介绍给合适的辅导教师。停止则发生在问题完全解决，或完全不能解决之时。

心理辅导还需要有相应的心理辅导室，这一点非常重要。根据《中小学心理健康教育指导纲要（2012年修订）》，为进一步加强和规范中小学心理辅导室建设，切实发挥心理辅导室在提高全体学生心理素质，预防和解决学生心理行为问题中的重要作用，教育部制定了《中小学心理辅导室建设指南》。

（三）个别心理辅导的注意事项

1. **防止泄露学生的秘密**

保密是学生感到安全的第一原则，也是对学生的保护。随意泄密会给学生带来伤害，有损心理辅导的信誉。

2. **防止用独断的眼光看待和处理有关问题**

学生心理困惑、心理问题的发生和发展本身有一个过程，它们可能是发展过程中必然出现的现象，但是随着年龄的增长，很多"问题"会自然而然地消失。因此，辅导教师不能随意地下一些独断性的结论。

3. **防止门户相轻的陋习**

在心理辅导中，辅导教师应对各种辅导流派采取折中的态度，博采众长，为我所用。不同的辅导流派在构建自己的辅导方法和技术的时候，采用的是科学思维；而实际的辅导工作却要求我们采用工程思维。只有博采众长、综合集

---

① 郑日昌：《中学生心理咨询》，51～104页，济南，山东教育出版社，1994。

成，才能解决实际问题。

4. 防止为一己之私利的"强制治疗"

辅导教师要明确自身能力的有限性，在自己不能处理时，要及时转介给别人，避免对求询者造成伤害。

四、团体心理辅导

(一)团体心理辅导的概念

团体心理辅导，又称作团体心理咨询，是在团体情境下提供心理帮助与指导的一种心理辅导形式。[①] 与个别心理辅导相比，团体心理辅导一次能纳入几个人，效率较高，可以充分利用团体内部的力量实施心理咨询。但是，团体心理辅导有其局限性：个人深层次问题不易暴露，个别需要难以照顾周全，有时会给成员带来伤害，对团体领导者的素质要求较高等。

(二)团体心理辅导的要素

1. 团体领导者

一个有成效的团体领导者需要具备如下基本条件：关怀、坦白、灵活、温和、客观、值得信赖、诚实、强壮、耐心和敏感。此外，与人交往的经验、与团体一起工作的经验、计划与组织才能、有关主题的知识储备、对基本的人性冲突和两难困境的良好理解、对咨询理论的深刻理解等也是团体领导者需要具备的必不可少的条件。

2. 团体成员

团体成员面临共同的问题，有类似的待解决的心理困扰。通常有 3～12 名成员，其中领导者 1～2 人。成员不宜过多，理想的人数是 5～8 人。领导者在带团队的经验还不多的时候，应当减少团体的人数。

3. 起作用的力量

在团体咨询中，起作用的力量有 16 种，分别是：团体成员对团体目的的清晰理解、团体目的与团体成员的相关性、团体的大小、每次会面时间的长短、会面的频率、会面场所的适宜与否、会面在一天中的时间段、领导者的态度、团体的开放程度、成员参与的自愿程度、成员合作意愿的高低、成员的承诺水平的高低、成员间的信任水平、成员对领导者的态度、领导者对成员的态度、领导者应对团体的经验和对此的准备。

---

① 傅宏：《班级心理健康教育理论与操作》，68～95 页，南京，南京师范大学出版社，2008。

4. 团体辅导的技术

团体心理辅导与个别心理辅导遵循相同的理论基础，因此，其技术也基本一样。常见的有：积极倾听、反射、澄清和提问、总结、微型演讲和提供信息、鼓励与支持、基调的设定、塑造和自我流露、眼睛的应用、声音的应用、领导者能量的运用、识别同盟者、多文化理解 13 种。[①]

团体辅导的流程大致可以分为三个阶段：开始阶段、运作阶段和结束阶段。[②]

开始阶段是一段用来相互介绍并讨论一些诸如该团体的目的、可能出现的事件、恐惧、基本规则、舒适水平以及团体内容等主题的时间。在这个阶段，团体成员会评估其他成员，并评估自己能否舒适地与其他人交流个人经历。在没有事先确定团体主题的情况下，开始阶段是成员决定团体关注点的时间。开始阶段的持续时间可以短到几分钟，长到两次会面时间。

运作阶段是成员们将注意力集中于团体目的的时间段。在这个阶段，成员们学习新材料，讨论各种各样的题目，完成任务或进行个人交流。此阶段会出现许多动力学问题，因为成员们以数种不同的方式相互作用。领导者应当特别注意这些相互作用的模式以及成员彼此之间的态度。这一阶段是团体咨询的核心。

结束阶段是用来结束团体辅导的。在这个阶段，成员共同讨论他们学到了什么，他们发生了怎样的变化，以及他们计划怎样运用学到的东西。成员们会互相道别并处理"团体结束"这个问题。对某些团体而言，结束会是一个充满情感的经历；而对于另一些团体而言，结束可能仅仅是一个任务的完成。对大多数团体来说，结束阶段只需要一次会面时间。

(三)团体心理辅导的注意事项

个别心理辅导的注意事项也是团体心理辅导要遵守的。此外，团体心理辅导还需注意如下事项。第一，不能盲目追求咨询的效率。有的人把几十个人纳入团体，进行所谓团体心理辅导。这样做效率很高，但效果很差。因为领导者的个人能力难以领导如此庞大的团体。第二，不能强迫学生参与团体咨询。学生是否自愿参与咨询是决定咨询效果好与不好的重要因素。强迫学生参与团体咨询，效果大多不好。《论语》载"不愤不启，不悱不发"，没有思考过，没有疑惑，怎么教都是没有用的，咨询亦如此。如果学生没有改变的意愿，就意味着

---

① ［美］雅各布斯、［美］马森、［美］哈维尔：《团体咨询的策略与方法》，洪炜等译，151 页，北京，中国轻工业出版社，2000。

② ［美］雅各布斯、［美］马森、［美］哈维尔：《团体咨询的策略与方法》，洪炜等译，40～43 页，北京，中国轻工业出版社，2000。

目前还不是咨询的良好契机。第三，防止教师仓促上阵。部分教师对心理咨询的理论掌握并不多，但自己胆量很大，仓促之间就上阵带团队。这样做其实是很危险的，既可能伤害学生，也可能伤害自己。

五、学科教学渗透

(一)学科教学渗透的概念

学科教学渗透，即在学科教学过程中渗透心理健康教育。学科教学是载体，心理健康教育是目的。学科教学渗透是班级心理健康教育的基本途径和方式。近年来，已有中小学教师在语文、数学、道德与法治等科目教学中尝试渗透心理健康教育，并取得了一些成功经验。

(二)学科教学渗透的要素

1. 渗透的目标

学科教学中渗透心理健康教育的目标是各学科课堂教学目标与心理健康教育目标的有机结合。教师首先要明确每节课的教学目标和要求，并以此为载体渗透心理健康教育的内容。概括起来，学科教学渗透的目标主要有：激发学习动机，树立学习自信，实施智力开发，养成良好的学习习惯，锻炼人际交往能力，塑造乐观、开朗、活泼的性格等几项。[①]

2. 渗透的路径

教师的示范对学生的影响贯穿整个教学过程。从静态来看，教师的示范是通过人格特征来渗透的；从动态来看，教师的示范是通过建立良好的师生关系来渗透的。教师的人格特征，如自信自尊、自立自强、宽容友善、乐观幽默、应对挫折等，都是学生可以效仿的。学生的心理适应，主要是对师生关系的适应，师生关系对学生的发展有重大影响。在良好的师生关系中，学生被教师接纳和信任，享受到爱的温暖，感受到自己的价值；学生得到教师的支持、体谅与鼓励，体会到友谊，进行智慧和感情的交流，相信人世间的真诚和美好，从而喜欢集体生活，喜欢社会生活，对未来充满希望和期待。

教学环节大致可以分成教学设计、教学实施和教学评价三个环节。每个环节都能渗透心理健康教育的内容。在教学设计环节，教师需要统筹考虑心理健康教育和学科教学的目标与内容。在教学实施环节，教师要留意学生的心理反应，注意学习动机的激发、学习方法的辅导。在教学评价环节，教师要考虑认知以外的内容，如情感、态度和价值观。

---

① 伍新春：《中学生心理辅导》，199~200 页，北京，高等教育出版社，2010。

教学环境包括物质环境和心理环境，后者更重要。心理环境主要指的是在课堂教学过程中形成的社会心理氛围。置身于生动活泼的环境中，学生身心舒展，情绪稳定，学习积极性高；置身于冷漠敌对的环境中，学生更多地表现出退缩、攻击、自卑、怯懦等。如何营造一个积极健康、生机勃勃的课堂心理环境呢？首先，教师要以民主的态度对待学生，尊重学生的人格和自尊心，对学生满怀期待；其次，教师要控制自己的情绪；最后，教师要正确运用奖惩手段。

(三)学科教学渗透的注意事项

1. 防止抽象地进行心理健康教育

单独开设学习方法等方面的辅导课，抽象地进行学习心理辅导，会让学生难以理解和接受，效果不好，因此，心理健康教育应该紧密结合各个学科的教学来进行。

2. 防止心理健康教育"喧宾夺主"

有的教师将学科教学的课堂完全变成了心理健康教育的阵地，这种"喧宾夺主"的做法也是不对的，因为它会耽误学生正常的知识学习。

3. 防止科任教师对心理健康教育的忽视

很多科任教师认为心理健康教育跟自己没有关系，这些教师常常是只管讲自己的，至于学生学不学、学得如何、有什么困难等问题则迟迟得不到解决，最终耽误的是学生的发展。

4. 防止组织者缺位

现行学校教育在组织管理方面的变革相对迟缓，表现为心理健康教育没有专人来组织实施，出现了组织者缺位的现象，这对心理健康教育的实施是非常不利的。

六、家校合作

(一)家校合作的概念

家校合作，是家校合作实施心理健康教育的简称，指的是通过家庭和学校两大系统的沟通、合作来进行心理健康教育。家校合作有三个层次：一是家长协助学校教育孩子；二是家长之间组织起来实施校外教育；三是家长参与班级心理健康教育的决策、实施和改进。

(二)家校合作的要素

1. 目标

家校合作的目标是帮助学生解决在成长过程中遇到的心理问题，促进学生心理素质提高和心理健康发展。学生在成长中遇到某些心理问题的原因来自家庭结构。比如，单亲父母可能潜移默化地告诉孩子关于异性的负面看法，结果导致孩子对所有异性存有偏见，这是最糟糕的情况。要解决这个问题，家长必须参与。有些教育措施单靠学校是无法完成的，需要在家长的监督配合下实施。比如，家长要监督学生按时完成作业，解答作业中的疑问。随着教育的发展，家长的作用也越来越凸显出来，家长要积极参与到班级管理的决策、实施的过程中去。

2. 形式

家校合作的形式有很多，而且还需要在实践中不断发展。除了常见的家长会和家长学校，近年来兴起了家校合作的新形式：家长沙龙和家长志愿者协调委员会。[①]

家长沙龙。传统的家长会虽然也是教师和家长沟通的重要平台，但是时间有限，难以深入讨论很多问题。而家长沙龙则采用沙龙的形式，定期或不定期地讨论孩子教育中的问题，分享教育的心得体会，还可以安排一些专题讨论、经验交流等专题性活动，加大交流的深度和广度，实现有效沟通。

家长志愿者协调委员会。家长委员会是由学校出面指导家长组建的家长之间的集体组织，起着上传下达的作用。在家长中，有一大批关心教育的有识之士和家庭教育的成功者，他们是家校合作的重要资源。教师可以把这一部分家长组织起来，成立家长自己的联盟或组织。比如，可以成立家长志愿者协调委员会，为每个班级都配备一名家长志愿者协调员。这样，就可以充分利用各方资源。

总而言之，班主任要把握家庭教育的必要性，注重家校合作，探寻多样的途径，引发家长对心理健康教育的重视，帮助家长积累心理健康教育方法，从而驱动家长在家庭中对学生实施心理健康教育。班主任和家长的共同努力能帮助学生塑造健康心理，为学生全面发展的实现打下坚实基础。[②]

（三）家校合作的注意事项

1. 防止流于形式

有的地方也开展家校合作，但大都流于形式，没有实质内容。家校合作就是开开会，走向了让家长反感的局面。

画好教育"同心圆"
——家校共育案例分析

2. 要不断探索家校合作的内涵和形式

家校合作是一种重要的教育资源，但有的班主任对如何才能更好地利用它认识并不深。所以，在实践过程中，班主任还需要进一步探索，进一步研究。

---

① 伍新春：《中学生心理辅导》，253～254 页，北京，高等教育出版社，2010。

② 周进：《谈如何通过家校合作，帮助学生塑造健康心理》，载《才智》，2020(19)。

第三节　班级心理健康教育的实施

班级心理健康教育是一种专门活动，一项系统工程，一个过程。本节将阐述心理健康教育的一般过程、心理健康教育活动课的设计，以及教师在实施过程中的作用等问题。

一、班级心理健康教育实施的一般过程

心理健康教育的一般过程由一系列相互关联、前后相继的环节构成。具体流程包括：了解学生，把握学生的心理状况；分析问题形成的原因；设计心理健康教育方案；实施心理健康教育方案；效果评估与反思反馈。

(一)了解学生，把握学生的心理状况

心理健康教育的第一步是了解学生，把握学生的心理状况。

学生的心理状况可能是发展性问题、预防性问题和治疗性问题。发展性问题指的是学生在成长过程中出现的正常的适应性问题，如由第二性征的出现所带来的困扰。预防性问题指的是为了预防某些问题的产生所假设的问题。对这类问题，班主任要采取一定的应对措施，比如，学业表现不理想、早恋等都可能带来学生心理状况的变化。治疗性问题指的是比较严重的心理异常，需要采取相关治疗措施。学生的心理状况通常都有一定的外在表现，因此班主任可以通过多种方式对学生心理状况进行了解和研究。常见方式包括心理委员报告、同学报告、谈心、会谈、问卷调查、心理测验等。

了解学生状况，班主任需要注意以下几点。首先，将对学生真诚关心与扎实的专业知识和技能结合起来，两者缺一不可。了解学生才能做到细致入微，从而了解学生真实的心理状况。其次，关注学生生活中的重大生活事件，留意学生行为的突然改变。突然的行为改变可能是由生活事件引起的心理应激造成的，应给予学生积极的关注和情感上的支持，帮助学生适应新的情境和生理心理变化，度过心理应激期。生活中的重大事件往往会导致突发性的心理问题。亲人病故等都是典型的重大事件。下面的青少年生活事件量表列举了青少年生活中的重大事件，报告了这些事件对青少年影响的程度。

════青少年生活事件量表① ════

> 过去 12 个月内，你和你的家庭是否发生过下列事件？请仔细阅读下列每一个项目，如果发生过，根据事件给你造成的苦恼程度选择"没有、轻度、中度、重度、极重"。

1. 被人误会或错怪：□没有　□轻度　□中度　□重度　□极重
2. 受人歧视或冷遇：□没有　□轻度　□中度　□重度　□极重
3. 考试失败或不理想：□没有　□轻度　□中度　□重度　□极重
4. 与同学或好友发生纠纷：□没有　□轻度　□中度　□重度　□极重
5. 生活习惯(饮食、休息等)明显变化：□没有　□轻度　□中度　□重度　□极重
6. 不喜欢上学：□没有　□轻度　□中度　□重度　□极重
7. 恋爱不顺利或失恋：□没有　□轻度　□中度　□重度　□极重
8. 长期远离家人不能团聚：□没有　□轻度　□中度　□重度　□极重
9. 学习负担重：□没有　□轻度　□中度　□重度　□极重
10. 与老师关系紧张：□没有　□轻度　□中度　□重度　□极重
11. 本人患急重病：□没有　□轻度　□中度　□重度　□极重
12. 亲友患急重病：□没有　□轻度　□中度　□重度　□极重
13. 亲友死亡：□没有　□轻度　□中度　□重度　□极重
14. 被盗或丢失东西：□没有　□轻度　□中度　□重度　□极重
15. 当众丢面子：□没有　□轻度　□中度　□重度　□极重
16. 家庭经济困难：□没有　□轻度　□中度　□重度　□极重
17. 家庭内部有矛盾：□没有　□轻度　□中度　□重度　□极重
18. 预期的评选(如"三好"学生)落空：□没有　□轻度　□中度　□重度　□极重
19. 受批评或处分：□没有　□轻度　□中度　□重度　□极重
20. 转学或休学：□没有　□轻度　□中度　□重度　□极重
21. 被罚款：□没有　□轻度　□中度　□重度　□极重

---

① 汪向东、王希林、马弘：《心理卫生评定量表手册(增订版)》，106～108 页，北京，中国心理卫生杂志社，1999。

22. 升学压力：□没有　□轻度　□中度　□重度　□极重

23. 与人打架：□没有　□轻度　□中度　□重度　□极重

24. 遭父母打骂：□没有　□轻度　□中度　□重度　□极重

25. 家庭给你施加学习压力：□没有　□轻度　□中度　□重度
□极重

26. 意外惊吓：□没有　□轻度　□中度　□重度　□极重

27. 事故：□没有　□轻度　□中度　□重度　□极重

如有其他事件请说明。

青少年生活事件量表是一个自评问卷，由 27 项可能给青少年带来心理反应的负性生活事件构成。评定期限依研究目的而定，可为最近 3 个月、6 个月、9 个月或 12 个月。对每个事件的回答方式应先确定该事件在限定时间内发生与否，若发生过则根据事件发生时的心理感受分 5 级评定，即没有(1)、轻度(2)、中度(3)、重度(4)或极重(5)。完成该量表约需要 5 分钟。

统计指标包括事件发生的频率和应激量两部分，事件未发生按没有影响统计，累积各事件评分为总应激量。若进一步分析可分 6 个因子进行统计：

Ⅰ.人际关系因子包括条目 1、2、4、10、15、25。

Ⅱ.学习压力因子包括条目 3、9、16、22。

Ⅲ.受惩罚因子包括条目 17、18、19、20、21、23、24。

Ⅳ.丧失因子包括条目 12、13、14、26。

Ⅴ.健康适应因子包括条目 5、8、11、27。

Ⅵ.其他包括条目 6、7。

(二)分析问题形成的原因

在充分把握了学生的心理状况后，接下来就要分析造成这类心理问题的原因。只有找到心理问题的原因所在，才能为解决心理问题提供可能。一般来讲，影响学生心理健康的因素包括：生理因素、家庭因素、学校因素和自身心理因素。

生理因素有：相貌、生理缺陷、激素分泌异常、发育导致的生理心理适应不良等。家庭因素有：家庭结构(如是否单亲)、家长的素质、家庭成员的人际关系、家庭的教养方式、家庭教育期望、家庭经济条件等。学校因素有：校风、学风、班级中的人际关系、教师素质、教师对学生的期望等。自身心理因素有：自我的发育状况、基本需要的满足程度、自我调节能力、心理冲突、承受心理挫折的能力、适应能力、抗压能力、处理问题的技能等。

(三)设计心理健康教育方案

了解了学生的心理问题及其形成原因，接下来需要采取一定的措施来帮助学生解决这些问题，促进学生心理健康的成长。

心理健康教育方案包括设定目标、内容和选择实施手段等几个方面。设定目标就是要明确我们要解决什么问题。内容是目标的具体化。实施手段已经在前文详加阐述，设计时需要从中选择。心理健康教育中的目标、内容和实施手段三因素的不同搭配就形成了心理健康教育的不同模式。评价一个模式好坏的根本标准是该模式能否在诸多条件限制下顺利实现预定目标，并能否取得满意的效果。

(四)实施心理健康教育方案

心理健康教育方案确定好之后，要寻找或者创造实施的契机，使得心理健康教育的效果最大化。实施心理健康教育方案要充分考虑参加学生、教师、环境、设备等多方面的制约因素。比如，我们拟通过物理课堂教学这个途径来培养学生的创新思维能力，那么就需要详加考虑物理实验设备的多寡、物理教师是否重视等因素。

(五)效果评估与反思反馈

效果评估是心理健康教育的重要环节之一。在一次或者一系列心理健康教育后，班主任要对相关措施的效果进行评估，为今后的心理健康教育提供参考。效果评估的方法有：让学生对活动的满意程度打分，对遇到的问题提意见，或者进行相关的测验。也可以几个心理教师在一起进行反思性评估，主要看预期的目标是否达到，如果没有达到，是什么原因。效果评估中要尽量采用多种方法，将教育后的情况同教育前的情况进行对比，将定性与定量的方法相结合。最好能将相关问题变成研究课题，争取学校或上级部门的支持。在实施心理健康教育后，教师应仔细记录学生在接受教育后的变化，并将结果反馈给参与的学生。反馈要具体，最好以个别方式进行，避免将学生的个人隐私暴露于大庭广众之下。

二、心理健康教育活动课的设计

心理健康教育活动是一种专门活动，不同于认知类课程的教学，也不同于一般的班级活动、团队活动，更不是自发的游戏活动，或者临时的班级活动。

它有自己的目标、内容和流程。心理健康教育活动课的设计就是要在实施前明确其目标、内容，并合理安排其流程。

(一)明确心理健康教育活动的目标

心理健康教育要想达到预期的目标，就必须对目标有一个清晰的界定。确立活动的目标就是确立活动所欲取得的最后结果。刘华山将心理健康教育的内容分为学习辅导、生活辅导和职业辅导三个方面。[①] 需要强调的是，在确定心理健康教育活动的发展性目标时，除了要考虑到儿童与青少年的身心发展规律，还要顾及他们在适应社会过程中可能发生的问题。

儿童与青少年在适应社会过程中所发生的问题是个人自身发展与特定社会变化交互作用的产物，这种交互作用因为发展而具有动态性。因此，在确立活动目标时，教师一定要充分考虑到所处时代的特点以及各个学校的具体情况，绝不能照搬现成的模式。为了确定合适的心理健康教育目标，教师必须注意以下几点。

1. 了解心理健康教育的理论基础

如果要开展针对过渡期学生的心理健康教育专门活动，教师就必须了解过渡期学生的特点，并在此基础上总结已有的研究成果，明确心理辅导的理论基础。有人曾将过渡期学生的特点概括为：旺盛的进取心态同简单的心理结构、性生理发展提前同性心理发展滞后、辩证思维发展提前同知识经验的缺乏的心理矛盾和心理冲突。青春期的学生面对身体上、心理上以及情绪上的改变产生了许多困扰，成年人有责任去帮助他们应付这些压力、冲突和困扰，帮助他们安全度过这一时期。这样做的理论依据在于以下几点。①学生的社会性发展与情绪可以通过系统的教育得到培养。听天由命、任其变化，不但不能促进，有时反而会阻碍学生健康心理的发展。②如果要使学生的心理得到健康发展，安全度过青春期，就必须为学生提供模拟的或现实的生活经验。③如果能够创设一种接纳和互相尊重的讨论氛围，学生就会养成合作性、自信心、责任感等一系列良好的心理品质。④学生合理的行为、健康的心理是通过不断练习而形成并得到巩固的。

2. 将心理健康教育专门活动的目标具体化

在进行心理健康教育专门活动设计时，教师应将目标具体化，使其便于实施与检验。例如，当青春期心理教育工作的总目标——促进广大青少年社会性及情绪的发展——确定后，我们还要进一步将其界定清楚，也就是将其分解为一些较具体的中介性目标。①培养学生积极主动的学习和生活态度，使学生学

---

① 刘华山：《学校心理辅导》，37页，合肥，安徽人民出版社，2001。

会自主地学习、自主地生活。②鼓励学生积极参与各项活动，发展良好的人际关系。③教会学生正确地分析和对待自己的情绪变化。④给学生提供一切机会，使他们的抽象思维能力得以提高，并且使他们运用这些能力去分析问题和解决各种冲突。⑤培养学生对社会的正确观点，使他们积极适应社会，快速走向成熟。

(二)确定心理健康教育的内容

心理健康教育必须通过一系列活动内容来体现，活动内容是活动目标的载体。活动内容是指活动项目的集合，而活动项目表现为一个个活动单元。因此，活动项目确定得适当与否，活动单元设计的质量如何，直接关系到活动目标能否顺利实现。

关于如何使活动项目和活动单元的选择与划分更加合理，目前尚无一致意见，但总的指导思想是理论结合实际。学校要结合本校的实际情况，在理论分析的指导下，充分发挥教师的能动作用和创造精神，进行多方面的探索。检验其效果的唯一标准就是实践。借鉴国外和我国某些地区的一些成功经验，也许可以缩短探索的过程。我国台湾地区的黄月霞根据心理健康教育专门活动的目标，将处于过渡期的青少年学生辅导活动的内容分为五个单元，每一单元均要求学生共同参与活动。这些活动引导他们讨论青少年时期学生的需求、目标、期望、价值、情绪及其冲突。

在传统的课程中，教师往往对学生认知发展的关注较多，对学生的社会性及情绪发展重视不够；而专门设计的辅导活动课程，鼓励学生彼此之间进行有效的沟通，鼓励学生独自解决问题及与人共同解决问题，学习与各种人相处，认识人的行为的复杂性。每一单元的活动包括14～22个核心活动以及一些选择性的活动，均涉及社会性及情绪发展的有关方面。五个单元可以个别实施，要求学生共同参与活动。五个单元的具体内容是：

单元Ⅰ：沟通及解决问题技巧。它包括22种活动，是其他单元的基础。此单元活动鼓励学生倾听别人以及表达自己。小组讨论在于强调解决问题的归纳法。

单元Ⅱ：鼓励开放及彼此信任。它包括20种活动，这个单元鼓励学生做一个坦白及信任他人的人，乐于接受新的经验。

单元Ⅲ：语言和非语言沟通。它包括18种活动，它的目的在于了解沟通的不同方法，以及考虑到感觉是怎样影响行为的。

单元Ⅳ：需求、目标及期望。它包括14种活动，这些活动的目的在于厘清人的活动动机。它主要借助讨论人的共同的需要、工作目标以及对生活的期望来帮助过渡期的学生弄清楚人的行为动机。

单元 V：加强学生对价值的觉察。它包括 17 种活动，这些活动显示出价值如何影响人做抉择、如何影响人所采取的行动。

很显然，各个单元是相对独立的，但这些课程都是按由简单到复杂的顺序排列的。例如，前三个单元主要是讨论合作、信任和沟通等基本概念，而后两个单元则是探讨诸如人类的动机以及价值等较复杂的概念。因此，这个课程计划是按逐渐累积的模式设置的，每个单元的活动安排也是由简单到复杂，对于开始的活动不能忽略不做，因为它们给后来的活动提供可用的概念和方法。教师和学生的良好关系的建立就是通过这一连串共同分享经验的活动来实现的。

(三)进行活动单元设计

明确了活动的目标、活动的内容，接下来的工作就是进行单元设计。所谓单元设计是指如何针对某一具体心理健康教育内容制订并实施计划。它包括下列步骤和内容。

1. 确立单元名称

例如，一个以人际沟通为主要内容的单元，可以确定如下名称：认识学校的环境，我们都是好同学，如何与人和睦相处等。每一个名称都具体地标志着活动的特定内容。

2. 确定活动时间

活动单元设计应当详细地标示出每一活动大概需要占用几节课。一般来讲，每一活动内容以两节课左右为宜。太短了难以将问题讨论清楚，太长了会偏离主题，有时甚至引起学生的厌烦。

3. 确定单元活动的目标

确定单元活动的目标指的是某一具体的活动单元所要达到的目标。例如，在"如何与人和睦相处"这个单元名称下面，可以设立如下目标：明确与人和睦相处的重要性；熟悉与人和睦相处的技巧；在日常生活中能与人和睦相处，养成良好的人际关系。又如，在"如何接受别人的关怀与帮助"这个单元名称下面，可以设立下列单元目标：了解接受别人关怀与帮助的重要性，在人际沟通中能适时地接受别人的关怀与帮助，在接受别人的关怀与帮助中建立良好的人际关系。

4. 明确实施的方法与过程

心理健康教育专门活动经常采用讨论的方法，还根据活动的内容需要选择外出参观、角色扮演、演讲、歌唱、听录音、看录像等方法。比如，在"认识学校的环境"这个单元里，就可以采用讲述、参观、演讲、讨论等方法。具体选用哪种方法较佳，需综合考虑活动内容、学校具备的条件、时间、地点以及教师个人能力结构等多方面因素。

5. 准备合适的场所和材料

心理健康教育活动课不能只局限于教室，可以根据实际需要选择适当的场所。同时要搜集各类材料，如各种印刷品、艺术品、学生游戏与身体活动用品、短剧表演用的简单道具、影视录音材料等，对材料加以利用。

6. 拟定活动流程

所谓流程就是活动中先后相继的几个阶段。在活动实施前，应该对每个阶段所花的时间有大致的规划，以保证活动开始后能顺利进行。

压力管理心理辅导活动课如表 9-1 所示。

表 9-1　压力管理心理辅导活动课①

单元名称：压力管理活动		地点：心理教室	所需时间：70 分钟	
单元目标：1. 让学生认识自己所面临的压力，进而寻找自己的压力来源； 　　　　 2. 让学生认识到压力对自己学习生活的影响； 　　　　 3. 引导学生学习如何面对压力； 　　　　 4. 引导学生寻找缓解压力的方法。				
活动名称	目的	活动内容	所需时间	备注
1. 松鼠与大树	热身活动，帮助大家放松身心，以积极的状态投入团体辅导活动中。	三个人一组，两个人扮演大树，围成圈，一人扮演松鼠站在圈中。组织者大喊"大树跑"，大树就要立即解散，重新和其他大树组成圈，并将松鼠围在圈中，之前助手加入游戏中，多出来的没组成圈的大树要出来；同样，喊"松鼠跑"，松鼠要逃跑，到别的大树身边；喊"地震了"，全部要解散。每次助手都要加入，最后几轮下来会有几个没有抢到位置的人，可以让他们谈感受，也可以从中引出压力的存在（没有归属感，感觉到被孤立了，会有压力）。	10 分钟	

① 傅宏：《班级心理健康教育理论与操作》，75～77 页，南京，南京师范大学出版社，2008。收入本书时有改动。

续表

活动名称	目的	活动内容	所需时间	备注
2. 负重过障碍	负重过障碍，在活动中直观地体验压力的存在，以及压力对自身和学习生活的影响。	在教室里用桌椅制造障碍，两人或三人一组，首先单独过障碍，接着要求一人背一人或两人抬一人过障碍，组与组之间进行比赛。分享：体会两次有什么区别，体会面临压力时的影响。	20分钟	
3. 站在压力线上	体验和感受内心的压力大小。	以教室的一端为"压力零点"，表示没有任何压力的状态；以教室的另一端为"压力满负荷点"，表示压力非常大、严重影响学习生活、无法应对的状态，两端连线，形成一条"压力线"。让每个组员结合自己最近的情况，站在压力线的某个位置。分享：你站在压力线上什么位置，站在这里有什么感觉？看看周围的其他人，有什么感觉？	10分钟	可以用两个文具盒为工具标出"压力零点"和"压力满负荷点"
4. 压力圈填写	帮助组员在填写中体会自身的压力，进而认识压力来源。	每个人在白纸上画上自己的形象，然后结合自身的情况在自己旁边画上一些圆圈，圆圈有大有小，代表压力的大小，并把具体的压力来源填到圆圈里，要结合自己的情况，体验到多少压力就画多少圈。分享（3~5人一组）：看到自己面临这么多压力，有什么感受？压力来源有哪些？压力大会有什么后果？每一个圆圈给你的感受有何不同？压力很大时，身体的感觉如何？身体的哪一部位觉得不舒服？（在不舒服的身体部位涂上阴影）你如何处理这些压力？	10分钟	准备 A4 纸、水彩笔

续表

活动名称	目的	活动内容	所需时间	备注
5. 强调积极	发现自己的优点，调动个体面对压力时应有的积极性。	三人一组，首先对别人说自己的优点，别人要表达肯定，接着别人根据对你的观察和交流，谈你的观点。 分享：感受如何，引导他们看到自身的力量。	10分钟	
6. 按摩活动：深呼吸放松训练	体会身体的放松，身体的放松能带来心理上的轻松，身心相互影响。学会面临压力时有效的放松方法。	围成圈，后面人的双手搭在前面人的肩膀上；深吸气，再吐出来，把烦恼吐出来。 分享：谈感受，体会身体放松的感觉。	5分钟	音响，放松音乐
7. 结束总结	分享感受，总结收获。	先总结我们的压力有哪些，有哪些缓解方法，接着大家围成圈，手拉手，闭眼体会今天的感受，把快乐和经验带走，把烦恼留下，拍手说再见。	5分钟	

三、教师的作用

教师是班级心理健康教育的领导者。这里的教师既可以是班主任，也可以是心理教师，还可以是由班主任、科任教师、家长代表、学生代表组成的班级管理委员会。教师要完成相应的心理健康教育工作，需要具备认真的态度，也要掌握专业的工作方法。

在实施过程中，教师还要完成如下工作。

第一，环境的构成。从环境的布置、时间的安排到开场白、示范、游戏等，这些均可构成团体活动的气氛。

第二，时间的控制。教师应把握好时间，在预定的时间内完成活动。

第三，主题的把握。当学生的活动偏离主题时，教师应该提醒学生遵守规则，并将其引回到主题上来。

第四，欣赏。教师不是以旁观的态度，而是以欣赏的态度去听学生的讨论，看学生的表演，并不时地给予鼓励和引导。

第五，观察。在活动中教师应注意观察学生的行为表现，尤其是特殊的表现，以便活动结束后对之做进一步的深入了解，并施以个别辅导。

第六，参与。教师和学生一起活动，做一个好的引导者，使气氛更热烈，以吸引学生更积极地参与，更坦诚地表达，更加深入地思考和更自由地探索。

【本章小结】

班级心理健康教育是班级管理的有机组成部分。本章介绍了班级心理健康教育的相关概念、主要内容、存在的问题、实施原则、实施途径、实施过程、活动设计以及教师在其中的作用。班级心理健康教育指的是以班级为背景，为实现班级管理目标而进行的心理健康教育。班级心理健康教育的主要内容包括：智力因素、非智力因素和心理适应三个主要方面。智力因素方面主要指学习；非智力因素方面主要包括兴趣、性格、意志、自制力和责任心；心理适应方面主要有择业、交往等。每个方面又可分为常识了解、体验、分析、运用等不同的层次。这些内容在不同年级各有侧重。班级心理健康教育需要遵循如下原则：合规律原则、全体性原则、针对性原则、非指导性原则、发展性原则。当前我国班级心理健康教育存在部分心理健康教育从业教师的知识结构有缺陷，未处理好班级心理健康教育与其他教育等问题。专题知识讲座、心理辅导活动课、个别心理辅导、团体心理辅导、学科教学渗透、家校合作是班级心理健康教育的几种主要方法，各方法都有自己适用的问题。班级心理健康教育实施的一般过程包括：了解学生，把握学生的心理状况；分析问题形成的原因；设计心理健康教育方案；实施心理健康教育方案；效果评估与反思反馈。班级心理健康教育活动的设计就是要在实施前明确其目标、内容，并合理安排其流程，主要包括明确心理健康教育活动的目标，确定心理健康教育的内容，进行活动单元设计等工作。教师是班级心理健康教育的领导者。这里的教师既可以是班主任，也可以是心理教师，还可以是由班主任、科任教师、家长代表、学生代表组成的班级管理委员会。

【思考与练习】

1. 班级心理健康教育的概念是什么？
2. 班级心理健康教育的主要内容有哪些？
3. 当前班级心理健康教育存在哪些问题？
4. 班级心理健康教育有哪几种途径？

5. 班级心理健康教育的一般过程包括哪些内容？

6. 如何设计班级心理健康教育活动课？

7. 教师在班级心理健康教育中有什么作用？

【综合案例分析】

走进学生心灵的技与法

某校九年级（2）班取得过辉煌的成绩，班级课外活动也比较丰富，还有几个同学在航模竞赛中拿过省级名次。然而，九年级一开始，同学们迎来了一位新班主任。新班主任是一位退休的教师，这位教师退休了还想发挥余热，继续为社会作贡献，因而被学校返聘回来。但经过半个学期，同学们普遍表现出厌学情绪，学习动机严重不足，全班在几次测验中的表现也不好。假设你是心理健康教师，学校委派你解决该班的问题，你会如何考虑，如何处理？

解析：

从外在表现上看，该班的问题是同学们的学习动机出了问题；然而深层次的原因则是新班主任与同学之间的关系问题，是新班主任的工作方式存在问题。只有清晰地认识到这一点，才能从根本上解决该班的问题。

【本章参考文献】

1. 郭念锋. 心理咨询师：基础知识[M]. 北京：民族出版社，2005.

2. 俞国良，王浩. 新时代我国心理健康教育的发展方向及其路径[J]. 中国教育科学，2022（1）.

3. 李睿. 心理健康教育融入思政教育探讨[J]. 中学政治教学参考，2023（11）.

4. 刘敏. 中小学班级心理健康教育探析——基于马卡连柯的集体教育理论[J]. 思想战线，2013（S1）.

5. 姚鑫山. 个别心理辅导[M]. 上海：上海教育出版社，2000.

6. 刘华山. 学校心理辅导[M]. 合肥：安徽人民出版社，2001.

7. 郑日昌. 中学生心理咨询[M]. 济南：山东教育出版社，1994.

8. 傅宏. 班级心理健康教育理论与操作[M]. 南京：南京师范大学出版社，2008.

9. 雅各布斯，马森，哈维尔：团体咨询的策略与方法[M]. 洪炜，等译. 北京：中国轻工业出版社，2000.

10. 伍新春. 中学生心理辅导[M]. 北京：高等教育出版社，2010.

11. 周进. 谈如何通过家校合作，帮助学生塑造健康心理[J]. 才智，

2020(19).

12. 汪向东，王希林，马弘. 心理卫生评定量表手册：增订版[M]. 北京：中国心理卫生杂志社，1999.

【阅读链接】

1. 武文军. 活动、体验、分享——心理健康教育课活动体系的三要素[J]. 中小学心理健康教育，2005(1).

2. 周杨经. 心理活动课应彻底从学科教学思维范式转向心理辅导思维范式——浙江省第九届"百课万人"（心理健康教育）创新教学观摩活动后有感[J]. 中小学心理健康教育，2007(7).

第十章

班级管理中的公共关系

【本章学习提示】

沟通协调是公共关系的一项重要职能，是使组织内部的各部门、各成员团结协作，为组织外部创造有利的环境和条件的技能。成功的管理者往往具有良好的沟通技能，作为班级管理者的班主任也不例外。了解班级管理中公共关系的一般范畴，认清并遵循班级管理中公共关系的一般原则是一项十分重要的工作。本章主要围绕这些内容而展开介绍。

【本章学习目标】

1. 理解校内公共关系的主要内容。
2. 了解教师怎样处理好班级内成员之间的关系。
3. 理解校外公共关系的主要内容。
4. 掌握与家长沟通的主要方法和渠道。

第一节 统一校内教育影响

班主任是班级管理的关键人物，班主任管好一个班级的关键就是及时获取有关班级管理的信息，与有关领导、科任教师、学生沟通，建立良好的人际关系，为此，班主任要学会并善于与人沟通。

一、建立健康的校内人际关系

(一)人际关系的含义

人际关系是指社会人群中因交往而构成的相互联系的社会关系，属于社会学的范畴。人际关系常指人与人交往关系的总称，也被称为"人际交往"，包括亲属关系、朋友关系、学友(同学)关系、师生关系、雇佣关系、战友关系、同事关系及领导与被领导关系等。

人是社会动物，每个个体均有其独特的思想、生活背景、态度、个性、行为模式及价值观，然而人际关系对个体的情绪、生活、工作有很大的影响，甚至对组织气氛、组织沟通、组织运作、组织效率及个人与组织之间的关系均有较大的影响。

校内人际关系指教师之间平等合作的同事关系及与学生之间良好友善的师生关系，主要包括：班主任与同事的关系、班主任与学生的关系等。

(二)建立健康的校内人际关系的原则

为了学校教育事业的蓬勃发展，班主任要本着诚实友好、共进互助、平等互谅的原则，与各位科任教师心往一处想、劲儿往一处使；与他人团结协作，共同前进，平等相待，互助互谅；按照教师的职业道德规范，严格约束自己，不轻言，不恣行。具体来说，应遵循如下原则。

1. 平等原则

平等交往是建立和谐、融洽的人际关系的基础和前提条件。如果交往双方不能平等相待，一方居高临下，动辄训人，不尊重他人人格，有谁愿意与他来往？交往必须平等，平等才能深交。这里说的平等，是人格上的平等。在一所学校里，教师与校长、教师与教师、教师与学生在人格上是平等的。但这种平等又是相对的。人总是有差别的，无论从身体素质还是知识结构、工作能力来说都是这样的。

2. 相容原则

相容是说在人际交往中要大度，有气量，能克己容人。常言道：对人要宽容，"宰相肚里能撑船"。如果交往双方能做到相互忍让，人际关系就能得到巩固与发展。讲宽容，要善于异中求同，异外求同。汉代的刘向有个重要见解："君子欲和人，譬如水火不相能然也，而鼎在其间，水火不乱，乃和百味。"有些分歧是不能消除的，它们尖锐对立，如同水火，但是，如果能找到一个鼎隔在其间，让它们发挥各自的作用，指向一个共同的目标，那么，势如水火的分歧也能调和。

讲相容，必须谦让、忍耐，哪怕自己有理，必要时也要让人，给人以机会。讲相容，要严于律己，宽以待人，设身处地，将心比心。讲相容，不是不讲原则，相容是建立在民主、平等的基础上的，不讲民主，只讲服从，不算相容。相容既尊重自我，也不轻视他人。相容讲宽宏大量、克制忍让，也要讲原则，一味迁就，软弱可欺，同样不能算相容。相容显示了一个人的自信，胆小怕事、息事宁人、盲目从众、随波逐流，都是不讲原则的相容。

3. 尊重原则

一个人得到社会或他人的尊重，他才会感受到自我存在的价值，因此尊重他人和受人尊重，是建立健康人际关系的重要条件之一。所谓尊重，就是尊重他人的人格与自尊心。人人都有自尊心，都有一种被他人肯定的需要。如果不尊重别人的自尊心，那么就必然会造成人际矛盾与冲突。

4. 真诚原则

真诚是友谊的基础，在人际关系中，只有彼此都有一种心诚意善的态度，才能引起感情上的共鸣。人人都希望同诚实正派的人建立友谊，找这样的朋友，都不愿意与口是心非、狡猾的人打交道。

5. 理解原则

个体在交往中希望得到对方的理解与同情，如果这些需要得到满足，就会增加安全感，相互之间就会有吸引力，如果得不到满足，就会增加排斥力，相互之间就不安全。因此，个体要将心比心，置换角色，站在对方的立场上理解对方的思想、情感、行为等，变以自我为中心为以他人为中心，为对方多着想。

二、建立健康的校内人际关系的现实举措

(一)以学生为本，建立良好的班主任与学生的关系

班主任与学生的关系是影响教育教学质量最直接、最具体、最经常、最活跃，也是最重要的因素。班主任与学生之间建立起来的良好关系，能使师生双方体验到工作和学习的愉快情绪，有利于班主任清晰地了解学生的所思所想和个性特征，对班主任工作的顺利开展以及对学校教育教学质量的提高有着重要的作用。

1. 与时俱进，树立科学先进的教育理念

以人为本，关爱学生，为学生的今天和明天而教育，注重学生的全面发展，培养学生良好的道德情操，与学生建立良师益友的关系，教会学生自我设计、自我管理、自我奋斗，是班主任应该具有的教育理念。在科学理念的指引下，班主任应多深入班级中，关爱每一个学生，想学生所想，急学生所急，为他们的全面发展竭尽全力。

当学生在生活上有困难的时候，班主任应给予无微不至的关怀；当他们在学习上有困惑的时候，要悉心指导；当他们思想迷茫的时候，要不遗余力地耐心引导。进步了，为他们喝彩，给他们祝贺；退步了，帮他们分析，为他们鼓劲。班主任要用爱心温暖每一个学生的心灵，用行动时刻关爱每一个学生，这样就会赢得学生的欢迎、尊敬和爱戴。学生都将班主任当作可信赖的老师、可求助的朋友，从而"亲其师，信其道"。在教育过程中，班主任对学生要一视同

仁，用自身对学生的无私爱意感染学生，让他们学会尊重、理解和宽容，使整个班集体洋溢着和谐进取的氛围，保持着昂扬向上的活力。

2. 静下心来，耐心听取学生的心声，讲究沟通的技巧与方法

(1)谈心交流要遵循师生平等的原则

班主任找学生谈心的时候，第一件事就是找把椅子，让学生坐下来谈心，这样，学生对班主任的戒备心理会渐渐消失，谈话的气氛也会渐渐变得轻松、愉快。这种空间距离的拉近也拉近了心的距离，学生站着不敢说的话也敢说了。学生愿意和班主任交流，自然会接受班主任对他的教育。潜移默化中，班主任对他的性格、心理以及对他的世界观、人生观和价值观会产生很大影响。

(2)谈心前要了解情况，做好准备

在找学生谈心前，班主任要认真做好调查研究工作，对谈心对象的思想状况、心理状况、出现问题的原因以及社会交往、家庭状况、学习生活环境等方面做到心中有数。根据了解到的情况，班主任制订谈话方案，选择有效的谈话方法，这样做好充分准备，能够尽量将谈话中可能出现的问题预想到，有准备地和学生谈心，方能取得良好效果。

(3)谈话要有明确的目的

班主任找学生谈话，通常有下列目的：第一，掌握情况，便于下一步开展工作；第二，解决问题，化解矛盾，排忧解难；第三，鼓励进步，激发向上；第四，布置工作，明确责任，指导方法；第五，沟通感情，融洽师生关系。①

(4)把握谈话时机和场合

捕捉谈话时机，把握谈话火候，谈话效果将事半功倍。一般情况下，当学生知错认错，试图改变，需要帮助时；当学生犯了错误，已经自责，需要谅解时；当学生内心抑郁，愁绪满怀，需要排遣时；当学生取得某一成就，满心欢喜，需要认同时；当学生遇到麻烦，一筹莫展，需要指点时，这些均是班主任与学生谈话的最佳时机。过早，时机不成熟，话不投机半句多；过迟，事过境迁或事态已扩大，于事无补，背道而驰。交谈场合是语言交谈赖以进行的外在环境，谈话场合会影响人的语言行为，还可以丰富词语意义，使交谈语言含有言外之意。朋友型谈话可以选择在校园的小花园内、操场边、图书馆里进行；批评型谈话若是不指名批评，只批评某种现象，可选择在教室内进行；指名性批评可选择在办公室里进行，一对一，给学生留足面子，以保护他的自尊心；表扬型谈话，可以选择在班级进行全班性表扬，也可以选择在家访时，当家长面进行表扬，对于表扬时可能会产生负面影响的，一般选择在办公室里进行谈

---

① 张敏：《浅谈班主任与学生谈话的艺术》，载《教育探索》，2000(9)。

话，以避免表扬一个影响一批，产生学生不服气的负面效应；理性谈话，大多选择在教室内进行，有时也可以组织活动，如扫墓活动，在烈士墓前进行谈话，目的是创造一种谈话氛围，使谈话有更好的效果。师生之间的有效沟通"可以及时发现学生思想、学习、生活、心理中的问题，及时了解学生的思想动态，提升思想政治教育的效率，从而形成和谐的师生关系，促进学生的健康成长"[①]。

3. 调查研究，制订切实可行的计划

班主任的一切工作都要从实际出发，根据学生的心理特点、思想实际、个性差异以及社会家庭的影响，提出不同的教育要求，有的放矢地进行教育。在与学生沟通前，班主任要做深入的调查研究，制订切实可行的计划。在与学生沟通时，既要严格，又要做学生的知心朋友。班主任应多与学生打交道，听取学生的心声，绝不能自己主观武断、随心所欲，在政策允许

谈课堂教学的和谐性
——由两个教学案例
引发的思考

的范围内，尽量满足学生的要求，让学生有一个参与班集体管理工作的机会，使学生知道，集体的事情大家做，集体的困难大家齐心协力来解决，集体的荣誉大家来分享，使学生感受到集体的温暖，使积极参与并找对策的学生有主人翁的感觉。

(二)树立服务意识，协调与科任教师的关系

1. 班主任从自身做起，"才""德"兼备，增强感召力

首先，班主任是一位任课教师，应具备优秀任课教师的基本条件，掌握教书育人的一些技巧，受学生欢迎，与这样的班主任合作，才会有成就感。其次，班主任要有较强的责任心和组织管理能力。班主任是班级的组织者和管理者，班级建设的情况直接取决于班主任的责任心和管理水平。只有责任心强、会管理的班主任，才能带出好的班风和学风，学生的学业水平才能有所提高，个性特长才能得到尊重，科任教师的才情才能得到充分施展，科任教师的课才能上得轻松，上出味道来。最后，班主任要有好的个人修养。仅有"才"不够，还要有"德"。这既是师德对班主任的要求，也是班主任受科任教师欢迎的一个重要条件，班主任即使前面两个方面做得很好，这个方面不称职，也会极大地损害自己的形象，进而失去对学生和科任教师的向心力。

---

① 谭海萍、黄臻伟：《沟通与理解：高校和谐师生关系构建的基点》，载《中国高等教育》，2018(Z1)。

2. 与科任教师建立平等、融洽的关系

班主任是班级工作的领导者,却不是科任教师的领导者,他们之间不是领导与被领导的关系。班主任如果以领导者的身份与科任教师相处,会使科任教师心理别扭、不满甚至产生对抗情绪,不利于班级团结和班级建设。即使在已实行班主任选科任教师的地方,班主任也不能过于有优越感或盛气凌人,否则科任教师都会敬而远之。班主任作为班级育人集体的领导核心,要与其他教师加强沟通与协作,以诚相待。"班主任要主动与科任教师沟通,为科任教师间搭建交流与合作的平台,多角度了解学生成长的需要,分析学生成长的问题,科学有效地助力学生全面发展。"①

班主任如能主动联系科任教师,并表示能与他们合作是件很荣幸的事,则与其未来的关系将会好处得多。首先,班主任要在学生面前树立科任教师的威信。班主任是学生接触较多、较为信任的老师,班主任要向学生介绍科任教师的优点,特别是他们成功的事例,以利于学生了解科任教师,信任他们甚至敬佩他们。科任教师也会因此感激班主任,进而建立良好的合作伙伴关系。其次,班主任在家长会上也要大力宣传科任教师的教学水平和长处,特别是对其在本班做得好的方面给予充分肯定,帮科任教师进一步树立威信和扩大影响。最后,学生向班主任反映某位科任教师的意见时,班主任不能站在学生的立场说教师的不是,也不能随意把这些意见向校领导反映,而要在安抚好学生的同时找适当的时间与科任教师本人沟通,以便其改善和提高。班主任要尽量做到既能妥善解决问题,又能维护科任教师的尊严和威信。

3. 做好服务与协调工作

班主任要有服务精神,为学生服务,为科任教师服务,这是班级建设的需要。班主任为学生服务的工作做得好,学生就会有个好的学习环境;班主任为科任教师服务的工作做到位,科任教师的工作就好开展。班主任是科任教师的排头兵,要做好科任教师的协调工作,把握好整体。只有这样,教学工作才能协调开展,才能形成教育合力,提高教师群体的战斗力,增强教育教学效果。

4. 关心和帮助科任教师

科任教师也需要他人的关心,需要人间真情;科任教师也会遇到种种困难,需要他人的帮助。班主任给予科任教师适当的关心和帮助,是他们之间建立和保持良好关系的有效途径。只要善于把握,这种机会是有很多的。例如,某科任教师人在外地不能及时赶回来上课,需要班主任帮助调课,班主任尽量给予方便;阶段性测验结束后,科任教师因兼的班多而改卷任务重时,班主任

---

① 赵福江、师婧璇:《新时代理想班级建设的实践路径》,载《中国教育学刊》,2023(3)。

可在适当的时候帮帮忙，科任教师会非常感激的。在生活上帮科任教师解决一些实际问题，如科任教师有困难时班主任向他们伸出援助之手，科任教师住院时班主任看望他们，在教师节、春节等节日组织学生自制卡片，写上肺腑之言送给辛勤培养他们的科任教师等。工作上的支持与帮助和生活上的关心与爱护会使科任教师备感温暖，这样班主任与科任教师的关系就更好了，科任教师对该班的工作也更投入，更有热情了。[1]

(三)处理好与校领导和学校主管部门的关系

第一，班主任要引领班委加强与学校主管部门的联系，以得到他们的认可和支持。班级良好形象的树立与学校主管部门有着密切的关联，尤其是教务处、学生处等，他们组织的各项检查、比赛、活动等，是展示班级形象的途径。同时通过向上多汇报、多请示、多沟通、多协调的方法，加深他们对班级特色创建活动的认识，在他们的头脑中牢固树立良好的窗口形象。第二，班主任在开展工作的过程中应多请示领导，寻找机会，创造机会，多与领导交流、交谈，加强沟通、理解。在交流中领会领导对班级工作的远景规划与近期要求，把学校领导的意图融入自己的工作中。此外，班主任应及时把有关班级管理工作的意见、建议与要求反映给相关领导，以供领导决策之用，为学校和班级管理工作的顺利开展作出贡献。[2]

六多六少：班主任与学校
行政管理层关系刍议[3]

一、多一点灵活性，少一点死板教条

班主任是学校行政管理层与学生之间的桥梁，"桥梁"无阻碍，政令方可畅通。如果班主任动辄对学校领导分配的任务打点折扣，或是拖拖拉拉，甚而置若罔闻，那全校的学生管理工作就会如一盘散沙，学校奋斗目标的实现也就无从谈起了。因此，及时、高效地完成学校布置的任务无疑是班主任的重要职责。但是这并不意味着班主任要将自己变成学校管理层的传声筒。在与管理层的工作保持同步、合拍的同时，班主任尚须讲求适度的灵活性。

二、多一点主动性，少一点被动应付

你布置任务，我立马去执行；你无任务布置，我便乐得逍遥自在。这

① 李森：《教师职业技能训练教程》，309页，北京，高等教育出版社，2009。
② 王桂波、王国君：《教师职业技能训练教程》，289页，北京，清华大学出版社，2008。
③ 张虎国、吴恒祥：《六多六少：班主任与学校行政管理层关系刍议》，载《教学与管理》，2002(31)。收入本书时有改动。

是时下部分班主任对学校管理层态度的写照。其实，这种态度是不可取的。班级活动是否正常，同学之间是否团结，包干区保洁水平如何，宿舍文化建设得怎样……这千头万绪的工作，如果寄希望于学校领导来解决，那无疑是不现实的；企图靠全校性的检查评比来"推动"，搞突击，求速成，那工作标准也很难提高，更不必说使之内化为学生的自觉行动与精神素养了。反之，多一点主动性、积极性，班级工作的画卷就可能越绘越迷人。

三、多一点创造性，少一点亦步亦趋

在工作中，班主任如只知道依领导给予的葫芦画瓢，按图索骥，亦步亦趋，而全然不顾自己的工作对象（学生）的个性各异、工作环境迥然有别的实际，那除了可能博得某些领导的几声夸赞，还能赢得什么呢？可以毫不夸张地说，教育工作是天底下最具创造性的工作之一。每一位教育工作者，尤其是班主任，切不可在条条框框面前缩手缩脚。创造性，应成为班主任永恒的追求。

四、多一点独立性，少一点"请示汇报"

班级中发生了重要事情，在自己的职权范围内处理不了，班主任就不能怕"班丑"外扬，瞒着遮着，而应及时、如实地向学校管理层汇报。汇报得越及时，学校处理问题时的回旋空间就越大。但汇报班级实情并不等同于事无巨细，都得"早请示，晚汇报"。一般而言，班级中的重大事情不会常有，更多的是一些琐碎之事，这就需要班主任具有辨真伪、鉴是非的能力，要在琐碎之事的处理中逐步树立起善于思辨、客观公正的形象。如果动辄将问题上交，让行政领导去定夺，自己甘当传令兵，就不能提高自身解决问题的能力，也不能在学生面前树立起良好的班主任形象。再说，学校行政领导面对的是全校学生，工作中只能抓大放小，时间上、精力上都不允许他们对所有班级的细枝末节提供化解的"灵丹妙药"。

五、多一点现实性，少一点急功近利

有的班主任为了在各类评比中脱颖而出，为了给行政领导以"能干"的印象，常常不顾本班学生实际，没有条件或条件不成熟时，也要硬着头皮冲锋，结果是荣誉到手了，在学生心目中的形象却黯淡了。所以说，班主任应时刻站在学生的角度来思考问题，不能为了取悦领导而牺牲了与学生建立起来的良好关系，更不能为争名夺利而将作为育人主阵地的班级演变为世俗的名利场。

六、多一点和谐性，少一点厚此薄彼

毋庸讳言，学校的教务处、总务处、办公室等部门尽管也时常与班主任有工作上的联系，但班主任直接的领导者、评判者无疑是学校的政教处（教导处、学生处、德育处）领导、分管德育工作的校长及学校党委书记。于是乎，少数班主任在接受任务时便要掂一掂领导的轻重：对掌握评判权的领导，一定是有令必行，有行必果；而在其他领导布置工作时，是能躲则躲，能拖则拖。殊不知，以这种厚此薄彼的态度来对待工作是毫无道理可言的。班主任如果戴"有色"眼镜，趋势逐利，那既人为地制造了与学校部分领导的紧张关系，不利于今后工作的开展；又给学生以很坏的负面影响，极大地抵消了正面教育所产生的效能。得不偿失，何苦呢？

（四）建立团结协作的班际关系

班际关系指班级与班级之间平等合作、友好共进的建设关系。班际关系应当既有合作友谊，又有竞赛评比，但应"友谊第一，比赛第二"。首先，班主任与班干部、班级每个成员都要重视班级与班级之间的互通有无、互相支持、互相帮助。无论思想教育、学习比赛还是文体活动、劳动工作、临时任务，都要为完成学校布置的总任务共同奋斗。班主任要有全校"一盘棋"的思想，否则就会出现"各自为政""你争我夺""你好他坏"的局面，不仅有碍工作，而且消极地影响学生，使他们养成不团结、互相排斥、互相打击的风气。其次，班际关系应当"见先进就学，见后进就帮"，应当在比、学、赶、帮、超中谋求共同进步。班级与班级之间的评比，应当实事求是，"好就是好，差就是差"。优秀者继续发扬，落后者迎头赶上，这才符合教育工作的目的。那种压制好班的做法固然不对，但看别的班笑话的态度也不对，弄虚作假、谎报班情的做法，就更有悖于为人处世的传统美德和教师职业道德了。

第二节 统一校外教育影响

影响学生的发展是多因素共同作用的结果。学生思想、道德、才能的形成和发展离不开学校的教育引导，同时也受各种社会因素的制约，家庭环境、社会风气和周围人们的行为表现都直接影响着学生。学生除在学校上课和参加学校组织的各种实践活动外，大部分时间都在家庭和社会上生活和活动，经常与家庭和社会上各种类型、各种场合、各种品行、各种年龄阶段的人交往，这些因素无疑会对学生的发展产生重大影响。"对于小学生来说，人际关系主要与学生的主观学业感受相关。相比较而言，亲子关系的相关度更高。这就提示我们，小学阶段在落实学生减负方面更应注重家校合作，尤其不能将学校的学习压力通过家长向学生传导。"①因此，统一校内外的各种教育影响并使之形成教育的合力，对班主任来说就显得尤为重要。校外教育影响涉及的面非常广，包括家庭和社会等多方面的因素，受篇幅所限，这里主要介绍班主任如何与家长沟通，相互配合，形成合力，共同教育培养好学生。

《教育部等十三部门关于健全学校家庭社会协同育人机制的意见》指出："学校要把做好家庭教育指导服务作为重要职责，纳入学校工作计划，充分发挥学校专业指导优势；切实加强教师家庭教育指导能力建设，将教师家庭教育指导水平与绩效纳入教师考评体系。建立健全学校家庭教育指导委员会、家长学校和家长委员会，落实家长会、学校开放日、家长接待日等制度。鼓励有条件的学校建立网上家长学校，积极开发提供家庭教育指导资源，并指导家长提升网络素养，帮助孩子养成良好用网习惯。"

一、班主任与家长沟通应具备的素养

(一)要有人格魅力
在外形上，班主任的衣着打扮以朴素、得体为宜；在态度上，以真诚为核心，做到以真心呼唤真情；在语言表达上，要真实可信，坦率中肯，言简意赅；在沟通的目的上，要以学生的发展为本，给家长以依赖和希望。

(二)要有渊博的知识
班主任要加强学习，不断充实自己，注意总结和反思，提高自身素质。只有不断促进自身的发展，才能做到谈人论事富有见地，在沟通过程中树立起自己的权威，达到事半功倍的沟通效果。

(三)要有辩证的思维
在沟通过程中，班主任要公正、客观、全面地看问题，既不能以偏概全，抓住一点，不及其余，也不能固执己见，不善于让步和迂回。"要学会用科学的世界观和方法论来观察和解决问题，坚持沟通的原则性，提高沟通的准确性。"②

(四)要善于倾听
善于倾听，不仅能捕捉到我们所需要的信息，而且能缩小沟通双方的距

---

① 方丹：《基于学业负担评价的学校教学管理改进研究》，载《教育科学研究》，2021(5)。
② 李森：《教师职业技能训练教程》，309 页，北京，高等教育出版社，2009。

离，使沟通双方产生情感共鸣，使对方更乐意接受我们的建议。因此，倾听时，班主任要态度诚恳，鼓励家长把意思表达出来，切忌敷衍了事、漫不经心。

二、做好家访

作为维系教师、家长、学生的纽带，班主任是沟通学校、家庭和社会的桥梁。2017 年颁布的《中小学德育工作指南》指出："要建立健全家庭教育工作机制，统筹家长委员会、家长学校、家长会、家访、家长开放日、家长接待日等各种家校沟通渠道。"教师家访在学校教育中曾起着不可替代的重要作用。但是随着现代通信技术的发展，教师与家长的联系方式越来越多样化，通过电话、短信、社交软件等方式沟通越来越普及。部分教师和家长认为，传统意义上的家访已经不能适应现代快节奏的生活，教师家访早已过时了，信息时代的家校沟通，应更趋向于实用性和快捷性。其实不然，家访是班主任的一项重要工作。家访是让教师在切身感受学生的成长环境，了解家长的文化素质、家庭教育状况的基础上，对学生进行全面认识、分析、理解，真正实现因材施教的重要方法。教师登门造访，与学生、家长架起了联系与沟通的桥梁，有利于与家长达成共识。家访工作的成效如何，直接关系到学校与社会、教师与学生家长之间的沟通和了解，影响社会对学校教育工作的参与和支持，进而影响学校的整体教育质量。因此，班主任在实际工作中，须充分认识家访工作的重要性，也要注意探寻创新、多样、有效的家访模式。比如，陈如平在文章中谈到了以下几种家访模式：一是家访实行广覆盖，二是以教师特别是以班主任为主体，三是实行遍访和必访，四是精心准备家访内容，五是采取多种家访形式，六是采用有效的家访方法，七是做好家访记录，八是做到廉洁家访。[①]

（一）家访的类型

家访可分为三种类型。一是了解性家访。这是一般性家访，适用于多数学生家庭。其内容包括：家长基本情况，包括学历情况、职业情况等；家庭基本情况，包括居住条件、家庭成员构成、学生与父母感情情况、家长对学生的要求等；学生在家的情况，诸如学习环境、学习时间、看电视时间、交往情况、家务劳动情况等。二是目的性家访。这是在了解性家访基础上对少数学生的特殊问题进行的有针对性的家访，适用于有特殊表现的学生。其内容主要是向家长报告其子女的特殊表现或问题，共同商讨协同教育的方式方法。三是沟通性

① 陈如平：《互联网时代仍需用好传统式家访》，载《人民教育》，2020(19)。

家访。这是旨在与家长交换信息、沟通情感，以实现良好配合的家访，适用于因学校、家庭彼此不了解而产生误解或分歧，造成配合欠佳的少数家庭。其内容是：提出问题，如实介绍情况，耐心听取家长意见，通过心平气和地交换意见，沟通交流，争取实现协同教育。沟通性家访，也可以利用家长接孩子等机会，随时与家长进行面谈。

(二)家访应注意的问题

家访谈话要讲究方法，家访谈话要有方向、有目的，讲究艺术，切不可漫无边际地闲聊。否则，既浪费了自己的时间，也耗费了家长的热情，使家长对班主任的谈话失去了兴趣。班主任进行家访前要了解家长对子女实施教育的状况，家访时探讨家庭教育方式方法，家访后帮助家长建立正确的教育思想，改进教育方法，树立正确的人才观。[1]

1. 家访时切忌一味批评学生

在反映学生在学校的学习、行为表现情况时，班主任不要一味地批评学生的种种不良行为，而要以表扬为主，从赞扬的角度切入话题，对学生的缺点要用委婉的语气指出来，通过表扬别的学生在某个方面的优点来提醒家长，让家长明白自己孩子在这方面的不足，知道今后该朝哪个方向努力。这样，不仅在家长面前给学生留了脸面，而且拉近了师生距离，保证了谈话气氛活跃，场面融洽和谐。[2]

2. 尊重家长，实事求是

家访离不开家长的支持和配合。班主任对优秀生、潜能生的家长不能按个人偏好来看待，应一视同仁，均给予他们同样的关爱。家访时，班主任要全面、客观、公正地反映学生的在校情况，对优秀生，不能只夸优点，忽略他们的缺点；对潜能生，不应以偏概全，把他们说得一无是处，应看到他们的优点。家长在长期抚养子女的过程中，对其个性、特长、优缺点比较了解，还有些家长素质较高，在对学生的管教方面不乏真知灼见。对此，班主任要认真听取他们的意见，虚心向他们学习，互相交流和提高。对个别学生家庭影响学生学习和身心健康的做法，如粗暴、溺爱、放任自流等，班主任须以诚相待，希望他们纠正不良做法，为子女的健康成长创造良好的家庭环境。

3. 选择适当的家访时机

选择适当的家访时机，班主任应做到以下几点。第一，可以利用家长在家的时间家访。家访，离不开学生家长的配合。但由于工作，有的家长长期在

---

① 陈如平：《互联网时代仍需用好传统式家访》，载《人民教育》，2020(19)。
② 李森：《教师职业技能训练教程》，305 页，北京，高等教育出版社，2009。

外，有的经常很晚才归家。班主任应善于把握家长在家的时间。第二，借助偶发事件家访。事实表明，某些偶发事件往往是家访的最佳时机，班主任应善于捕捉这些时机，适"机"而访。第三，配合集体教育活动家访。集体教育活动主题鲜明，针对性强，有利于学生良好品德的培养。例如，某班学生出现了相互攀比、追求名牌的现象，班主任特意组织了一次以"勤俭光荣"为主题的班会，引导大家认识攀比的危害，培养艰苦朴素的品质。会后班主任专门去几个被同学们认为有攀比行为的学生家中家访，在家长的配合下，这几个学生不断转变，班上的攀比现象现在也得到了治理。

4. 家访结束后及时总结

每次家访后，班主任要及时地写出详尽的家访记录，把家访过程、家访达成的共识，家访中受到的启发及家访中发现的问题——记录下来。班主任应根据学生在校内的学习、行为表现，结合家访中了解掌握的资料，及时反馈，对学生重新分析评估，制订和采取新的教育方案和措施，不失时机地对学生进行深化教育，这样才能达到家访的最佳效果。

总之，通过家访，班主任和家长双方都能及时、全面地了解学生的进步和不足，并能够找出学生变化的根源，坚持有效的方法或弥补教育方式上的缺陷，了解学生的内在精神需求，共同解决好学生思想上和行为上存在的问题，共同促进学生的进步和成长。通过家访，班主任可以向家长宣传班级计划、目标，听取家长对于改进班级管理教学的建议，相反，家长也可以方便地向班主任提出自己的想法。班主任可以通过家访寻求家长对班级事务的协助。

三、组织召开家长会

家长会是家校联系的主要渠道，是学校教育对外的窗口，也是形成教育合力的主阵地。多年的工作实践表明：家长会将直接关系到班级班风、学风的形成，关系到学校教育教学质量，关系到班主任对班级的管理等问题。《教育部关于加强家庭教育工作的指导意见》指出："各地教育部门要采取有效措施加快推进中小学幼儿园普遍建立家长委员会，推动建立年级、班级家长委员会。中小学幼儿园要将家长委员会纳入学校日常管理，制订家长委员会章程，将家庭教育指导服务作为重要任务。"因此，班主任应把召开家长会作为自己工作的重中之重来抓，万不可等闲视之。

(一)家长会的形式

1. 家长报告会

家长报告会主要由班主任介绍情况，家长了解有关信息，不进行讨论。在家长会上，班主任应向家长报告本班的教育教学情况，提出教育学生的意见和要求，征求学生家长的意见，动员家长协助学校做好对学生的教育工作。家长报告会也可以请本班教师或专家做有关教育问题的报告。

2. 经验交流会

经验交流会由家长交流教育子女、协同学校进行工作的心得、体会，班主任小结。班主任也可以请家长介绍教育子女的经验等。

3. 学习成果展览会

学生以实物或文字语言向家长汇报自己的进步，以使家长了解学生，使学生彼此促进。这类家长会的形式，可以适当灵活一些，丰富多样，不必千篇一律，不必恪守一种模式。例如，举行学生成果展览、文娱表演，由学生代表向家长汇报班级同学的学习、思想、生活情况等，使家长看到子女在各方面的成长，从而更好地配合学校的工作。

4. 家长—老师恳谈会

这种家长会与上述三种家长会的不同之处是，不是邀请全体家长参加，而是只邀请有关家长参加，就某些学生的专门问题进行协调讨论，统一认识，寻求教育"良方"。

(二)召开家长会应注意的问题

1. 充分准备是开好家长会的前提

在召开家长会之前，班主任要根据学校教育教学工作的实际和班级的现实状况确定会议目的和主要内容，确定主要收集、交流哪些方面的信息，共同解决哪些问题。召开家长会，班主任一定要提前几天通知家长，通知时简要通报会议目的、内容、时间、地点，咨询能否到会，并征求学生家长对学校工作的意见。此举的目的在于使学生家长做好充分准备，落实到会人员，提前收集部分信息。

2. 明确主题是开好家长会的关键

(1)根据家长方面的信息来拟定主题

平时班主任应与家长多交流，了解家长在家庭教育中的独特经验或是困惑与烦恼，从中选择出共性问题或典型经验作为家长会的主题。班主任可以利用学校的网络资源，建立一些论坛等，这样就能及时地了解家长的问题。

(2)根据学生在活动中存在的多数问题来拟定主题

在平日活动中，教师常常会发现在学生群体中存在一些共性问题。而这些共性问题的预防与解决如果能得到家长的帮助就会取得事半功倍的效果。例如，我们发现，孩子进餐挑食、偏食情况严重，教师对其进行教育时孩子甚至会说"妈妈从不让我吃这个"，这时就可以召开以学生的健康为主题的家长会。

3. 广泛的人员参与是开好家长会的保证

参加家长会的人员不应该只是班主任和家长,还应该有科任教师和学生。

(1)科任教师

家长会要扩大参与教师的范围,现在的家长会科任教师能参加的可能不多。其实,任何学生的成长都是多位教师共同教育的结果,所以要给其他教师也创造一个和家长交流的平台。在家长会的组织上,班主任要尽量安排所有的科任教师都到场,这样就会使非重点学科的教师也能够感受到自己学科的价值没有被忽视。同时家长也可以了解学生在校各方面的情况,有利于发现学生的特长和不足。这种方式既调动了大多数教师的积极性,也有利于家长以后更好地配合教育工作,同时为各科教师创造交流经验的机会。家长会为教师提供了一个展示自己人格魅力的舞台。在向家长分析学生的学习情况时,教师个人的言语,对家长会的准备程度以及对家长的态度都会逐渐反映出来。到场的教师可以在听发言的同时学习其他教师所展现出来的优势,弥补自己的不足。同时,教师也要能够从不同角度找出学生的优点和缺点。这样的家长会既为家长多角度地了解学生提供了方便,也为科任教师之间的理解、交流与合作提供了良好的平台,各科任教师的人际关系也会逐步改善。

(2)学生

家长会如若能让孩子参与,更能提高家长会的质量和效果,可避免像传统家长会一样具有盲目性。因为,召开家长会的最终目的是想更好地教育孩子成人成才。但是因为是家长与孩子共同参与,人员增加了一倍,必要时可分批召开,这样,家长与自己的孩子就能坐在一起。教室要布置得温馨,让孩子为家长准备好一杯水,家长到来时,孩子的问候语便是"爸爸(妈妈),您辛苦了"和"爸爸(妈妈),您请坐"。请家长入座,喝水,向家长介绍本班的同学、本班近期发生的趣事、孩子近期学习情况等,使家长一到来,便进入一种颇具亲情感的氛围中。家长会宣布开始后,班主任可逐个引出便于家长、孩子交流的话题。例如,假如孩子测验没表现好,你怎么对待?同时,班主任还可以让家长欣赏孩子近期的作业、作品、在校内的表现等,引出可谈的话题。另外,班主任要善于调控会议内容,避免冷场,必要时穿插孩子的歌唱、舞蹈节目来扭转僵硬的局面。家长彼此真诚地交流着,不再仅仅要问学习,而是更多地指向态度、情绪和心理。

4. 充实的内容是开好家长会的基础

长期以来,家长和学生之间的沟通仅限于学习。要充分发挥家长会的作用,这就要求班主任努力做到以下两点。第一,班主任要从多角度分析召开家长会的目的。召开家长会是为了使家长了解学生在校的学习生活。但是很多家长会就是讲学生的学习情况，班主任应该帮助学生分析优势和劣势。成绩固然是体现学生素质的一个重要方面，但是其他方面的表现也是衡量学生发展水平的重要因素。班主任可以把对学生的评价从对事情的专注度、对集体的关心程度、心理承受能力等多维度进行分析。班主任平时可以和学生一起把这些方面的成长过程进行定期的记录。这样家长也可以更全面地了解学生，找出自身的疏忽之处。第二，班主任要注意赏识每一个学生。班主任的赞赏对于学生自信心的建立起到很大的推动作用。班主任要找出每一个学生的优势。尤其是学业表现欠佳的学生，他们更需要班主任的赞许。在家长会上，班主任对学生的态度会影响到家长对学生的看法。班主任的肯定会给学生及家长带来极大的自信心，有助于学生形成良好的心理品质。

5. 后续工作是家长会成功实施的最重要条件

家长会后，校方与班主任都应对此次家长会及时进行总结与反思。学校及时汇总会议情况，以改进校内教育教学工作，把会议内容落实在实际工作中。

班主任应与家长继续加强联系，及时写一封感谢信给家长。在信中，班主任要对家长们的出席表示感谢，并重申他们双方在家长会上制订的行动计划。最好是在几星期后，给家长们打电话，查询行动计划的进展，并提供其他的信息。班主任要把结果传达给校长和其他与会的教师，尤其是要让那些参与制订会议行动计划的教师掌握计划的进展情况。校方与教师只有做到信守诺言，才能保持同家长的相互信任及亲善关系，使家长积极主动地为学校贡献自己的聪明才智，使每次家长会成为学校与教师改进工作的动力，最终促进每个学生的进步与发展。

总之，家长会重在鼓舞士气，明确问题，协商整改措施，即问题要找出来，措施要理出来。这也是家长会的目的。班主任切忌将家长会开成批斗会、打击会、灰心会、失望会、试卷分析会。班主任要邀请每位科任教师参加家长会，并提醒教师们做好准备。不要一言堂，不要唱独角戏，要力求让学生、家长都积极参与。少一些开会的严肃，多一些家的氛围。全方面启动，以和谐、热烈、亲切为佳。

若要分组沟通时，班主任要力争把每个家长都分到组里，重点与问题学生的家长、学业表现下滑学生的家长进行沟通。对于这些学生，班主任要注意分析到位，引导家长辩证地看待学生，既要让家长看到孩子的不足，也要使家长看到孩子的潜力和希望。对于这些学生，班主任要有自己的帮助计划并对家长提出合理化建议。例如，进行正确的家庭教育培训，引导家长学会关注学生、关注学习。此外，班主任要提前排查模拟出家长会上家长可能提出的问题，做好解答的准备。

四、利用好家长学校

家长学校是学校或相关机构为提升家长的家庭教育素养而创设的有目的、有计划、联系实际地对家庭里承担抚养教育子女任务的父母和其他长者进行教育和训练的机构。家长学校的任务是向家长宣传党和国家的教育方针、政策和法规；帮助和引导家长树立正确的家庭教育思想和观念，掌握家庭教育的科学知识和方法；向家长介绍未成年人生理、心理发展特点和营养保健知识，指导家长进行科学的家庭教育；联合所在学校、幼儿园、社区等教育单位或机构，为家长提供切实有效的指导与服务；帮助家长加强自身修养，营造良好的家庭环境，提高家庭教育水平。《教育部关于加强家庭教育工作的指导意见》指出："各地教育部门和中小学幼儿园要配合妇联、关工委等相关组织，在队伍、场所、教学计划、活动开展等方面给予协助，共同办好家长学校。"

可见，开办家长学校不仅可以解决家庭教育过程中遇到的个别的问题，而且可以从根本上提高家长的素质。

（一）举办家长学校的意义

1. 办好家长学校是提高父母教育素质和促进孩子健康成长的有力保障

父母是孩子的第一任教师，是共同学习者和终身的教育者。家长学校可以提升作为孩子首任教师、终身教师和共同学习者的父母的教育素质和亲子教育能力水平，从而促进未成年人的健康成长；家长学校可以促进家庭和谐稳定，而家庭和谐稳定是孩子生活幸福与人格健康的基础和保障条件。

家长学校是连接家庭教育与学校教育的重要桥梁，只有家庭教育和社会教育紧密结合，才能有效地促进未成年人素质的全面发展。家庭与学校教育具有不同的特点、功能和作用，这决定了它们需要通过互相补充、协同一致、形成合力来共同促进未成年人的健康成长。

2. 办好家长学校是促进家庭教育和家校教育发展的有效途径

家长学校是家庭教育和家校共育的重要形式。家庭教育和家校教育对未成年人健康成长具有基础性、持续性、终身性影响意义，解决家庭教育和家校教育普遍存在的问题有助于从根本上促进未成年人的全面发展和人格健全发展。而要解决这些问题，关键在于提高作为成年人的父母的教育素质能力水平，而基础在于办好家长学校，提高家长学校的办学质量和教学水平。从这个意义上说，办好家长学校是促进家庭教育和家校教育的有效途径。

3. 办好家长学校具有破解"5＋2≤0 现象"难题和形成"三结合"教育网络的迫切性

"5＋2≤0 现象"是指学生在一周的五个学习日内接受的正面教育被双休日在社会和家庭的消极、负面影响所抵消，教育效果为零，甚至为负效应。在信息化的社会条件下，影响未成年人成长的家庭、学校、同伴和社会四大影响源发生了倒序性变化，即从原来的"家庭—学校—同伴—社会影响"顺序变式为"社会—同伴—学校—家庭影响"，学校和家庭的影响作用弱化，而社会文化，尤其是媒体文化成为儿童青少年社会化第一影响源，校内外教育影响不对称使"5＋2≤0 现象"更为突出。"5＋2≤0 现象"的出现是社会不良因素影响和学校德育低效的结果，也有家庭教育功能弱化方面的原因。因此，破解"5＋2≤0 现象"难题，不仅要研究新时代学校德育有效促进学生品德内化的规律，净化和优化未成年人健康成长的社会大环境和社区环境，而且要加强和改进家庭教育和家校教育，尤其是加强和改进发挥学校、家庭、社会"三结合"教育网络机制桥梁作用的家长学校教育。

(二)目前我国家长学校主要采取的形式和措施

1. 专题讲座式

聘请相关专家和教师传授家庭教育的知识与理念，或传授某方面的知识和回答家长提出的问题及咨询。一般，参加讲课的有专家、学者、学校的领导(校长或德育主任)、教师，也有家长本人等。

2. 家长会议式

家长会议式是指教师通过家长会向家长传授家庭教育知识的方式。这种方式多数中小学都在使用，实际上就是一个学期召开 1～2 次的家长例会，是一种较为普遍的家长参与学校教育的形式，也是很多家长学校所采用的形式。

3. 经验交流式

有些家长学校不定期地组织家庭教育经验交流会，让家长通过这种形式交流教育经验，一般选举家庭教育成绩突出的家长进行主要演讲，让家长用自己的成功经历及经验感染和教育其他家长，给家长提供相互交流与学习的机会。

4. 传媒教育式

一些报刊、广播、电视等利用大众传媒的辐射优势，用开辟栏目或发行资料等方式举办家长学校的活动。

5. 社区网点式

有的地方在城市街道、大型企业等建有家长委员会，不定期地举办家长会，举办一些有利于改善家庭教育方面的活动等。

6. 授课教育式

授课教育式是指通过编印教材和有关家长教育指导方面的资料组织家长接受教育的方式。

7. 网上家长学校

通过网络信息技术形式所建立的网上家长学校，也就是所谓"家校 e"，"家"代表家庭，"校"代表学校，而"e"具有教育（education）、电子信息（electronic information）、容易（easiness）三重含义。例如，教师通过社交软件等与家长取得联系。

8. 家长开放日等活动方式

家长开放日是指家长走进学校，参与学校的教育教学活动，深入课堂参与孩子的学习生活，使家庭与学校的教育保持一致，同时将此作为提高自己家庭教育素养的一种形式。

五、利用网络与家长沟通

网络改变了人们的生活和思维方式，使人与人之间的关系出现了新的特点，给人际关系的建立与巩固带来了新的媒介。它扩大了人们的交往范围，使人际交流能够双向互动或多向互动，交流更直接、更快捷。

在信息化高度发展的今天，网络已经成为家庭与学校沟通的重要形式，其开放性和交互性突破了学校与家庭之间传统的沟通模式，更有利于家校沟通合作。首先，网络的时空跨越性，使得参与合作的教师和家长在任何时间和地点都可以通过计算机在网上进行交流和互动，解决了以往家校沟通受时空限制的难题。其次，通过网络进行交流的内容将更加丰富，形式更加灵活。现在学校虽然定期召开家长会，但留给家长和教师交流的时间非常有限，家长仅能对学生的学习情况进行简单了解。而在网上，由于没有时空限制，教师和家长既能对学生的学习情况进行交流，也能对学生各方面综合素质的培养及学生的个性发展畅所欲言，从而找到家庭和学校合作教育的最佳结合点。最后，学生也可以在网络平台上自由地参与到教师与家长的交流当中，可以不受限制地参与讨论，促进师生、亲子间换位思考，增进对彼此的理解。

由于网络的虚拟性，学生往往更乐于在网上表达自己的想法，从而使教师和家长更容易了解到真实的信息。这种民主的交流氛围，更容易使学生体会到被尊重，更容易取得好的教育效果。同时，这种基于网络的互动式的交流，既克服了传统单向交流的弊端，也因为符合家长的实际需求而逐渐得到广大家长的欢迎和认同。用手机短信发送通知，在在线视频媒体平台上开家长会，通过办公软件反映学生在学校里的情况……如今网络交流已成为教师和家长沟通的重要方式之一。

班主任及时将孩子的学习和活动情况传到办公软件，让家长了解孩子在校的情况，也可以将每天的家庭作业发到网页上，告知家长，便于家长对孩子进行督促和检查。家长对班级和学校的意见也可以通过这些渠道发布出来，让学校领导和班主任及时了解家长对教育孩子的想法和建议。此外，通过网络，班主任可以将自己教学过程中的教案、教后感、教学经验的总结随时记录下来，一方面便于家长随时了解学校的教育内容，另一方面班主任也为自己建立了一份电子档案；家长也可以将自己育儿过程中的所见、所思、所想记录下来，方便教师和家长之间的交流。通过网络，教师、家长可以了解对方每天在做什么、思考什么、研究什么，并且可以进行交流，这种相互交流可以形成一个拥有共同主题的网上社区，共享思想。其最终效果就是班主任增长了自己的专业教育知识，使自己的教育水平得到提高。

网络为家长提供了主动参与家校合作的平台，从而改变了其在家校合作中的被动地位，使其获得有针对性的家庭教育指导。同时网络还为家长之间的沟通提供了一个桥梁，家长可以交流在教育孩子时遇到的问题，相互学习。家长之间的密切交流既能消除因孩子产生的误会，也能互相沟通教育孩子的方式方法。应该指出的是，网络虽然为家校互动带来了便捷，但它影响家校互动的层次与深度，无法替代传统家校交往方式（如家访、家长会）。首先，由于用这种方式不能进行持久性交谈，只能就目前出现的问题进行信息传递，不能针对某一问题进行深入探讨，影响家长与教师交流的深度与广度，以及做出具有计划性或规划性的长期有效的互动方案。其次，在使用网络进行沟通的过程中，互动双方往往因不能正确感受和理解对方言语表达的真正含义而发生误会，使得交流不能顺畅进行。

《教育部等十三部门关于健全学校家庭社会协同育人机制的意见》提出："大力推广学校家庭社会协同育人有效模式、创新做法和先进经验，积极推进协同育人实验区建设，切实发挥示范引领作用……深入宣传学校家庭社会协同育人的政策举措、实际成效和典型案例，广泛传播科学教育理念和正确家庭教育方法，强化正面宣传和舆论引导，大力营造全社会各方面关心支持协同育人的良好氛围。"

走入孩子的家庭，
走入孩子的内心——
家校合作案例及反思

【本章小结】

学校、家庭、社会三方面教育在方向上统一要求，在时空上密切衔接，在作用上互补、协调一致，从而形成合力，才能发挥教育的整体效应。班主任、科任教师、团队辅导员、学生集体、学生家长、校外辅导员等都是构成班级教育合力的有效力量。各种力量在班级教育活动中的作用具有相对独立性。在自发状态下，他们之间的作用方向可能一致，也可能不一致，甚至相反；在目标一致的情况下，他们可以做到相互协调、相互补充、相互促进，也可能在对某时某事的处理上相互矛盾、削弱教育力量。为了防止这种状况的出现，必须做好各种教育力量尤其是科任教师和学生家长的沟通协调工作。班主任是这一任务的主要承担者，是形成教育合力的关键人物，必须掌握与科任教师、学生家长等教育力量沟通的有关技能。

【思考与练习】

1. 人际关系的概念是什么？
2. 班主任应处理好哪几种校内人际关系？
3. 班主任在处理校外人际关系上面临哪些困惑？

【综合案例分析】

重启家校合作的密匙

小刘同学调皮捣蛋、不思上进，特别不爱学习。在我接班以前，据说他从不做家庭作业，无论老师使出什么招数，他就是不做作业，所以任课老师看到他都很头疼。不仅如此，他的父母也一味地宠溺他，对于老师对孩子的教育很是抵触，甚至对老师恶语相向。当原班主任在向我介绍他的情况时，我的心里沉甸甸的，怎么转变孩子家长的态度，怎么帮助这样的学生扭转现状，像巨石一样压在我的身上。果不其然，刚开学，小刘就故态复萌，天天不做作业，学业表现不佳。正巧一天放学，他母亲来接他，于是我就心平气和地与她沟通了一下，让她也了解一下孩子在学校的近况，并且对于家长在家对孩子的教育也提出了一些简单易行的建议。这次沟通后，在接下来的几天里，小刘有了质的转变，居然能天天按时完成作业了，我及时在全班同学的面前表扬了他一番。经过表扬后的小刘干劲更足了，上课认真听讲，能大声、流利地朗读课文，还积极动脑、举手发言……对于他可喜的转变，我适时地表扬他，鼓励他。可是好景不长，没过多久，小刘上课开始坐不住了，开始在同学身上、同学的物品上搞小动作，一时，告小刘状的人多起来了，有男同学、女同学，甚至还有学生家长。于是，我又和他母亲进行了开学后的第二次交流。因为有过第一次的心平气和的交流，也可能因为我是第一个表扬她孩子的老师，所以他母亲的态度非常诚恳，通过交流也意识到了自己在家里对孩子的教育方式不当，并能平和地接受老师指出的孩子的不足之处，最后，表示积极配合老师，教育好孩子，且对孩子今后的发展也充满了信心。

解析：

教育学生需要家庭、社会、学校三方面的合作，这是一个永远也不容置疑的育人真理。班主任如何赢得家长的信任和配合，达成教育共识，是一个值得深思的问题。上述案例中，班主任付出了自己的真心、爱心、耐心和细心，终于换来了家长的理解、支持和配合，看到了学生的进步。日本教育家福泽谕吉说："家庭是习惯的学校，父母是习惯的教师。"要改变学生诸多不良的学习生活习惯首先要从父母开始。学校教育只有与家庭教育密切配合、形成教育共识，才能真正取得效果。

【本章参考文献】

1. 谭海萍，黄臻伟. 沟通与理解：高校和谐师生关系构建的基点[J]. 中国高等教育，2018(Z1).

2. 赵福江，师婧璇. 新时代理想班级建设的实践路径[J]. 中国教育学刊，2023(3).

3. 李森. 教师职业技能训练教程[M]. 北京：高等教育出版社，2009.

4. 王桂波，王国君. 教师职业技能训练教程[M]. 北京：清华大学出版社，2008.

5. 方丹. 基于学业负担评价的学校教学管理改进研究[J]. 教育科学研究，2021(5).

6. 陈如平. 互联网时代仍需用好传统式家访[J]. 人民教育，2020(19).

7. 曲红霞. 大连市小学家长会存在的问题及对策研究[D]. 大连：辽宁师范大学，2008.

8. 李季. 家长学校发展：问题、对策、创新[J]. 广东教育学院学报，2009(4).

9. 严俊. 家长学校的问题及对策研究——以南京市A校家长学校为个案[D]. 南京：南京师范大学，2008.

10. 陆振芳. 运用网络平台，加强家校联系[J]. 教育科研论坛，2007(5).

11. 张虎国，吴恒祥. 六多六少：班主任与学校行政管理层关系刍议[J]. 教学与管理，2002(31).

【阅读链接】

1. 王宝祥，牛志强，陈燕慈. 实用班主任辞典[M]. 北京：中国工人出版社，1992.

2. 林崇德. 教育的智慧——写给中小学教师[M]. 北京：北京师范大学出版社，2005.

3. 人民教育编辑部. 新世纪班主任必读［M］. 北京：高等教育出版社，2005.

4. 魏书生. 班主任工作漫谈［M］. 桂林：漓江出版社，2021.

5. 张万祥. 班主任工作创新艺术 100 招［M］. 南京：江苏教育出版社，2002.

6. 朱永新. 中国著名班主任德育思想录［M］. 南京：江苏教育出版社，2005.

7. 杨连山. 班主任的 100 个怎么办［M］. 南京：江苏教育出版社，2006.

8. 金熙寅. 新编班主任书简［M］. 北京：国防大学出版社，2002.

9. 李镇西. 爱心与教育——李镇西素质教育探索手记［M］. 桂林：漓江出版社，2014.

第十一章

班级管理工作的未来展望

【本章学习提示】

随着现代社会经济和文化的发展与变革，教育的社会化、个性化已成为教育改革的课题。随着终身教育体制的发展和完善，班级社会将成为现代社会个人自我教育、自我发展和自我完善的重要社会生活领域。在未来的社会发展中，班级社会在促进个体社会化方面的作用将越来越凸显。本章从分析影响班级管理的主要因素入手，深刻阐述了现代班级管理的基本价值追求，通过对目前班级管理中所存在的问题的剖析，指出班主任专业化是新时期班级管理的必然走向。未来班级管理的发展趋势主要表现为：作为学科的班级管理将受到重视，班级管理思想会以关爱、自主、责任为核心话题，班级管理内容将偏重德育主题，班主任素质会出现新的整合。

【本章学习目标】

1. 明确影响班级管理的主要因素有哪些。
2. 了解德育对班级管理的重要性。
3. 了解新时期班级管理的新主题。
4. 把握班级管理的未来发展趋势。

第一节　班级管理的新主题

青少年容易在物质生活中盲目攀比，道德理念出现偏差，这给班主任管理好班级带来了一定的难度。班级管理虽然是学校内部的基层管理，但班级管理对学校的生存与发展会产生重大影响。

一、影响班级管理的主要因素

(一)社会因素

1. 信息技术手段的广泛运用和管理理论的日渐丰富提高了班级管理的效率

随着社会的发展和进步，班级管理的硬件设施不断增加，班级管理的手段和工具也有了一些变化。在大多数学校，计算机以其大容量、快速、方便查询而进入班级管理中来。班主任只要把所管理班级的基本情况输入计算机，就随时可以根据需要了解学生个案及整个班级的学习和纪律情况，避免了繁重的资料收集和整理工作，提高了班级管理效率。随着通信工具的普及，班主任和学生家长的沟通可以随时随地进行，班主任可以及时了解每一个学生的情况，提高了管理效率。同时，班级管理的理论也逐步走向了科学化，有关管理方面的理论研究成果越来越丰富，它们为班级管理的科学化提供了借鉴和指导，为班主任实现成功的班级管理奠定了理论基础。另外，随着社会的不断发展，国家对教育日趋重视，相应地对班主任的素质要求也在不断提高。班主任合理的知识结构、强烈的工作责任感和忘我的工作热情都有利于班级管理效率的提高。

2. 社会外部环境的影响增加了班级管理的难度

随着经济的发展，人民的物质生活水平有了较大的提高。但与之同来的拜金主义对青少年的人生也产生了很大的影响。青少年容易在物质生活中盲目攀比，这给班主任管理好班级带来了一定的难度。同时，随着信息社会的到来，广播、电视、报纸、杂志、互联网等传媒对青少年思想的影响也越来越大，青少年由于身心发展还不成熟，容易被传播媒介中的暴力、迷信、色情等内容诱惑，出现模仿和盲目崇拜的现象。另外，学校的外部场所也会对青少年产生很大影响，学校周围的台球厅等娱乐场所，都是青少年有可能光顾的场所，如果学生自制力不强，很可能会沉溺其中，把学习和纪律置之脑后，从而影响他们的健康成长。这些都增加了班级管理的难度。

(二)学校因素

1. 班级文化影响班级发展水平

人总是在一定的文化环境熏陶中成长起来的。在班级管理中，建立起班级自身特色的管理文化，形成班级自身的特色是很重要的方面。"在班级内部文化建设过程中，可以选择一个展现自身特色的文化主题，通过设立班级主题歌、主题宣传口号等方式，在实践中不断深化学生对于班级的文化认同，在学习和生活中引导学生展现自我风采,共同为班级建设努力。"①实践表明,在同一校园文化中,不同的班级存在一定的文化差异。这种差异,不但体现了不同班级间的个性特征,而且反映了各班级之间发展水平的差异,而这种差异主要是由班级文化造成的。班级文化是以班风、学风、价值观念、人际关系和舆论等方式表现出来的观念文化和与之相应的行为文化和物质文化,对每个学生都起着潜移默化的教育作用。它不同于有形的课堂教学,它虽是无形的,但又是无所不在的,就像"润物细无声"的春雨,滋润着学生的心田,陶冶着学生的情操,塑造着学生的灵魂。班级文化是班级成员共同创造的群体文化,寄托着他们共同的理想和追求,体现着他们共同的心理意识、价值观念和文化习性。这种共同的心理意识、价值观念和文化习性会激发成员对班级目标、准则的认同感和作为班级一员的使命感、自豪感和归属感,从而形成强烈的向心力、凝聚力和群体意识。同样,班级文化所形成的规范体系,制约着学生的言行,这种规范一旦形成,就会成为一种强大的力量,使班级成员都能自觉地约束自己,让自己的行为符合班级规范。班级文化还具有激励功能,它能够有效地激发和调动每个成员参与班级活动的积极性、主动性和创造性,使其以高昂的情绪和奋发进取的精神积极投入学习和生活。因此,加强班级文化建设,努力营造积极、健康、向上的班级文化,应成为提高班级管理水平和促进学生发展的一个重要举措。

2. 班主任素质是提升班级管理水平的关键

班主任是班集体的组织者、领导者和教育者,是对学生进行思想政治教育的主要力量。一个班级的学生的道德修养与班级管理息息相关,而班级管理的成败关键在于班主任个人素质的高低。班主任的素质,很大程度上决定着一个班的精神面貌和发展趋向,深刻地影响着每个学生的健康发展。在生活中我们常常能看到,在同一所学校,在同样的生源、师资条件下,有的班主任带班带得很好,有的带得很一般,有的带得甚至很差;同一个后进班级,屡换班主任也不见成效,而有的班主任上任伊始,就使班级面貌焕然一新;同一名潜能生,有的班主任对他束手无策,甚至把师生关系搞得很紧张,而有的班主任却能使他判若两人,在短时期使他有所进步。究其原因,这一切都与班主任自身的素质密切相关。高素质的班主任能协调好班级来自各方面的对学生的要求与影响,能够有计划地组织好班级的教育教学活动,做好学生的思想教育工作,并对他们的学习、劳动以及课外活动等全面负责,把班级培养成为积极向上的集体,使每个学生的各方面素质都得到充分的发展,促使其形成良好的个性。

---

① 王真真:《推动高职学生班级管理规范化的思考》,载《中国标准化》,2023(5下)。

3. 师生关系影响班级管理的质量和效度

目前师生关系的主要类型有紧张型、冷漠型和亲密型。不同类型的师生关系对班级管理的影响是不同的。在紧张型的师生关系中，班主任主要依靠传统力量和强制力量来影响学生。师生是班级管理的两大主体，师生关系作为班级管理的重要资源之一是非常重要的。师生关系既可以促进自主型班级管理的形成，也可以损伤班级管理的自主性。师生冲突是由班级内有限的资源、地位、权利等不平等分配引发的，是普遍发生的，正如绝对平等很难实现一般，师生冲突也很难消除。[①] 有的班主任强调指导、控制和监督学生，自己决定管理中的一切事项，甚至采取强迫手段，干涉学生行为；认为学生的责任就是听教师讲授，服从教师安排；经常运用扣分、训斥等惩罚手段，向学生施加压力。班主任的这种专制行为，往往导致师生关系紧张，在这种情况下，学生对管理表面服从，班主任叫干什么就干什么，被动刻板，消极适应。在冷漠型师生关系中，班主任不运用社会影响力来影响学生，一切任其自然发展。在课堂管理中，班主任从不注意来自学生的反馈信息，对学生的态度，既不粗暴，也不热情，客客气气地保持心理距离，毫不关心学生生活中的喜怒哀乐，关心的只是自己的进修、职务、家庭等，只要学生不违规，就很少过问学生的具体行为。在这种行为类型班主任的管理下，师生关系疏远、冷漠，师生互不关心，极少交往，互不干涉，相安无事，只要各自完成任务，交差了事即可。在亲密型师生关系中，班主任主要依靠吸引力量和专长力量与学生建立健康、良好的关系，也不排斥在一定情境中适当运用权威力量、奖赏力量和强制力量。班主任在课外及其他场合，能面对全体学生，创造机会让学生独立活动，积极表现；鼓励学生开动脑筋，思考问题，参加讨论；经常听取学生对教学和管理的意见，和学生不断交流思想，融洽相处。这样，师生间相互理解信任，亲密友好，在各种活动中充满团结友爱的气氛，配合默契。学生在各种活动中，思维积极，情绪愉快，始终处于主动状态。[②]

(三)家庭因素

切实发挥家长的优势，不仅能够深刻影响学生的成长，而且会推动班级生活朝着积极有利的方向发展。需要注意的是，班主任不能夸大家长参与学校活动的能力与范围，而应理性认清家长参与班级生活的限度与边界。[③]

---

① 杨新燕：《从"控制"到"自主"的课堂管理思路转化》，载《教学与管理》，2022(21)。
② 林崇德：《教育与发展——创新人才的心理学整合研究》，231页，北京，北京师范大学出版社，2002。
③ 齐军：《班级生活的批判与重建》，载《教育发展研究》，2011(10)。

1. 家庭教养方式的差异，使班级管理面临许多新课题

现如今，家长的教养方式主要有以下几种类型。

第一种，过分严格型教养。有的家长对孩子的教育很严厉，稍不顺心或孩子的行为不符合自己的愿望，就斥责甚至打骂孩子，这种教养方式容易使孩子形成自卑、懦弱、冷漠等消极情绪，或产生不能克制的逆反、攻击和冲动行为，产生意想不到的后果。

第二种，溺爱型教养。这些父母对孩子溺爱和过分宽容，对孩子的任何要求都无条件地接受。这种教养方式容易使孩子养成放纵骄横、自私自利的品格。这种环境下长大的孩子自小就以自我为中心，认为所有的人都应听从自己的命令。当接触其他同学或走入社会时，他们可能会因受挫折而拒绝接触社会，因被忽视而嫉妒和仇视他人，因不能自控而与他人发生冲突，甚至产生严重的侵犯性行为问题。

第三种，支配型教养。这种情况多见于父母工作压力都比较大的家庭。这些家长总喜欢直接替孩子拿主意，直接告诉孩子做这做那，对孩子自己的意愿漠不关心。虽然直接向孩子发出命令可以节省许多时间，提高生活效率，但长此以往孩子会养成过度依赖、服从的性格。由于事事都由家长决定，孩子自然也无须主动地思考自己的事情，这样长大以后孩子就会缺乏主动性，性格自闭，且对父母产生过分的依赖感。

第四种，不断拒绝型教养。有些父母为了让孩子长大后对社会有更好的适应能力，有意识地对孩子进行过度的挫折教育，以增强孩子的抗挫能力。过度的挫折教育，对孩子提出的任何要求都给予拒绝，又不对孩子解释拒绝的原因，会让孩子长期生活在一种不安全的心理环境中。研究表明，当长期处于挫折中，个体会产生强烈的神经质倾向，并且会伴随反社会和侵犯性行为。

第五种，忽视型教养。在一些家庭中，父母由于工作繁忙，没有时间照看孩子，孩子的抚养大多由祖父母或亲属代劳。孩子由于没有太多的机会与父母接触，会产生强烈的不安全感和焦虑情绪。由于在情感上被忽略，孩子会倾向于用各种问题行为来引起父母的关注，如生病、攻击他人或伤害自己，或其他一些奇怪的行为。

上述家庭教养方式，使孩子的教育过程出现空当，使班级管理的难度也在不断增大。孩子在家期间，由于没有得到有效的监管，出现的厌学等问题可能增多。

2. 家庭氛围的影响，给班级管理带来极大冲击

家庭氛围不仅是影响孩子成长的重要因素，而且给班级管理带来不同程度的影响。例如，学生家长尤其是农村学生家庭的家长外出务工的比例在不断提

升，这也使这些留守孩子的家庭教育存在一些问题，联系家长与孩子、教师与家长的就是一根没有生命的电话线，教育也从学校—家庭—社会的立体网络变成了学校的单方行为，教育过程出现空当，班级管理的难度也在不断增大。

单亲家庭的教育也给学校教育带来了极大的冲击。家庭的破裂深深地影响着学生心灵、思想道德、人格健全、学业表现。单亲家庭的学生在校期间往往出现忧郁、内向、不愿与别人接触的情况；有的则出现早恋现象，希望通过这种方式寻求精神寄托；有的则是自暴自弃，甚至是带有明显的暴力倾向，学业表现和行为表现与其他孩子存在明显偏差。

3. 家长素质极大程度上决定了孩子的幸福，也会给班级管理带来新挑战

列宁的夫人克鲁普斯卡娅说："家庭教育对父母来说，首先是自我教育。"安徒生也说："做孩子的榜样，是父母培养成功孩子的捷径。"可见，家庭教育的核心是提高家长的自身素质，以道德育道德，以人格育人格，要求孩子做到的，家长要首先做到。家长既是父母，又是老师，要以身作则。你希望孩子将来对你孝顺，自己首先应该孝敬父母，做一个孝子；你希望孩子讲文明、懂礼貌，自己首先应该

小学班级管理与家庭
教育的结合探讨

成为一个高素质、有修养的人；你希望孩子勤俭节约，自己首先应该改掉铺张浪费的陋习；你希望孩子求知欲强，自己首先应该成为一个喜欢读书、热爱学习的人；你希望孩子胸有大志、虚怀若谷，自己首先应该学会宽容，改掉斤斤计较、小肚鸡肠的毛病；你希望孩子有坚韧不拔的毅力，自己首先应该是一个百折不挠、意志坚强的人；你希望孩子乐于奉献，自己首先要热爱公益事业，乐善好施，乐于助人。因此，班主任要积极开展家校互通，帮助家长提高素质，鼓励家长多读书学习，伴随孩子成长，走进孩子的心灵深处。

二、新时期班级管理的新主题

随着社会的快速发展和新课程改革的推进，现有的班级管理制度和方法越来越显得滞后和低效。在新的历史时期，班级管理的理念和行为应该不断地更新和变革，现代班级管理的基本价值追求是由集权管理到分权自治。①

(一)在班级管理过程中把自主权还给学生，使学生由被动随从到主动参与

班级管理中，班主任要适当放权，把管理班级的自主权还给学生，让他们当主人。"课堂管理方式关乎着学生个体能动性与受动性、个体性与社会性的

① 朱洪秋：《现代班级管理的七大价值追求》，载《中国教育报》，2011-09-02。

统一。"①例如，在确定班集体的奋斗目标时，班主任要让班级全体学生集思广益、讨论酝酿，最后共同决定班级的发展目标。在班级管理中，学生制定目标后，一定希望能亲身体验。他们只有真正去实践，才有劳动的欢乐，只有真正感受到自己是集体中重要的一分子，才会尽展才华，使集体充满生机活力。此外，班主任还应引入各种机制来优化管理过程。

1. 参与机制

班级管理过程自然离不开学生。班主任应充分运用参与机制，让学生全权参与管理工作。以往的班级管理往往只是班主任和几个有威信的班干部参加，由此产生了一定的负面作用，如班干部骄横跋扈，其余学生叛逆、反抗。以学生为本的班级管理扩大了参与对象，尽可能地赋予学生承担社会角色的权利，努力达到全员全程参与的要求。例如，实行值日班长制、班干部轮流制、卫生工作责任制、集体活动人人参与制、重大事件集体讨论制等，在这些机制中，没有一个学生是局外人，人人都是主角。每个人都找到了自己在集体中的位置，形成"人人有事干，事事有人管"的局面，大家为集体尽己所能，出谋划策，集体的智慧更显光彩，集体的力量将更强大。正因为是全员全程参与，学生增强了主人翁意识和自信心，加强了与同伴的交往与合作；正因为全员全程参与，使反馈现象大为活跃，班主任就能更方便、快捷而又准确地进行调控，实现管理最优化。

2. 选择机制

选择是人生不息的行为表现。当今社会竞争激烈，发展不断加速，环境瞬息万变，这要求下一代具有很强的选择能力，以适应社会的需求，"学会选择、注重选择"已成为时代的精神。在班级管理过程中，班主任引入选择机制，不仅有利于提高学生的整体素质，而且有利于激发学生的兴趣和发掘学生的特长，让学生自己选择合适的班级管理岗位，这对于其潜能的挖掘不无裨益。学生还可以自己选择合作伙伴，自主结合，更好地体现组织群体的活力。

3. 竞争机制

健康的竞争不仅可以调动学生的积极性和主动性，而且能让学生由此产生奋发进取、不甘落后、勇于创造的精神，这些正是适应未来社会要求的现代人的素质。例如，竞选班干部，以组为单位开展的各类竞赛，争当优秀学生、示范生等。这些竞争不仅启迪了学生的智慧，而且有助于学生了解竞争的社会价值，树立正确的竞争观念，培养良好的竞争精神，使学生终身受益。

---

① 杨新燕：《从"控制"到"自主"的课堂管理思路转化》，载《教学与管理》，2022(21)。

4. 激励机制

"水不激不跃，人不激不奋。"激励是管理过程中强大的驱动力，日积月累，铸就了学生奋发向上、坚韧不拔的人格品质。激励学生的方式有多种，在此主要介绍以下三种。一是以兴趣激励学生，使兴趣成为特长。班主任通过让学生自由参加各种兴趣小组活动，使他们在健康发展兴趣爱好的同时，有目地地培养其特长，然后创造各种机会让有特长的学生大显身手："小小画家""小小书法家"出好板报；"小小老师"帮助学习有困难的同学……二是以情感激励学生，建立良好的人际关系网。师与生的情感交流能消除代沟，生与生的情感交流能消除隔阂，从而使师生之间和生生之间建立一种互相关心、互相信任、互相尊重的深厚情谊。例如，师生之间的促膝交谈，同学之间的互助、互学等都能让学生学会谦让、关爱他人，为建立良好的人际关系打下坚实的基础。三是以成功激励学生，形成需要。班主任应根据学生能力的差异，实行异步指导，分层评价，使人人都能获得成功，使他们都能得到不同程度的满足。当学生获得成功、满足了需要之后，这种成功往往又会刺激学生产生更多更高水平的需要，以激励学生去争取获得更大的成功。

(二)着眼未来，拓展学生潜能，使学生由约束规范到自主发展

有人说，班主任是世界上最小的主任，可这最小的主任管的事情却特别多、特别细。大至教育教学工作，小至扫把、粉笔之类的事，样样少不了班主任的操心。然而，对于班级管理，班主任不能一手包办。管，不是管家或保姆，当然也不是放任自流，班主任的"管"应该是一定高度上的思想的管理。要管的地方很多，例如，制定班级的长期目标，把握班级工作的整体思路；培养一支得力的班干部队伍并加以指导监督；掌握学生的思想动态，做好思想工作，抓两头带中间，增强班级的凝聚力、向心力；协调多方面的教育关系，形成教育合力。对一个新建班级，班主任首先要做的事是制定合理的规章制度和严明的纪律，做到依法治班、公平公正，然后在具体工作中信任学生，大胆放手，分工授权，建立以学生为主体、教师为指导、责任分明的班级管理体系。此外，班主任还应注意发挥班级中每个人的聪明才智，用大家的力量完成班级工作，从日常事务中解脱出来，从而有时间考虑更长远的问题。这样既使学生有主人翁的责任感，也为学生提供一个很好的环境，使每个学生都能发挥自己的潜力。

班主任应主要做好两个方面的工作。一方面，强化学生自我管理的意识。自我管理的直接动力来源于学生自我服务、行为自律的需要。真正的自我服务、自我管理是学生发自内心的行动，具有明确的目的性和计划性，因此，引导学生自我管理首先要强化学生自我管理的意识。班主任要对学生进行生活学习的独立性教育，可在早会、学校组织的大型活动中宣传自己的事自己做，并举行各类小竞赛激发兴趣，强化意识。课外，班主任也可主动与家长联系，使学生获得更多的培养独立性的机会，保证学校、家庭、社会影响的一致性。与此同时，班主任要保护学生自我管理的积极性，经常进行成就强化。一般来说，学生的心灵是纯洁无瑕的，他们乐于遵守纪律，乐于配合教师的工作，也乐于为集体服务。只要教育得法，每个学生都会成为班级管理的积极参与者。那么，究竟该如何调动学生的积极性呢？基本的途径是给予正面强化。例如，实行每周两天的"无批评日"制度，使学生不断体验到成功的快乐，强化学生自我管理的意识。

另一方面，班主任要注意在活动中培养学生自我管理的能力。引导自我管理，根本上在于培养自我管理的能力。教育是要将"捕鱼"的本领传授给学生，不是直接将"鱼"给他们，即通常所说的"授之渔"，而不是"授之鱼"。培养自我管理的能力，必须有一定的途径，在目前的学校教育中，正式的课堂教学一般不包含培养自我管理能力的要求，于是，丰富多彩的课外活动就成了培养自我管理能力的重要渠道。班主任首先要制订严密的活动计划；其次要充分调动学生活动的积极性，可以给予学生一定的指导，而不能一手包办整个活动，而且还应该尽量使每个学生都得到锻炼的机会；最后要重视对活动结果的评价，强调其活动的深远意义，致使其长期发挥效力。

==学生自主管理案例①==

一、案例背景

刚接这个班时，我就下决心，让每个学生都感受到班集体的温暖与和谐，让每个学生都感受到自己是班级的主人，让学生在轻松愉快的环境下，学会自我管理班级，使班级成为比学习、比做人的集体。

二、案例回顾

我班有个男生经常给我出难题，让我感到很头疼。课堂上，他不认真听讲，不认真思考，经常不做作业，经常与同学发生矛盾，几乎天天违反纪律。我对他除了说教，就是惩罚，但收效甚微。有一次，自习课上他又回头和同学说话，我让他转过头来，又说了一句"不要回头"，可是在第二天的自习课上他又回头和同学打闹，我说："你又回头该怎么办？"但他毫不在乎地说了一句："再听你啰唆一遍呗。"当时我一句话也说不出，只觉得一切语言都是多余的，只是看了他一会儿。等到下课后，我让他跟我去

① 张梦娟：《引导学生自我管理案例探讨》，载《中国校外教育》，2015(11)。收入本书时有改动。

办公室，正好办公室没其他老师，我示意他坐下，对他说："首先感谢你让我意识到我的啰唆，说实话我也不想啰唆，你也知道来上学的目的，学校里也有规章制度，今天我叫你来的目的不是批评你，而是想听你说说老师哪些地方做得不对。"然后就平静地看着他。我发现，他慢慢有了变化，从刚才的满不在乎到有点儿局促不安。又过了一会儿，他低下头。又过了大约5分钟，他抬头说了一句："老师，你能不能不在同学面前批评我?"这时我也意识到，初中生不是小孩子了，有自尊心了，爱面子了，我也意识到自己的做法有些欠妥，为了消除他的抵触心理，我说："行，你要怎样做才好呢?"他说："我今后一定要遵守纪律，认真完成作业……"我明白了，他是要面子的学生。我又及时与家长沟通，告诉家长孩子想认真学习及存在的困难，希望家长观察他的点滴进步，并及时表扬他。课堂上发现他注意力不集中，我找他能会的问题让他答，或者走到他的身边，拍拍他肩膀，善意地提醒他。后来，他无论是在纪律上，还是在学习上，都有了明显的进步。当他有一点进步时，我就及时表扬他、激励他，使他处处感到老师在关心他。他也逐渐明白了做人的道理，明确了学习的目的，端正了学习态度。

三、案例分析

(一)要努力寻找解决问题的突破口

解决问题的方法是多种多样的，关键是要找到一个或者几个适合某个学生的方法。要真正做好学生的思想工作，绝不能随心所欲，不经思考就随意去做工作，必须找到有利于问题解决的突破口。往往突破口找准了、找对了，问题就会迎刃而解，教育的目的也很容易实现。反之，就会出现吃力不讨好的现象，还会使问题复杂化，使教师和学生陷入非常尴尬的境地。

(二)绝不能板着一张脸，摆出一副盛气凌人的架势

不要以为真理在握，别人就一定要听你的;要让学生感觉到你是真心帮助他，而不是在压制他，从而逐步感化他。因此，我们首先要把"气"理顺了，在此基础上做工作，才会使学生的思想观点逐步向你靠拢，达到教育的理想效果。

(三)要做好长期作战的思想准备

做学生的思想工作不是一蹴而就的，千万不要期望"一口吃成一个胖子"。学生的情况肯定会有反复，所以教师要在心中做好长期作战的准备。

(四)将问题转化为机会

教育所采取的所有方法，基本前提是我们爱学生，尊重他们，理解他

们。教师一定要有宽容之心，用宽容的心悦纳学生，就会感受到每一个鲜活的生命，会让自己喜欢每一个学生，从而平等地对待他们。

（五）新的社会背景和教育要求

新的社会背景和教育要求希望班主任立足于学校教育和学生的特点，着眼于学生自我管理，在班级管理中使自己成为班级中的一员。在班级工作中，反对班主任霸权与"告诉式的教育"，提倡师生平等对话，把班主任管理和学生自我管理结合起来，把班主任工作变成与学生平等交往的活动。

（六）教师应主动缓解矛盾

在教师和学生之间出现矛盾时，主动来缓解矛盾的应该是教师。我相信只要我们付出努力，付出我们的爱心，用心去感化每一个学生，我们的工作就一定会有回报。

(三)建构平等开放的价值讨论空间，由价值多元到主流引领

班主任引导的班级文化建构只有让每个学生形成最佳的主体状态，才能使他向着良好的方向发展，而这最佳的主体状态才是影响学生一生生命发展的灵魂。落实到班级管理的实践中，就要求班主任寻求适合学生年龄特点、接受心理特点与人性需求的文化构建方式，引导学生在班级文化精神建构过程中形成人的主体意识，享受自我实现的生命快乐。例如，学生活动承办制、班级命名活动，都是调动学生内驱力，实现班主任文化价值领导力的有效方案。有的学者提出以合作制为中心构建班级管理体制，认为在班级管理中应贯彻师生全民治班、合作治班理念，在民主治班中唤醒学生主体意识、参与意识，从而提高学生自主管理能力。[1]

在这样的文化观引领下，班主任如何正确辨识主流文化与多元文化间的关系，是影响班级核心竞争力与发展核心竞争力的重要因素，也是体现班主任文化价值领导力的重要方面。班主任可以建构一个开放的、平等的价值讨论空间，这既有利于多元文化价值的沟通，也有利于主流文化价值观的宣传与阐释。

(四)洞察学生个体差异，播撒爱心，由个体教育到集体教育

班主任应有博大的爱心。爱而有度，严爱结合，树立威信，以情唤醒班级凝聚力。学生只有懂教师的爱心，才能认可和服从教师的教诲，从而实现师生情感的沟通，实现班级管理的最优化。什么是爱呢？爱，不仅表现在生活上的

---

[1] 杨连山：《班主任专业化成长策略》，44 页，重庆，西南师范大学出版社，2013。

关心和爱护，而且表现在精神上的理解和支持。首先，爱是理解和尊重，让每一个学生的人格都受到应有的尊重，让每一个学生的个性都得到充分发展。每一个在相互尊重的环境中得到引导和发展的人，他的人格结构一定会呈现出自然美丽的状态。不听话的学生更需要我们的尊重。所以在班级指导思想里，班主任必须坚持的一条原则就是"尊重的教育"。这个尊重既包括师生之间的相互尊重，又包括学生之间的相互尊重。其次，爱就是要对学生一视同仁。在班级管理中，班主任不能只关注优秀生，而要关注所有的学生，实际上个别学生和学习困难的学生更需要关注。对学生一视同仁，不歧视学生，这是做好班主任工作的至关重要的一点。对于个别学生的问题班主任要讲究方法，不断研究、分析和揣摩他们的心理，才能有针对性地帮助他们。优秀生个体素质好，具有正确的是非观，敢于拼搏，敢于克服困难，能带动一大片学生。而感化潜能生又是营造良好班集体的关键，对于暂时的潜能生，班主任应给予满腔热忱的关怀，重在启发、拨动心弦。最后，爱是信任、是真诚。真诚和信任能消除学生的恐惧心理和对立情绪，使他们感悟到教师的一片真情。同时，一位教师只有深爱自己的学生，才能赢得学生的尊敬，才能使学生亲近你，"亲其师，信其道"，达到教书育人的目的。

（五）尊重、爱护学生的自尊心，由解决问题到预防问题

超前教育是要求班主任研究学生的成长规律和个性特点，预见学生的问题，提前做好工作，使问题解决先于问题发生。这是处理学生问题的主要原则，是大面积解决学生问题的主要手段，主要从以下三个方面去落实。第一个方面，研究学生的成长规律和年龄阶段特点，把握学生的发展动态，预见学生发展中的不足和需要，选择适当的教育措施，安排适度的教育活动。例如，建立班级"贡献榜"来满足学生荣誉感的需要；让学生课前齐喊"我要进步"等口号以对学生进行励志教育；开展"理智与情感的对话"主题班会，提高学生的自制力；举办各种关于心理学知识的讲座，帮助学生了解自己，掌握解决问题的正确途径和方法等。第二个方面，参考他人成功或失败的教育案例，预见工作中的不足，合理地安排各种教育活动。例如，某位班主任参考因在大学里生活无法自理而收到学校肄业通知书的学生的事例，预见到学生缺少劳动教育，这位班主任还将家务劳动写进班规，要求学生每天回家进行力所能及的家务活动；又如，参考某学生在平时生活中不尊重长辈的事例，预见到学生缺乏孝敬教育，因此这位班主任在班级进行了各种以孝敬为主题的教育活动，如通过主题班会，引导学生感受爱、付出爱，还通过布置孝敬作业督促学生尝试爱等。第三个方面，研究学生的个性特点，主动与学生交流，了解他们对人、对事在看法上的不足，了解他们对外界活动的不同体验，然后有针对性地做好个体思想

教育和方法指导等方面的工作。比如，某位班主任每次考完试，都要找每个学生单独谈话，听听他们对试卷题目、对自己表现的看法，看他们对以后的学习是否有信心，解答他们试卷上的疑难问题，对他们诸如骄傲、自卑等负面心理问题进行引导，避免学生在错误的路上走得更远，及时将他们的思想端正过来。

如果说萌芽状态的问题是"小病"，那么爆发状态的问题就是"重病"，甚至是"绝症"。班主任在工作中运用超前原则，就是控制学生不患"绝症"，不生"重病"，甚至不生"小病"。运用了超前原则就是获得了教育的主动权，把握了教育先机。

(六)建立平等的师生关系，由集权管理到分权自治

美国管理学家米勒在其所著的《美国企业精神》中记载了一个总经理的体会："管理人员必须完全摆脱幻想。完全控制——事事都要插手，既不可能也不需要。我们的人员发现，不试图控制，反而能得到更多的权力——完成事情的权力。"这种管理方式既适用于企业也适用于学校班级管理。因为无论哪位班主任，在班级管理中都会遇到很多事情。这些事情，按其重要程度归纳不外乎三类：一是无关紧要的"小事情"，二是值得注意的"一般事情"，三是事关全局的"大事情"。对这三类事情，班主任如果想完全控制，事必躬亲，任力而治，是不必要的，也是不可能的。这是因为在班级管理工作中，再有才能的班主任，其管理幅度也是有限的。超过了限度，就会造成班级管理上的混乱和低效。在这里，班主任就要做到"有所为，有所不为"。而从班级管理工作的起点、过程、终点来看，学生始终是第一位的，由于管理因学生而起，管理过程因学生而动，管理结果是学生受益，因此，班级管理应突出学生的自为性、自主性、能动性。

英国教育家斯宾塞在《教育学》中指出："记住你管教的应该是养成一个能够自治的人，而不是一个要别人来管理的人。"所以，班级管理既要充分发挥班主任的主导性教育管理影响力，又要充分发挥学生的主体性教育管理影响力，实行班主任适度集权管理下的学生合理分权管理，使集权和分权辩证统一。其核心在于实施学生的民主参与制，即学生参与班级教育管理，为实现班级管理目标和班主任齐心协力，并肩奋斗。不难看出，学生民主参与制在充分肯定学生在班级管理实践活动中的主体作用的同时，并不排斥班主任在班级管理实践活动中的主导作用，且使学生的主体作用和班主任的主导作用有机结合起来。这样不仅能使班主任的主导性教育管理影响力通过班级的管理层次得到放大提高，而且能使学生的主体性教育管理影响力通过班级的管理幅度得到充分发挥。同时，既能使班主任的教育管理权力通过班级的管理层次和管理幅度，由

高到低分解到不同角色的学生身上，又能使分解到不同角色身上的教育管理权力通过班级的管理幅度和管理层次，由低到高集中于班主任身上，从而实现集权和分权的有机结合，达到班级中"人人有事做，事事有人做"的境界。

实现集权和分权的辩证统一需要班主任从以下几点出发。第一，要善于用人，通过学生来完成班级管理工作。班主任要想做好班级管理工作，就必须依靠全体学生。班主任要允许学生在自我管理中出现偏差，修正偏差；要了解每个学生的特点，像一位技艺高超的钢琴演奏家善于用好每个琴键一样，充分发挥每个学生的作用，使其潜能得到完全释放，师生携手演奏好班级学习、生活的乐章。第二，合理分权，让班干部自行发挥。班委会和团支部作为班主任管理班级的左膀右臂，在其组成上要注意到管理能力、特长爱好、性格脾气等诸多因素，选贤任能，合理配置，甚至对小组长、课代表等的任用也要慎重决定。这是搞好班级管理的关键一环。因为班干部和学生形影不离，班干部对班级情况了解得最为直接和迅速，因而对问题的处理也最有发言权。班干部确定以后，班主任就要简政放权，实行合理的分级管理，逐级监督，各司其职，各负其责。班主任则需弱化其集权，只要站在制高点上统揽全局，通过对班干部的培养管理，纲举目张，实现班级管理的宏观调控，就可以了。

（七）提高学生自我管理能力，由人治管理到制度管理

如果说治国必须有法可依的话，那么治班也必须有章可循。这个"章"，就是以班级规章制度、公约等为内容的班级常规管理制度。正如国家要依法治国一样，一个班级也应该主要靠制度而不仅仅是靠班主任来管理。健全、有效的常规管理制度在班级的日常管理中发挥着至关重要且不可替代的作用。"不以规矩，不能成方圆"，中小学生的自控能力比较差，其个体的发展需要外在的力量对他进行约束，而用制度管理更科学一些。制度建设的出发点不是管住学生，使得学生无所作为，丧失生命的灵动性和自由，而是更好地引导学生发展。

制度管理的最终目的不是用他律来强行限制学生的行为，而是通过规范的强化和认同，通过民主管理的过程来唤醒学生的主体意识，进行行为内化，使学生形成自律。因此，在新时期班级管理中，班主任应学会用"法治"来取代"人治"，通过班级的各项规章制度来规范学生和自己。但班主任在制定班级规章制度时，应当注意下面几点：第一，所制定的规章制度要明确、具体，宽严恰当，便于记忆，利于执行，使之具有可行性和可操作性；第二，所制定的规章制度要多从积极方面鼓励，避免以消极方面限制、防范，不应当简单地与"禁令""处罚"画等号；第三，规章制度一经制定，就要坚决执行，不能随意放

松要求。①

　　然而，当前班级管理中，"人治"管理还是普遍存在的。在这种管理中，班主任集权力于一身，事无巨细必躬亲，对学生的要求都是苦口婆心地日强调、月重复，上至班会总结，下至课间操整队。这种方法的明显缺陷在于班级管理严重依赖于班主任一人，随意性极大，无章可循，导致管理效率低下。虽然不少班主任在班级管理中也制定了不少的班规、班约等制度，但其班级管理仍然呈现"形式治、实人治"的局面。究其原因，不外乎两方面的情况。一是不可行性，所定制度要么太笼统，照搬学校有关规定，多是原则性要求，没有或少有具体可行的细化规定，或者制度内容太过理想化、要求过高，学生难以做到，成为空架子。二是无权威性，在执行中班主任时常以自己的言行破坏自己定的制度。因此，完善、科学的班级管理要求班主任对自身在班级管理中的地位有清晰的认识，摆正自己在班级管理中的位置，站在主导位置上，而不是站在主体位置上，指导和引导学生学会自我约束、自我管理。② 例如，班主任可在立班之初收集班级当中存在的需要重点治理的陋习，加以细致梳理，归纳出"班级学生行为陋习总结"，引导学生针对班级里的不良行为，讨论并列举出数量不等、内容不限、操作性强的细则，再加以条分缕析地归类，勾勒出学习、纪律、卫生、同学关系等十大提纲式的管理条例框架。班主任要参与到班级管理制度的讨论与拟定中，听取学生的意见，将整理后的细则再返交学生，使其进行民主、公开、自由的讨论争辩，最终制定出一个具有班级特色和广泛共识的管理条例，上墙公布，并发给学生人手一份，以备随时熟记和对照检查；组建值周小组，全班同学轮流参与管理；提供智力支持、技术帮助和方法指导，把更多的道德教育方法、民主意识、规范的落实方法传授给学生，以期学生能尽快学会自立自治；参与学生民主自我管理过程，帮助解决轮值学生难以解决或不便解决的问题；指导教育学生遵守纪律和学生日常行为规范，使学生养成良好的行为习惯，不断提高学生自觉遵守纪律、规范的水平。

　　这样，由班主任承担的角色已经转到制度这位新的无形的"小老师"身上去了，班主任放弃了很多权力，也减少了很多烦琐的任务，"按制度办"应当成为班主任的一句口头禅。由此班主任厘清了班级管理的脉络，从事务堆里解放出来，去做好学生的思想工作，抓好班级学习、个别学生的针对性管理，从而完全改变班级管理工

巧用班队手册，促进
小学生班级自主管理

① 黄东锐：《班主任素养"三思"》，载《广东教育（教研版）》，2006(12)。
② 崔庆兵、王永菊：《新时期班主任工作艺术浅探》，载《科学大众》，2008(4)。

作的原有局面，极大地提高班级管理的效率，真正体现了其在班级中的主导地位；同时也以此为突破口促进学生自我管理能力的培养，使学生逐渐成为自律、独立的个体。

第二节　班级管理的发展趋势

班级组织是建立在班级授课制基础之上的。班级授课制至今仍然是世界各国学校教育的基本模式。随着现代社会经济、政治和文化的发展和变革，教育的社会化、个性化已成为教育改革的课题，随着终身教育体制的发展和完善，班级社会将是现代社会的个体自我教育、自我发展和自我完善的社会生活领域。

一、目前班级管理存在的问题

班级管理是一种专业实践，需要专业知识的支撑，需要专业精神的保障。但现实的班主任工作改革往往带有不理智性，缺乏专业精神，从而在一定程度上降低了班主任工作的实效。

第一，班主任工作改革的盲目随意，突出体现在关于班主任的岗位的设置和取缔上。[①] 20世纪初期，某学校的一项改革，引起了基础教育界的广泛关注，因为这所学校取消了该校一个年级的班主任，代之以几名生活辅导老师。这一事例体现出一些人对班主任这一岗位已经漠视或错误地理解到了走极端的地步。这种改革思维，是将班主任与学生的关系理解为约束与被约束、管理与被管理的僵硬与对立关系，事实上，这种理解是非常片面的。

第二，班主任的教育作用一度被片面夸大。生命科学和生命哲学表明，学生的健康成长不会完全自发地进行，必须在教育和环境的影响及帮助下才能逐渐完成。从这个意义上分析，中小学班主任工作的作用是巨大的。班主任面对的学生有个体意义的和集体形式的，工作的侧重点放在哪里？是学生个体还是学生集体？从理论上讲，一旦班级变成了稳定的成长集体，学生的成长就会出现群体提高的教育效益，学生也就从教育的"客体"上升为教育的"主体"，因为

---

① 王立华：《中小学班主任工作改革三十年的回顾与展望》，载《班主任之友》，2009(1)。

学生同时具有了自主管理、自我教育的能力。① 这时，班主任便不宜以自己的言行干扰学生的自主成长活动。学生的成长进入这一阶段之后，班主任即使发现了学生在成长中有不适当的选择，对于这种行为偏差也只能加以引导，让学生自己在成长中去解决存在的问题。但在实践中，班主任工作渐渐发生偏离：一种情况，学生的自治逐渐被班主任推进的集体管理所"吞噬"，班主任的教育作用被片面夸大了；另一种情况，有的班主任在对象培养的价值取向上出现倚重倚轻，将社会性与个性对立起来，过分强调突出社会价值、学校价值、成人世界的价值，漠视学生的自我价值和个性。因此，班主任工作就过多地强调学生按社会的要求进行自我改造，很少讲实现自我、发展自我。

第三，班主任在工作中一度成为"弱势群体"。进入 20 世纪 90 年代以后，学生的主体意识逐步增强。由于部分新闻媒体片面地向社会传输学生维权的信息，一部分学生及其家长在维护自己的权利时采取了不正确的态度或方式，有的甚至直接影响了班主任的正常工作。更有甚者，一些学生及家长在维护自己的权利的同时构成了对班主任权利的侵害，甚至上升到人身威胁上。为了明哲保身，很多科任教师不再插手学生管理问题，更多的学生工作任务全部集中到了班主任身上。班主任取得了工作成绩还好说，稍有闪失就会成为家长攻击的对象。班主任为工作开展承担了不必要的心理压力和责任，无怪乎有专家称班主任队伍为"弱势人群"，班主任工作成为"危险岗位"。

第四，班主任自身专业形象的缺失。由于班主任队伍是非正规化的，他们也很少有提高完善的机会，因此，在工作、研究和参与改革时，班主任的专业素养与实际要求存在差距，这在不同程度上损害了班主任自身的专业形象。师范院校现行的对学生进行班主任工作的职前教育和培训不足，致使很多学生在毕业后面对中小学班主任工作时感到茫然无措。

第五，有的学校为在职班主任提供的继续教育的机会较少，突出表现在：有的学校很少派班主任外出学习；学校内部可供班主任利用的资料很少；班级管理研究经费不到位；现今以学科为单位划分的学科教研组或以年级和学科一起为标准划分的学科教研组，也限制了班主任工作中的研讨交流，使资源不能共享；各级教科研主管部门设立的关于班主任工作的研究课题也是寥寥无几等。这大大延滞了班主任群体专业素质的提高，也导致了班主任工作的专业内涵不足。

---

① 王立华：《我国中小学班主任工作的历史考察与当代发展》，载《当代教育科学》，2007(5-6)。

二、班主任专业化是新时期班级管理的必然走向

从宏观实践路径上分析，班主任专业化的实现是在追求班主任岗位的专业社会地位。[①] 首先，班主任必须具备较高的专业道德规范和专业岗位素养，以便更好地履行专业职责、承担社会责任，从而实现班主任工作所独具的社会功能；其次，班主任岗位必须具有专业地位和专业权力，这需要班主任作为专门岗位具有完善的专业理论和成熟的专业技能、高度的专业自主权和权威的专业性；最后，班主任群体必须拥有社会地位资源，如工资、晋升机会、发展前途、工作条件、岗位声望等外部生存环境。

从微观实践路径上分析，推动班主任专业化，实现我国中小学班主任工作范式的转型，可以有以下四个切入点。

第一，重新认定班主任工作的作用。从学校内部结构体系的层面分析，班主任处于联系学校管理者和各科任课教师的枢纽地位；从学校与社会结构体系的层面分析，班主任处于联系学校教育、家庭教育、社会教育的枢纽地位；从学生的成长的层面分析，从培养目标的确定到班主任工作内容的选择，再到班主任工作的实施，班主任还是处于枢纽地位。因此，取消这一岗位，学校管理将出现短暂的紊乱甚至瘫痪的局面，班主任的重要作用在当前的学校教育生态圈中应引起足够的重视。

第二，加强学科建设，重视中国化班主任工作的基础理论研究。21 世纪的教育生活对我国中小学班主任工作提出的要求、在基础教育改革中班主任工作的性质与地位、我国中小学班主任工作的传统、班主任工作内容的变迁、中小学班主任工作到底向哪里发展等带有逻辑起点性质的问题，都需要我们从全新的视野进行深入的探讨。不加强学科建设，许多实践中的盲点、难点、困惑都会存在一个理论原点模糊的问题，而对一些基本问题缺乏细致、深入的研究与探讨，很可能会导致实践中的迷茫与摇摆不定。

第三，赋予专业形象，中小学班主任应走专业化发展的成长之路。班主任应立足岗位发展，在实践中不断成长，赋予自己专业形象。在专业道德上，完成从教育事业的奉献者到教师生命的提升者的转型；在专业知识上，完成从知识体系的完善者到知识体系的拓宽者的转型；在专业能力上，完成从教育研究的跟随者到教育研究的先行者的转型；在专业文化上，完成从教育理论的消费者到教育理论的创生者的转型；在专业智慧上，完成从教育智慧的守望者到教育智慧的生发者的转型。站在新课程改革的角度，班主任角色应进行全方位的转换：由单一型向多元型转换，成为领导者、灵魂工程师、心理医生、青少年

---

① 王立华：《我国中小学班主任工作的历史考察与当代发展》，载《当代教育科学》，2007(5-6)。

的知己朋友等；由权威型向对话型转换，成为民主型管理者和引导者；由限制型向发展型转换；由经验型向科研型转换；由时代型向未来型转变；由高耗型向高效型转换；由被动适应型向主动创造型转换。[①] 而在具体实践中，班主任应该从自己的教育理念的形成与丰富、教育原则的确定与坚守、教育内容的开发、教育策略的选取、良好的工作习惯的养成与坚持五个维度来全面提升自己的专业水准。

第四，"构建完善、科学的机制，长效推动中小学班主任专业化发展"。当前，就全国范围内的班主任专业化研究与实验而言，由于存在机制缺陷，期望它立即成为一种全新的班主任成长范式是不明智的。没有一个长效的激励班主任专业化发展的机制，班主任专业化发展只能是以往各种教师成长的简单翻版。这种机制的建构应该是从上到下的统一行动，并形成一以贯之的机制框架。从总体上来说，班主任专业化要建立专业组织，改革班主任教育机构，既使班主任岗位具有专业自主权和专业权威地位，也使之获得社会地位资源和社会性发展条件，进而培养出社会认可的专业化的班主任队伍。在当前的改革实践中，专业化的班主任发展主要关注班主任教育改革，以建立开放的培训体系、加快班主任培训从上到下一体化的进行、促进班主任培训课程的改革，还要加快班主任资格证书制度、班主任培训机构认定制度以及班主任培训课程鉴定制度等方面的改革。

三、未来班级管理的发展趋势

(一)作为学科的班级管理将受到重视

理论研究滞后，不能为改革提供及时的理论支撑和智慧支持，班主任工作改革自然就多了许多盲目性。没有前瞻性理论的引导和支持，班主任完全凭自己的经验开展工作，是没有根基的、没有灵魂的。即使是进入 21 世纪以后，也只有少数科研意识强的班主任在实际工作中研究班主任工作，这样以个体的形式从事研究，很难形成规模，研究的层次也提高得太慢，这在一定程度上既造成了人力、资源的浪费，又达不到预期的效果。

尽管现在有一些关于班主任工作研究的书籍和刊物，但这与班主任工作的重要性相比还远远不够，对他们实践的研究和指导，实际还停留在表面上，缺乏系统性、完整性的对理论体系、操作规程的研究。全国有关各门学科理论研究的报纸、杂志，一般少则十几种，多则近百种，而在学校里能见到的有关班

---

① 郭雯：《班主任的角色定位》，载《安顺学院学报》，2009(2)。

主任工作理论研究的刊物却不多，班主任工作理论研究的相对滞后与班主任工作的重要性形成了巨大的反差。

(二)班级管理思想会以关爱、自主、责任为核心话题

班主任面对自己的班级都会萌生这样一种美好的愿望：竭尽全力把自己的班级管理好，努力创建一个优秀班级。怎样才能把自己的期望变成现实？多数班主任的思维定式是想方设法改变学生，把学生改变成符合自己心愿和要求的学生。其实，班主任要想改变学生，应采取内向的思维方式，改变自己传统、低效的工作做法，高瞻远瞩地树立全新的班级管理观念。班主任只有树立先进的班级管理观念，才会产生积极的工作行为，创建一个优秀的班集体的目标才会成为现实。具体包括：树立素质教育观念，努力提高班级个体成员的全面素质；学生是班级的主人，班主任是为学生服务的；倾注满腔真情热爱学生；讲究科学的工作方法，发扬民主的工作作风；班主任要以身作则，完善自身的人格。此外，班主任还要构建以学生为主体，以培养学生自我教育能力为主线的班级自动化管理模式。具体包括：发挥集体智慧，制定精细的班规、班法；建立层层负责的班级管理网络；调动学生参与班级管理的持久的积极性。

学生参与班级管理的责任心是学生对班级管理工作责任的认识、态度及行为的集中反映，加强对学生管理班级责任心的培养，对于形成一个良好的集体、提高管理成效是极其重要的。主要做法包括以下方面。第一，转换角色，挖掘管理潜能。所谓转换角色，是指学生从被动挨管的角色向自主服务、自我管理的角色转换。进行这种角色转换要注意从两个方面抓起，一方面必须提高学生对管理角色的认识；另一方面班主任应多创设一些管理岗位，有意识地把各种管理角色分配给每一个学生。第二，明确岗位责任，使学生的行为有章可循。班主任从班级工作的实际出发，让学生明确管理的具体任务和职责，可以增强学生的责任感。学生明确了各个岗位职责和具体任务后，班主任可以组织学生申请管理岗位，竞争上岗，以此进一步强化学生的责任感。第三，制定管理工作程序和考核标准，落实管理责任。班主任和学生共同制定管理工作程序，并在运作中不断进行调整、修改和完善。在此基础上，班主任组织全班学生定期对照管理工作考核标准，对责任人进行评议，营造"为集体服务光荣"的舆论氛围。

(三)班级管理内容将偏重德育主题

中学生正处于一个特殊的心理、生理形成阶段，如果缺乏正确的道德评价标准，往往会误入歧途。

网络技术和网络迅速发展，影响着人们的社会生活，冲击和改变着人类几千年来逐步凝结而成的道德体系，为道德进步提供了难得的机遇。许多事实告诉我们，每当一种新的技术出现后，它就可能成为一把双刃剑，当代信息社会技术也不例外，它在促进道德进步的同时，也造成了某些消极方面的影响，甚至导致了网络道德的严重失范。在网络社会中，青少年面对的是可以"上天入地"的网络，正义、美德、邪恶与丑陋充斥其间，吸纳什么、认同什么全都有赖于青少年的自主选择，于是，在鱼龙混杂的网络道德情境中，青少年难免会陷入道德的迷茫。

(四)班主任素质会出现新的整合

以往我们对班主任的素质要求主要表现在以下方面。第一，较高的政治素养。班主任必须有坚定的政治信念和政治立场，拥护宪法，热爱祖国，坚持四项基本原则，坚持改革开放，树立无产阶级的世界观和人生观，以实现共产主义为远大理想和终生追求的目标。在"信"的基础上"学"，在理解和消化的基础上去"做"。这就要求班主任以自己正确的政治观点教育学生，以敏锐的政治思维审时度势，以较高的政治觉悟去工作，使学生的德智体劳获得全面发展。可以说，较高的政治素养是班主任首要的素质要求。第二，健全的人格。主要包括：班主任的人格必须健全，否则不利于学生身心的健康发展，更不利于学生德智体美劳等方面的和谐发展；班主任对自己的意识和行为进行反思，以期矫正，以积极乐观的态度和责任心去教育学生，培养人格健全的学生。第三，合理的知识结构。具体包括：广博、深厚的科学文化基础知识，扎实、系统的学科专业知识，全面、系统的教育学和心理学方面的知识。第四，全面的教育能力。具体包括：较强的组织管理能力、做好常规工作的能力、协调诸方面关系的能力、因材施教的能力、处理偶发事件的能力等。

在新的历史时期，社会形势和教育形势的不断变化，使得班主任工作日益复杂化，班级管理不断面临新的挑战，这对班主任的素质要求越来越高。相应的，班主任的素质结构也注入了新的内涵，班主任应该做集心理辅导员、生活导师、德育教师等若干角色于一身的全能型教育工作者，其具体内容包括以下方面。

1. 班主任是学生的心理辅导员

第一，班主任必须明确心理学上的心理辅导与班主任工作是有本质区别的。在心理学上，心理辅导是指心理咨询，专业性极强，而班主任与学生之间是师生关系，有鲜明的政治立场和思想教育倾向，没有固定的场所，所采用的方式除谈话外，还有班会、家访、文体活动等形式。明确了二者的区别，则有利于班主任在对学生进行心理辅导时，把握教育立场，避免模糊教师与学生间应有的界限。

第二，班主任必须掌握一定的心理知识和辅导技巧。班主任应挤出一点时间，自学或积极参加培训，提高自己的心理辅导技巧，把心理健康教育与班级的其他教育目标融合在一起，互相穿插，互相借鉴。这样既能体现促进全体学生心理健康的发展性目标，又能改变传统的班主任的班级教育模式，而且有助于提高班主任的教育能力。

第三，在心理辅导式的班主任工作中，班主任与学生的互动，不仅使班主任与学生从沟通交流中享受到快乐与幸福，而且调整了班主任的认知水平和行为方式，提高了班主任的能力和水平，使班主任不断完善和超越自我。

2. 班主任是学生的生活导师

其一，班主任要关心学生的全面发展。学生要拥有幸福美满的人生，首先必须身心健康、知情相融。作为学生的"人生导师"，班主任要引领学生在学习知识的同时，也要在身体、精神、情感、意志等方面实现全面、健康、可持续的发展。学习是学生的天职，但学生首先是一个人，需要实现人的个性化发展和社会性成长。针对中小学生的身心发展特点，班主任要关心学生的思想发展、知识学习、社会成长和心理发育。

其二，班主任要关心全体学生的发展。班级教育是一种集体教育形式，班主任要关心全体学生的发展，真正实现"让每一个学生都能成功"这一目标。关心全体学生的发展，不是实行教育平均主义，给予每一个学生完全相同的教育，让他们成为标准化的"零件"，恰恰相反，而是要给每一个学生提供适合的教育，让他们成长为个性化的社会人。在班级教育和管理中，关心全体学生的发展意味着在态度上对学生一视同仁，在教育策略上必须对学生进行有针对性和区别性的教育。

其三，班主任要关心学生的终身发展。中小学生是未成熟的个体，具有多种发展的可能性。关心学生的终身发展，就是要关注学生当下的发展和未来的发展，把发展的可能性变成发展的现实性和持续性，为学生的长远发展乃至终身发展奠基。我们的教育不仅要着眼于现在，而且要着眼于将来社会的长远发展。党的十八大以来，习近平总书记反复强调，"百年大计，教育为本。教育是人类传承文明和知识、培养年轻一代、创造美好生活的根本途径"[①]。班主任要教会学生做人，教会学生学习，教会学生健体，教会学生全面发展；要通过有效的教育，将学生从孩提的蒙昧状态逐步引向理智的人生，培养学生良好的思想品德、行为习惯、心理素质，为他们的全面发展、终身发展奠定基础。

---

① 《习近平谈治国理政》，191 页，北京，外文出版社，2014。

3. 班主任是学生的德育教师

(1)加强班主任自身师德建设，为人师表，是班主任做好德育工作的基础

首先，班主任要具有高尚的政治思想素质，即热爱党的教育事业，为人师表，热爱学生，有强烈的事业心和献身精神，这是班主任对学生进行思想品德教育的基础。其次，班主任在工作态度、品行操守、生活习惯、言谈举止乃至仪表服饰等方面也都要严格要求自己，处处以身作则。要求学生做到的，自己必须首先做到，以自己美好的思想品德和行为准则影响学生，去塑造学生美好的心灵。

(2)尊重学生人格，关爱学生，是班主任做好德育工作的前提

尊重学生是教育学生的开始，班主任要舍得对每一个学生进行情感投入，寄予合理的期待，提出恰如其分的要求，给予其足够的温暖，以便发挥每个学生的最大潜能。对学生关心、爱护不仅仅体现为教师对学生有感情，而且要让学生感受到这种情感，当学生从班主任那里感受到真诚的关怀和挚爱、积极的期待和希望时，他就会有一种受到信赖、鼓舞与激励的内心情感体验，从而从内心产生对教师的信赖和爱戴。一个潜能生在接受教育过程中，观察和体验到教师对自己无微不至的关怀和谆谆教导，完全是为了自己健康成长的时候，就会由尊重教师，到对教师产生感情，再到乐于听从教师讲道理，努力把教师的要求化为自己的行动。教师一个关切的眼神、一次友好的微笑、一句温暖的话语都会让学生感到温暖。"十年树木，百年树人。"尊重、关心、爱护学生既是一种艰辛的劳动，又是教师素质的最好体现，也是班主任开展班级工作的基础。关心、爱护学生可以营造一座信赖的桥，帮我们建立诚恳、和谐的师生关系，而诚恳、和谐的师生关系是班主任对学生进行思想品德教育的前提。

(3)联系实际，开展德育工作，是班主任做好本职工作的关键

班主任要尽量采用生动的形式，对学生实施情感式的心灵教育，引起学生情感共鸣，只有这样才能收到良好效果。例如，针对学生诚信缺失的现象，班主任可给学生讲述"千金一诺"的美谈佳话，运用"一言既出，驷马难追""言必信，行必果"等格言警句演绎与阐释诚信的含义，使学生明白诚实守信是一切道德的基础，是一个人立身处世的根本。又如，针对一些学生缺乏社会责任感、有极端功利化倾向的现象，班主任可给学生讲述顾炎武、范仲淹、毛泽东的生平故事，使学生领悟"天下兴亡，匹夫有责""先天下之忧而忧，后天下之乐而乐"的道理。人的最终价值集中体现在对国家和社会有用无用、贡献大小上。传统社会的"我"首先表现为大家的我、社会的我，而不是孤立的、个体的我，从而引导学生树立正确的人生观和价值取向。此外，优秀的影视剧具有生动、直观、感染力强的特点，有着健康向上、催人进取的思想内涵。运用优秀

影视剧对未成年人进行思想道德教育，对于帮助广大未成年人滋养心灵、陶冶情操、激发进取精神，树立正确的世界观、人生观和价值观，具有重要的意义。

【本章小结】

由于基础教育改革进程的加快和信息社会对基础教育的巨大冲击，我国的中小学班主任工作面临着前所未有的挑战和压力，出现了班主任工作改革的盲目随意、班主任的教育作用一度被片面夸大、班主任在工作中一度成为"弱势群体"、班主任自身专业形象的缺失等问题。在班级设置的基本要求日趋生态化、班级教育的组织形式日趋多样化的今天，对班主任素养的要求日趋专业化，主要表现为：作为学科的班级管理将受到重视；班级管理思想会以关爱、自主、责任为核心话题；班级管理内容将偏重德育主题；在时代要求和教育哲学的影响下，班主任素质会出现新的整合。

【思考与练习】

1. 新时期班级管理面临的挑战与压力有哪些？
2. 未来班级管理发展趋势有哪些？

【综合案例分析】

呵护部分学生软弱的心理

那年，夏老师接任高二(1)班的班主任工作，有一名学生，原班主任在介绍情况时告诉夏老师："李某学业表现虽好，但个性乖张、古怪、任性，说话做事锱铢必较，所以老师同学都不太喜欢他。"听完介绍，夏老师已心中有数，决定在开学前约见李某。"你获得过数学、物理竞赛一等奖。不错啊！高二就获得两个一等奖，同学们一定很羡慕你。""没有，他们都躲着我，当我是怪物！"他突然激动地说。夏老师当即抓住话头，顺势诱导："按理说，同学都应该想向你学习，可他们为什么都躲着你呢？"学生沉默。夏老师直截了当地切入主题："这是由你性格弱点导致的人际关系适应不良，如不解决，久而久之将不利于你的人生发展！"他挠了挠脑袋，说："同学和老师都不理解我。上次足球赛，我带球射门被人推倒，痛得不得了，才气愤地踢了对手，又不重，裁判将我红牌罚下。球赛输了，他们都怪我。"夏老师语重心长地说："我且不说你踢人这事就该遭红牌，单谈这件事给同学的直觉——报复心强。同学交友无非想获得同舟共济的安全感，所以对威胁自身的人与事自会'敬而远之'，对吧？"他点点头。"你认为你原班主任老师怎样？""不怎样，怪得很。"他面无表情地回答。"何以见得？"他想了一下，说："明明我没听课，非要叫我回答问题，这不是存心让我出丑吗？再说，书上那些简单作业，非要我交，不是浪费我的时间吗?"夏老师说:"你与老师有过冲突吗?""当然有过。"他接着又急切地说:"上学期期末,我的各项表现都达到了评'三好学生'的标准,但不评我为'三好学生',班主任还说这是同学推选的结果,他明知道我与同学关系不好嘛!我认为不公平,在班会上跟他闹起来了。"夏老师脸色严肃地说:"你陷入了苛求别人的怪圈,恐怕苛求对象还包括你的父母,你是否经常认为他们故意为难你,所以常有人心叵测的感慨,对吧?"他的脸一下子红到了耳根:"你说得太准了,可我……该怎么办呢?""不要紧。其实人性的弱点就是无条件地认同自己,只要我们认识到这点,并加以改正,端正自己的言行,就会赢得朋友。不过一时做好恐怕不容易,但只要时时提醒自己,必有收获!""好!我会尽力去做的。"他信心满怀地走了。开学后,夏老师为防止他与其他同学发生冲突,为他安排了单人独座;协调科任老师,理解他的学习方法;在班会上,宣讲人往往有一些不为常人理解的人格心理弱点。这样一来,夏老师为李某创造了一个良好的人际氛围,加之其自身努力,他与老师和同学的关系大为改善。更令人惊喜的是,他在高三全国数学竞赛中脱颖而出,冲入了全国冬令营并取得优异成绩。

解析:

教育心理学家认为,教育的第一职能就是发展学生的人格心理,第二是开发智力,第三才是传授知识。不过对于一个学习能力突出却有人格心理障碍的学生,教师应该怎么办?该故事的价值,不仅在于老师解决问题的能力高超、方法正确,而且让我们感受到这位老师正确的教育思想。案例中的这位老师从学生的生活细节方面对其加以细心呵护,给学生以道德的塑造,使他明白像他这样下去,将"不利于人生发展",并且着手来帮助他解决问题。这样,虽然使学生烦恼一时,但成就了他的一生。

【本章参考文献】

1. 王真真. 推动高职学生班级管理规范化的思考[J]. 中国标准化, 2023(5 下).

2. 杨新燕. 从"控制"到"自主"的课堂管理思路转化[J]. 教学与管理, 2022(21).

3. 林崇德. 教育与发展——创新人才的心理学整合研究[M]. 北京:北京师范大学出版社, 2002.

4. 冯志兰, 潘国强. 小学生参与班级公共生活的差异性研究——基于上海市 13186 名家长的调查分析[J]. 教育学术月刊, 2022(12).

5. 朱洪秋. 现代班级管理的七大价值追求[N]. 中国教育报, 2011-09-02.

6. 杨连山. 班主任专业化成长策略[M]. 重庆:西南师范大学出版社, 2013.

7. 黄东锐. 班主任素养"三思"[J]. 广东教育(教研版), 2006(12).

8. 崔庆兵, 王永菊. 新时期班主任工作艺术浅探[J]. 科学大众, 2008(4).

9. 王立华. 中小学班主任工作改革三十年的回顾与展望[J]. 班主任之友, 2009(1).

10. 王立华. 我国中小学班主任工作的历史考察与当代发展[J]. 当代教育科学, 2007(5-6).

11. 郭雯. 班主任的角色定位[J]. 安顺学院学报, 2009 (2).

12. 黄正平. 专业化视野中的中学班主任[M]. 长春: 东北师范大学出版社, 2005.

13. 吴红梅. 做学生终身发展的引路人[J]. 文学教育(上), 2019(5).

【阅读链接】

1. 任小艾. 我的班主任工作[M]. 北京: 光明日报出版社, 1989.

2. 田丽霞. 田丽霞班主任工作法[M]. 石家庄: 河北教育出版社, 2006.

3. 张爱平. 班主任工作方略[M]. 长沙: 湖南师范大学出版社, 2010.

4. 李森. 教师职业技能训练教程[M]. 北京: 高等教育出版社, 2009.

5. 王桂波, 王国君. 教师职业技能训练教程[M]. 北京: 清华大学出版社, 2008.

6. 周达章, 等. 班主任工作案例精粹[M]. 宁波: 宁波出版社, 2004.

7. 赖华强. 班主任工作案例教程[M]. 2版. 广州: 暨南大学出版社, 2008.